교토식
경영

10년 불황을 극복한 1등 기업에 주목하라

교토식
Kyoto Style
Management
경영

아라크네

Contents

2부　첨단산업 벤처를 대량생산하는 옛 도시
– 초일본형 경영의 '구조'

Contents

일본에는 많은 신화가 있었다. 그 중 대표적인 '토지신화'는 무너진 지 오래다. '은행은 부도나지 않는다' 는 신화는 어떤가. 사람에 따라 견해는 다르지만, 세 가지 신기(神器)라고 불리던 종신고용, 연공서열, 기업별노조의 관행은 무너지고 있는 게 현실이다. 하지만 계열신화('대기업의 계열사이므로 지위가 높다'), 최종제품신화('소비자용 제품을 판매하는 회사이므로 신용할 수 있다'), 종합기업신화 등에 대한 믿음은 여전하다. 지난 50년간 기업이 성장하는 과정에서 소비자용 최종제품을 만들고 일찍 계열사들을 만들어 '종합' 기업그룹으로 발전시키는 것이 성공의 증명이던 시대가 이어졌기 때문이다.

하지만 '종합기업' 임을 자부했던 기업은 종합소매기업(다이에그룹 등), 종합생활산업(세존Saison그룹 등), 종합상사(니치멘日綿, 도멘東綿 등),

종합전기 회사(히타치 · 도시바 · 미쓰비시 · 마쓰시타 등) 모두 그다지 상황이 좋지 않다. 종합금융사는 규모를 키워서 살아남기 위한 필사의 노력을 기울이고 있지만, 머지 않아 한계가 올 것이므로 종합기업신화도 붕괴의 기로에 서 있는 것이 분명하다.

이렇게 붕괴해 간, 그리고 붕괴하고 있는 많은 신화들과는 달리 착실하게 괄목할 만한 성장을 하고 있는 것이 본서에서 다루게 될 교토식 기업들이다. 일반적인 기업들과는 달리 교토식 기업들은 버블시대에도 '토지신화'에 휘둘리지 않았다. 그들의 경영스타일은, 일본식 경영신화의 신봉자라기보다는 파괴자라고 하는 것이 더 어울릴 것이다. 교토식 기업들은 대부분 최종제품을 생산하지 않고, 종합기업이 아니기 때문에 그들의 제품이 소비자들에게 노출되는 경우는 매우 드물다. 하지만 평균적인 일본기업에 비해 매출성장률 · 이익 · 이익률 등 모든 방면에서 경이로운 차이를 보이고 있다. 사업활동에 있어서도 전 세계로 확장하고 있다. 물론 교토에 있는 모든 기업이 뛰어난 업적을 보이고 있는 것은 아니며, 교토 자체의 경제상황은 전국 평균보다도 좋지 않다. 본서에서는, 공통된 전략을 가지고 뛰어난 실적과 높은 성장을 보이고 있는 이들 일부 우량기업들을 다른 기업들과 구별하여 '교토식 기업'이라고 부르기로 한다.

좀처럼 진행되지 않는 일본의 구조개혁을 뒤로 하며 IT버블의 붕괴와 변혁기에 따른 여러 문제가 있기는 하지만 세계는 급속하게 정보화 시대를 향해 빠른 속도로 나아가고 있으며, 그 속도는 더욱 가속화될 것으로 보인다. 그러한 상황 속에서의 키워드를 몇 개 나열해 보자면 아웃소싱, 기업간 관계의 개방화, 네트워크형 조직, 버추얼코포레이션, 모듈형 개발, 오픈소스, WEB서비스 등이다.

본서의 핵심적인 질문과 결론을 먼저 밝히자면 다음과 같다. 정보화 시대를 향해 대변혁이 진행 중인 세계와 변화를 뒤로 미루기만 하는 일본, 경이적인 진격을 계속하고 있는 교토식 기업을 비교해 볼 때, 이들의 성공·발전과 침체·수축을 구분하는 것들은 무엇인가? 그것은 '네트워크 외부성(Network Externality)'을 유용하게 활용하고 있는 곳과 그렇지 못한 곳의 차이라는 것이 이 책의 주장이다.

'네트워크 외부성'이란 경제학 용어인데 즉각 의미가 파악되는 단어는 아니지만 의미 자체는 매우 간단하다. '외부성'이란, 자신과 관계 없는 곳에서 일어나는 것이 자신에게 영향을 미치는 것을 의미한다. 즉, 네트워크 외부성은 '네트워크에 참가하는 멤버가 늘어나면 늘어날수록 이익이 되는 구조'라는, 누구나가 느낄 수 있는 네트워크의 효과를 말하는 것이다.

쓰리콤(3Com)의 창업자이면서 동시에 이더넷(Ethernet)의 개발자로도 유명한 로버트 멧칼프는 이것을 수식으로 표현하여, '네트워크는 참가하는 유저수의 제곱에 비례하여 커진다'는 멧칼프의 법칙*을 제안했다. 인터넷이 폭발적으로 확대되는 상황에서 인터넷의 가치를 측정하면 참가자의 제곱에 비례하므로, 폭발적인 수의 제곱만큼 그 가치가 커지는 것이다. 하지만 실제로는, 네트워크 개발·유지에 드는 고정비용이

---

* 모든 참가자 간 관계의 수를 네트워크의 가치라고 본다. 따라서 정확하게는 $n \times (n-1)$로 나타낸다.

참가자 수로 나눠지므로, 네트워크의 비용가치(가치÷비용)는 참가자 수의 세제곱만큼 가치가 커진다는 것을 의미한다. 따라서 이렇게 가치가 높아지는 네트워크를 경영에 적극적으로 활용하는 것은 매우 중요하다.

최근 실제 생활에서 사용되고 있는 네트워크 외부성의 범위는 좀 더 넓어지고 있다. 다른 사람들과의 관계를 활용하여 전체 이익의 합계를 늘리고 그것이 다시 나의 이익도 증가시키는 상생(Win-Win)의 관계에도 적용되는 케이스가 늘고 있으며, 본서에서는 이러한 넓은 의미에서 이 용어를 사용하기로 한다. 또한 이러한 '네트워크 효과'가 실제로는 매우 깊고 넓게 적용될 수 있다는 것, 그것을 활용하는 것에 의해 무한한 발전이 있다는 점을 성공모델인 교토식 기업을 사례로 가능한 알기 쉽게 설명하도록 노력했다.

말하고자 하는 바는 간단하다. 인터넷이라는 네트워크를 통해 수많은 기업과 개인이 서로 연결되었다. 이제 환경이 갖추어졌으므로 다른 기업이나 개인과 연계함으로써 네트워크 자원을 활용해 스스로의 경쟁력을 높이는 것이 가능하며, 또한 중요해졌다는 것이다.

이 네트워크 외부성을 활용하기 위해서는 '종합'이나 '최종제품'이 아니라 '특화된 부품(모듈)'으로서, 전체 구조에서 자신의 위치를 어디에 둘 것인가를 생각하는 것이 중요하다. 그것은 제품뿐만 아니다. 기업에 있어서도 전체 시장에서 어떻게 하면 자사를 '부품(모듈)'으로 적절하게 포지셔닝하여 어떻게 기능할 것인가를 생각하는 것이 중요해지고 있다. 그것은 네트워크에 의해 연결된 사내 업무에도 당연히 적용될 수 있다.

네트워크의 보급과 동시에 미국과 유럽에서 '개방화'가 급속하게 진행되어 많은 제품과 기업이 참가함에 따라 네트워크 외부성이 높아졌다. 그것이 전체 기업의 활성화와 성장에 이어지는 것으로 인식되었기 때문이다.

한편, 네트워크 외부성이 진전되면서 '승자독식(Winner takes all)'이라는 궁극적인 자기이익추구형의 시장구조와 기업전략이 나타났다. 네트워크 외부성이 널리 이해되지 않은 영역에서는 그것을 활용함으로써 비교적 쉽게 '승자독식'을 획득할 수 있다. 하지만 힘을 가진 독점기업에 대항할 수 있는 수단 역시 네트워크 외부성을 활용한 전략밖에 없다. 네트워크 외부성이 작용하기 시작하면 모든 영역에서 마이크로소프트(이하, 의미의 혼동이 없는 한 MS로 줄임)가 경험한 것과 같은 엄청난 성공과 그것을 둘러싼 격렬한 공방전이 펼쳐지게 될 것이다.

네트워크 외부성의 유효성은 인터넷의 폭발적인 보급과 유저수의 세제곱에 비례해서 확대되는 네트워크의 비용가치(cost performance)에 의존해서 확대되어 왔다. 하지만 인터넷과 네트워크의 보급 이전에 역사적인 배경, 이데올로기로서의 배경이 존재한다. 네트워크 외부성의 진정한 유효성을 이해하기 위해서는 귀찮더라도 어느 정도는 본질을 찾아 거슬러 올라가 고찰해 볼 필요가 있다. 즉, '경쟁원리'라는 외부의 원칙을 자신의 내부에 흡수하여 발전하고자 하는 사상이다.

지금까지 일본 기업은 경영, 특히 IT에 있어 많은 것들을 서양으로부터 배워왔지만, 그 학습과정에서는 '외부와 내부', 그리고 '횡축과 종축'의 개념을 일정 정도 자의적으로 해석해온 측면이 있다. 예를 들어, '긴밀한 관계'에 있어서는 계열회사, 종합그룹 등의 고정적인 기업간 관계를 낳았고, 업무에서는 아웃소싱을 부정하는 풍조를, 기업 내부에서는 종신고용·연공서열을 낳았다. 이것은 '외부성과 좌우'의 관계를 부정하고 '내부성과 상하'를 지향해온 결과다. M&A와 같은 사업의 유동화와 인재의 유동화가 부정되는 것도 외부성을 부정하고 내부성을 지향한 결과다. 업무프로세스를 명시화하는 대신 암묵적인 지식과 습관에 의존하는 경향도 그러한 결과의 예라고 볼 수 있다. 경쟁촉진은 말뿐이고 실제로는 경쟁이 조직적으로 배제되는 경우도 외부보다는 내부를, 좌우보다는 상하를 중시한 결과일 것이다.

하지만 본질을 부정한 일본적인 방식은 인터넷에 의해 글로벌화가 진행되는 현재 상황에서는 발전성이 없어 보인다. IT, 경영, 조직운영, 제조, 금융 등 모든 영역에 모순과 뒤틀림이 존재한다는 사실은 누가 보더라도 확연할 것이다.

한편, 교토식 기업은 자금효율이 높고 경영과 조직 모두 IT 기술을 활용한 최첨단 내용을 받아들여 잘 진행시키고 있으며 제조 분야에서도 뛰어난 실적을 보이고 있다. 인재 활용이 매우 효과적으로 구축된 것도 인상적이다. 네트워크 외부성을 충분히 활용한 기본전략도 효과적으로 기능하고 있다. 이러한 차이가 어디에서 기인하는가를 무시할 수 없다. 그 근저에 다른 기업과는 분명하게 다른 비전과 문화, 풍토가 존재하기 때문이다.

보수적인 옛 도시 교토에서 세계적인 최첨단 경영전략이 태어난 이유는 무엇일까? 이것에 대해서는 깊은 고찰이 필요하므로 본서 전체를 통해서 가설을 검증해가고자 한다. 본서의 메시지를 표층적으로 이해하는 것이 아니라, 진지한 사고와 그것에 대한 반추(反芻)를 통해야만 일본기업이 재생하기 위한 전략의 힌트가 보일 것으로 믿기 때문이다. 필자의 견해와 분석은 주로 2부 '하이테크 벤처를 대량생산하는 옛 도시'에서 제시되겠지만, 이러한 내용을 독자 자신이 자유롭게 적용하기 위해서는 3부에서 자세히 서술하게 될 '정보화 시대의 모듈&인터페이스 전략'을 잘 이해하는 것이 중요할 것이라 생각된다.

본서를 집필하는 과정에서 많은 선배님들로부터 소중한 조언을 얻었다. 특히 교토대학 대학원 경제학연구과에서 '사업창성' 프로그램을 창설한 히오키 고이치로 교수님 외에 요시다 가즈오 교수님, 나카시마 야스히코 교수님, 스기야마 야스오 교수님, 와카바야시 나오키 교수님, 오카다 도모히로 교수님, 도쿄공업대학의 데구치 히로시 교수님께 감사의 말씀을 드리고 싶다. 또한 이 책을 아주 잘 프로듀스해 준 니혼게이자이신문사 출판국 편집부의 니시바야시 게이지 씨께도 감사를 드린다.

많은 일본 기업에게 교토식 경영이 참고가 되기를 기대한다. 교토의 기업들에게 가능했던 일들이 일본의 다른 기업들에게 불가능할 리가 없다. 교토식 기업이 가지는 환경요건, 경영자의 자질·비전·전략 등 공통점들을 추출하여 그것들을 자신의 회사에서도 갖추어 간다면, 분명한 변화가 일어날 것이다. 또한 지역 활성화의 한 방향으로 교토라는 지역 자체가 참고가 될 수도 있을 것이다.

일찍이 없었던 위기에 흔들리는 현재의 일본에서, 1,200년간 일본 정신의 중심에 있었던 아름다운 땅 교토에서 새로운 태동이 힘차게 시작되고 있다. 그것이 의미하는 바와 실체를 본서가 조금이라도 정확하게 많은 독자에게 전달할 수 있다면 바랄 나위 없이 즐거운 일이 될 것이다.

교토에서

스에마쓰 지히로

지금 교토는 단풍이 한창이다. 한국을 비롯한 아시아 각
국에서 찾아온 단풍객들로 명승지는 어딜 가나 붐빈다. 물론 그 속에는
일본 각지에서 찾아온 관광객과 교토 인구의 10퍼센트를 차지하는 학생
들도 있으며, 그 밝고 경쾌한 목소리가 중심가에서 떨어진 요시다 산에
있는 필자의 연구실까지 들려올 것만 같다. 하지만 자세히 살펴보면 해
외 각국과 일본 각지에서 사업차 교토를 방문한 비즈니스맨들도 상당수
포함되어 있는 것을 알 수 있다. 사람들이 모이고 왕래를 거듭하는 이러
한 풍경은 일본의 수도로서 기능한 8세기경부터 계속 이어지고 있는 것
이리라.

교토는 불교의 여러 종파와 다도, 그 외 전통산업 등 많은 조직의 본부
가 모여 있는 곳이기도 하다. 그래서 이곳 교토에는 각 본부들에 의한 교

육과 조직 전체의 활성화를 위한 정보 제공 등 일본의 평균적인 모습에서는 상상하기 힘들 정도의 다양성과 통합성이 공존하고 있다. 이러한 환경에서 IT 중심의 혁신기업군인 '교토식 기업'이 다수 탄생한 사실은, 고도(古都) 교토를 깊이 이해하게 된다면 결코 이상한 일이 아니라는 것을 독자 여러분께서도 느끼실 것으로 생각한다.

최근 일본은 수출이 호조를 보이고 있어 호경기를 이어가고 있지만 그 속의 과제는 다음과 같이 한국 경제 상황과 유사한 내용을 가지고 있다.

· 중국의 대두
· 국내시장의 포화
· 벤처기업과 중소기업의 활성화를 통한 이노베이션 촉진
· 급격한 투자효과 하락
· 글로벌화가 진행되는 시장에서 중요성이 더욱 증대되고 있는 표준 획득에 대한 대응 지연

이 책이 일본에서 출판된 후 중국에서 휴대전화, PC, 가전제품, 자동차 등 다양한 분야에서의 모듈화 대응이 성공의 열쇠라는 인식이 확대되었고, 놀랍게도 중국기업은 지극히 적절하고도 정확하게 그것에 순응하고 있다. 대만에서는 모듈화 전략이 국가적 전략으로 정착되어 이미 그것이 어떤 특별한 것이라고 의식하는 일조차 없어졌다. 또한 인도는 BPO(Business Process Outsourcing)라는 전형적인 모듈화 전략으로 성공

을 일구었는데, 특히 실리콘밸리와 친화성이 높은 인도가 앞으로 서비스산업 등에 있어 모듈화를 보다 강력하게 추진할 것은 명백한 일이다.

한편 일본에서는, 종래에 가장 특기로 여겼던 영역에서조차 사업을 철수하는 기업이 속출하고 있다. 일본은 한국보다 성공이 더욱 컸기 때문에 과거의 성공요인에 얽매여 새로운 방향성을 받아들이기 위한 변화, 변혁을 단행하지 못한 것으로 보인다. 지금까지 효과적이었던 대기업 중심의 사회구조는 변화에는 굉장히 약하다. 당연한 말이 되겠지만, 중소기업과 벤처기업이 활성화되어 사회에 필요한 변화가 일어나도록 하는 것은 반드시 필요하다.

다양한 교토식 기업이 압도적 실적으로 자신들의 전략의 정당성을 입증하는데도 '이단아' 또는 '괴짜' 등의 취급을 받은 기간은 꽤 길었다. 하지만 교토식 기업은 쥬라기 말기에 출현한 포유류와 같은 존재로, 변화를 따라가지 못하고 괴로워하던 공룡을 대신하여 어느새 주된 세력을 형성해 가고 있다.

한국은 어떠한가? 새로운 변화가 싹을 틔우고 있는가? 이 책이 한국의 교토식 기업의 발견과 지원에 도움이 될 수 있기를, 그리고 그 기업이 보다 신속하게 사회에 받아들여지기를 기원한다.

이 책에서 다루고 있는 데이터는 1990년대가 중심이어서 다소 오래되었다는 인상을 받을 수도 있겠다. 하지만 일본의 '잃어버린 10년'으로 불리는 1990년부터 10년 간이 전략의 구조적인 비교를 실시하는 데 현재에도 가장 적합한 시기라는 것을 말씀드리고 싶다. 2001년부터는 성역이라고 여겨지던 인원감축과 자산의 매각이 각 사에서 이루어져 재무

데이터가 단기적으로 크게 변동하였다. 그와 함께 중국 특수에 의해 수출액이 급격히 증가하여, 수출을 하는 기업이라면 주된 제품이 무엇이고 전략이 어떠한가에 관계없이 최고의 실적을 올리는 시대가 현재까지 이어지고 있다. 2001년 이후의 호황은 구조적인 차이를 볼 수 있을 뿐, 1990년대 이후에 계속 이어지는 구조를 분석하는 데는 적합하지 못하다.

시대의 변화가 빨라졌다고 하지만 그래도 역시 사람들의 의식과 행동 양식이 변화하는 데는 시간이 필요한 것 같다. 그래서 또한 변화와 변혁을 단시간에 실현하여 새로운 시대에 필요한 의식·가치관·전략·경영방식을 획득하는 것이 압도적인 경쟁우위성에 이어지는 것이다. 국경을 초월하여 이 책이 그러한 전향적이고 활력이 있는 사람들의 의사결정과 활동에 조금이라도 도움이 되기를 바란다.

　　　지금 일본 경제는 사상 최대의 경기확대를 기록하며 고유
가와 미국의 서브프라임 문제에도 불구하고 호경기의 기조를 유지하고
있다. 하지만 역자가 유학을 시작한 때에는 '잃어버린 10년', '사상 최
대의 불황', '끝이 안 보이는 디플레이션' 등과 같은 말들이 계속해서 신
문지상을 장식했다. 가난한 유학생으로서는 몇 년간 '변함없거나' 혹은
'낮아지는' 물가가 조금 낯설긴 해도 당연히 싫지는 않았다.

　눈부신 경제성장을 가능케 한 산업정책과 세계 최고 수준의 기술력과
조직력을 낳은 기업문화를 배워 보고자 했던 역자에게 일본의 불황은
난감한 일이었다. 그러나 어려움을 겪어 봐야 옥석(玉石)이 가려진다는
말이 있듯, 위기상황에서 시도된 일련의 정부 정책과 기업들의 노력을

관찰하는 것은 마이클 포터의 저서에 결코 뒤지지 않을, 매우 소중한 공부가 되었다.

그 때 알게 된 기업들의 사례 중에서 단연 인상적이었던 것이 교토식 기업들이었다. NASA에 부품을 제공할 만큼 높은 기술력을 가진 기업들이 교토에 자리잡고 있다는 사실은 이전부터 막연하게 알고는 있었지만, 그런 기업들이 '의외로' 많다는 사실과 긴 불황기에도 변함없이 높은 실적과 고성장을 이루고 있다는 사실을 이 책을 통해서 자세히 알 수 있었다.

마침 저자인 스에마쓰(末松) 교수님께서 역자가 다니는 대학의 조교수(당시, 현재는 교수)로 재직 중이셨기 때문에 곧바로 청강, 연구실 방문 등을 통해 인사를 드리고 개인적인 인연을 맺게 되었다. 스에마쓰 교수는, 마쓰시타 · 도요타 등 종래의 대기업들이 보여준 경영과는 차별되는 기업문화와 전략으로 눈부신 성장을 이어가는 일련의 기업군이 교토 주변에 분포하는 것에 주목하여 그들 기업의 경쟁력의 원천을 분석하였다. 그 결과를 정리해 해당 기업들의 경영방식을 '교토식 경영'으로 명명하고, 저자의 모교 스탠퍼드 대학에서 'Kyoto Style Company'라는 주제로 강의하기도 했다. 스에마쓰 교수는 교토식 경영, 교토식 기업이라는 단어를 만들어내어 세상에 소개한 학자이자 경영전략전문가이다.

한국 경제, 특히 중소기업에게 크게 참고가 될 내용이라고 여겨졌기 때문에 역자는 기회가 된다면 교토식 기업에 대해 한국에 소개해보고자 마음먹고 있었다. 그러던 중 한국경제신문사와 삼성경제연구소 등에서 교토식 기업을 한국에 소개하였고, 그 자료들은 역자도 감사히 살

펴보았다. 한국 최고의 경제전문기관에서 낸 자료인 만큼 물론, 핵심이
잘 정리되어 있었다.

이 책은 기왕에 소개된 교토식 경영에 관한 보다 구체적인 내용을 담
은 책이자 교토식 기업의 원점을 소개하는 책이다.

교토식 경영을 실천하는 기업들에 대해 단순히 실적이 좋은 기업, 위
기에 강한 기업 등과 같이 구체적 내용과 현실이 아닌 이미지와 총론만
유령처럼 떠도는 것에 대한 역자의 우려에 스에마쓰 교수님께서는 본서
의 한국어판 출판이라는 방향으로 등을 떠밀어주셨다. 해석과 응용의
폭이 넓은 책인 만큼 번역에 꽤 오랜 시간이 걸렸으며 단어 선택 또한 쉽
지 않았다. 역자의 게으름과 무능함을 끈기있게 참아주신 도서출판 아
라크네의 김연홍 사장님께 이 자리를 빌려 감사의 말씀을 전하고 싶다.

교토에서

우경봉

교토식 경영엔 특별한 게 있다

교토식 기업은 계열사 관계를 거부하고 독립노선을 기조로 하여 자기자본비율이 높다. 최종제품에 구애받지 않고 하나의 기술에 특화하고 있다. 해당 시장에서 모든 기업과 개방적인 거래관계 속에 높은 점유율을 보이고 있다. 이 공통점들이 목표로 하는 전략과 배경에 대해서는 1부에서 밝히도록 하겠다.

 ## 교토식 경영엔 특별한 게 있다

초우량기업이 모이는 교토의 불가사의

교토(京都)는 불가사의한 곳이다.

도쿄에서 교토로 막 옮겨왔을 무렵에는 일본의 전통문화가 이렇게 잘 보존되어 있다는 것이 놀랍기만 했다. 서양 문물을 모방하기 바빴던 시대에도 교토에서는 시민들이 긍지를 가지고 일본의 전통문화를 계승해 왔다. 기온(祇園)으로 대표되는 세련된 음식문화, 도시문화, 예술문화는 일본의 문화 수준이 옛날부터 매우 높았던 것을 보여주고 있다. 도기, 칠기, 직물(織物), 죽세공 등의 공예품은 보는 사람을 매료시키며 시대를 초월하는 가치를 가진다. 인터넷의 보급으로 개성적인 진품의 문화가 평가받는 시대가 된 지금, 전 세계로부터 더욱 높은 평가를 받는 것은 시간문제일 것이다.

　정신적인 부분에 있어서는, 불교로 대표되는 종교와 철학이 생활의 여러 부분에서 숨쉬고 있다. 자연과의 조화가 중시된 정원과 건축예술은 불교와 신도(神道)의 '세상 만물에 부처나 신령이 깃들어 있다'는 애니미즘을 정신적인 기반으로 두고 있다. 옛날부터 이미 자연회귀의 흐름을 누리고 있었던 것이다. 반야심경이 들려오는 거리가 패션가로도 유명한 것에 별다른 위화감이 들지 않는 것도 다른 도시에서는 좀처럼 상상하기 힘든 일이다. 교토에서는 젊은이들도 자기 나름의 파괴와 창조를 이어가고 있다.

　교토에는 새로운 것 또한 많다. 창작 요리로 대표되는 전통을 중시하면서도 새로운 것에 도전하려는 의욕이 곳곳에서 강하게 느껴진다. 하지만 그것은 교토역 건물의 디자인에 대한 일반적인 반응처럼, 교토의 매력을 단면적이고 한정적인 것으로 치부하려는 이들로부터는 반감을 사기 쉬운 것도 사실이다. 필자도 교토역 디자인이 천년 고도와는 어울리지 않는다고 생각했으나, 교토에 이사와 잘 살펴보니 도시 곳곳에 새로운 시도와 도전이 이루어지고 있으며 그것이 전체적으로 잘 어울린다는 것을 느끼게 된 경우가 많아, 적어도 그러한 시도 자체를 인정하게 되었다. 표면적인 관광만으로는 알 수 없는 오묘함이 교토의 풍토에는 존재하는 것이다.

　도쿄의 아오야마(青山)나 다이칸야마(代官山), 긴자(銀座)도 서양인의 눈으로 본다면 재미있는 곳이겠지만, 그렇다고 유럽이나 캘리포니아의 영향을 벗어날 수 없다. 일본의 거리에 서양에 대한 순종적인 모방이 아닌 일본만의 개성이 존재하는가 둘러보아도 별달리 느껴지는 것이 없다. 자신의 힘으로 소화하고 생각함으로써 새로운 발전이 이룩되는 것 아니겠는가? 발전에는 스스로 생각하는 것, 스스로를 상대화·객관화하는 과정이 필수적이다. 그러한 자세는 인터넷을 매개로 온 세계의 개성이 서로 경합하고 조화되고 또한 융합하면서 변화되는 세계화시대에 꼭 필요하다. 바로 그러한 정신이 교토에는 자연스럽게 숨쉬고 있었다.

이러한 고도(古都) 교토에 혁신적인 초우량기업, 특히 첨단 기술을 보유한 글로벌기업이 모여 있다는 사실은 제대로 알려져 있지 않다. 이 '알려져 있지 않다'라는 사실은 차차 설명하기로 하고, 우선은 그 기업들의 우수성을 확인해 보도록 하자.

교토식 기업의 경이로운 성장력

그림 1은 비교를 위해서, 이제부터 본서에서 취급하는 교토식 기업 중 전자산업에 속하는 10개사(교세라京セラ*, 롬ROHM, 일본전산日本電産, NIDEC, 무라타제작소村田製作所, 호리바제작소堀場製作所, 옴론OMROM, 도세TOSE, 니치콘nichicon, 일본전지日本電池**, 삼코인터내셔널연구소samco)와, 일반 전자산업 메이커 7개사 (히타치日立, 도시바東芝, 미쓰비시三菱,

---

* 기업의 이름은 한자로 나타낼 수 있는 경우에는 한자로 표기하며, 기업명이 일본문자로만 이루어져 한자표기가 불가능할 경우에는 각 사 홈페이지에 명기된 영어표기를 병기한다(역주).

** 2006년 1월 1일, ㈜일본전지와 ㈜유아사(YUASA)가 합병을 하여 현재의 사명은 지에스 유아사(GS YUASA)임(역주).

그림 1 교토식 기업: 10년간 매출액의 추이 비교

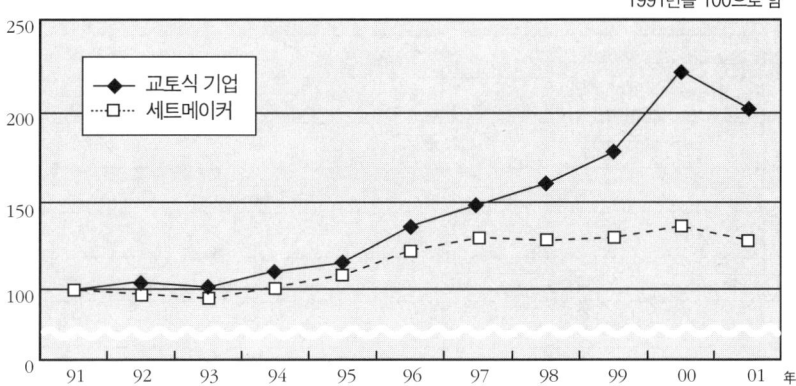

1991년을 100으로 함

(주1) 각 기업의 1991년도 매출액을 100으로 하여 평균을 취한 값.
교토식 기업 10개사: 교세라, 롬, 일본전산, 무라타제작소, 호리바제작소, 옴론, 도세(1993년 이후), 니치콘,
　　　　　　　　　니혼전지, 삼코인터내셔널연구소(1995년 이후)
세트메이커 7개사: 히다치, 도시바, 미쓰비시, NEC, 후지쓰, 마쓰시타, 소니

그림 2 교토식 기업: 10년간 영업이익의 추이

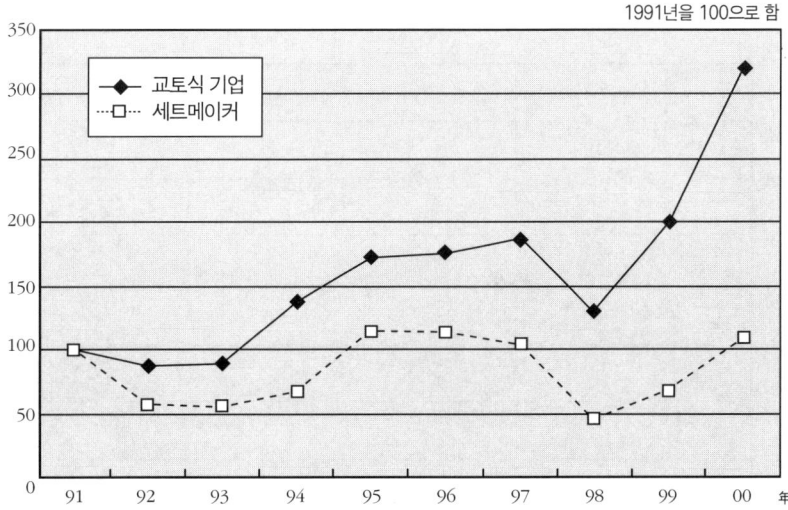

1991년을 100으로 함

그림 3 교토식 기업: 10년간 매출액-영업이익비율의 추이

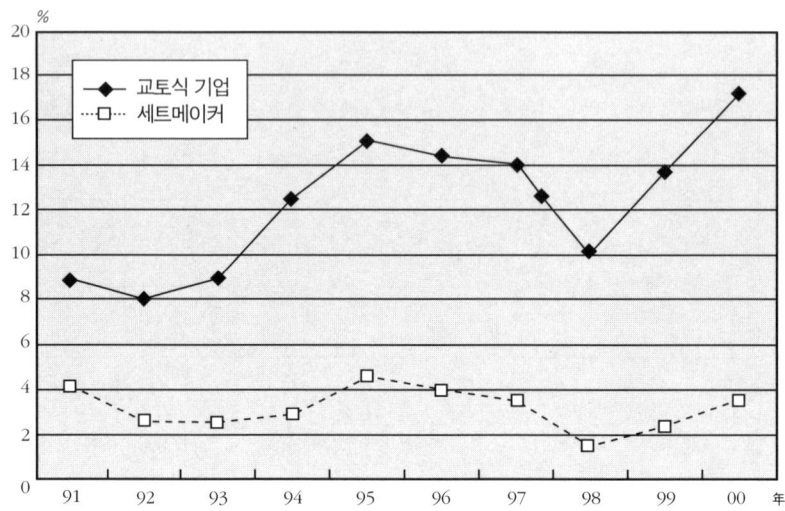

그림 4 교토식 기업: 10년간의 ROA 추이

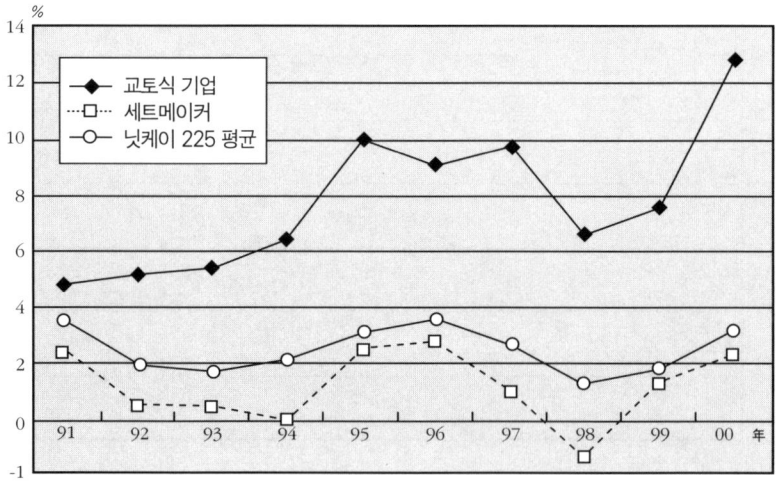

NEC, 후지쓰Fujitsu, 마쓰시타松下, 소니Sony)의 최근 10년간 판매액의 추이를 나타낸 것이다. 비교 기간 동안 교토식 기업이 일반 전자산업 메이커의 2배 가깝게 성장한 것을 확인할 수 있다.

한편, 두 그룹의 영업이익 증가폭의 차이는 매출액 이상으로 크고, 특히 교토식 기업은 매출액 성장률보다 더 큰 폭으로 이익이 증가한 것을 그림 2에서 확인할 수 있다. 또한 그림 3에서 알 수 있듯 영업이익률에서도 원래 2배 이상 높았던 교토식 기업이, 최근에는 4배 이상 그 차이를 넓혀가고 있다.

그림 4의 총자산이익률(ROA, Return On Asset)에 있어서 교토식 기업과 세트메이커*의 차이는 더욱 커진다. 세트메이커는 일본 성장의 견인

그림 5 교토식 기업: 10년간 ROE 추이

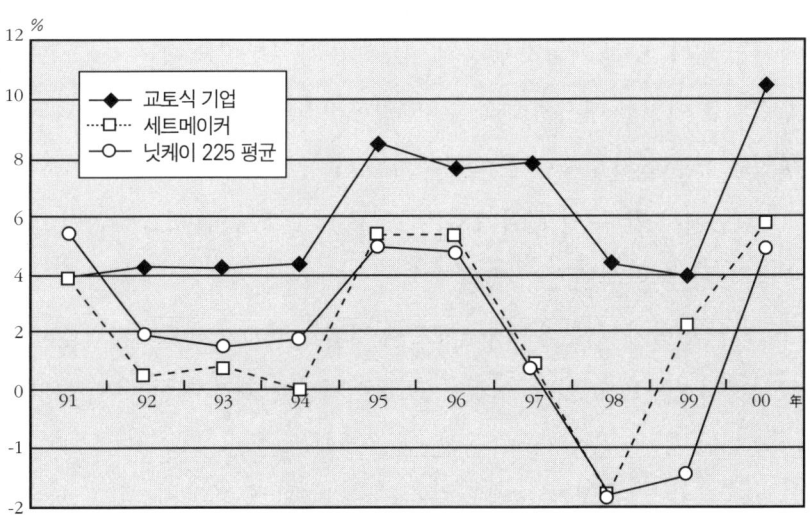

그림 6 교토식 기업: 2001년의 주가변동률

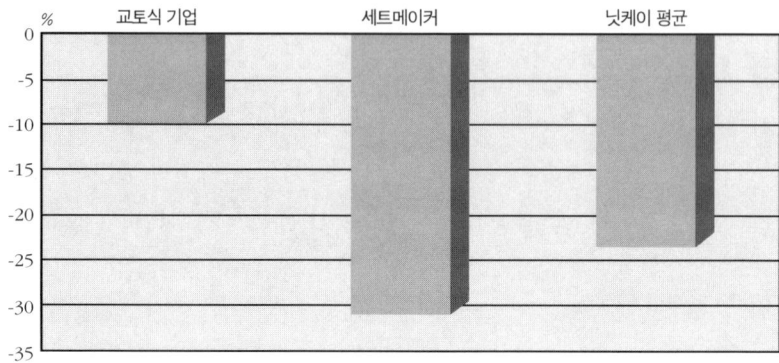

차 역할을 해 온 기업들로서 2차 세계대전 이후부터 최근까지 일본 기업
의 우등생 격이었다. 일본경제의 발전은 곧 이러한 세트메이커들의 성
장이었다고 할 수 있다. 그러나 이들은 ROA에 있어서 일본 기업 평균
(NIKKEI 225 지수)보다도 낮을 뿐만 아니라 오히려 평균값을 낮추는 요인
이 되고 있다. 또한 거품경제 붕괴 이후에는 대부분이 거대한 자산규모
에 걸맞은 이익을 내지 못하고 있다. 일본기업의 자산이 불량채권화되
고 있는 배경을 엿볼 수 있는 대목이기도 하다.

　그림 5에서 알 수 있듯 자기자본이익률(ROE, Return On Equity)의 경
우, 상황이 좋을 때는 양자간(즉, 교토식 기업과 세트기업 간)의 차이가 줄
어들지만 상황이 나쁜 경우에는 교토식 기업의 ROE가 세트메이커 정도
로 나빠지지는 않고 있다. 이것은 교토식 기업의 자기자본비율이 높기

───────────── ＊ 이 책에서 세트메이커란 최종제품을 생산하는 종합기업이라는 뜻으로 사용되
고 있다(역주).

(재무레버리지가 낮기) 때문이다. 반대로 세트메이커는 부채비율이 높기 때문에 상황이 좋을 때는 ROE가 크게 오르지만 나쁠 때는 금리부담 때문에 점점 더 상황이 나빠지게 된다.

2001년에는 9.11테러 등의 영향으로 재무데이터는 비연속적으로 크게 바뀌고 있다. 2001년의 1월과 12월의 주가를 비교해 본 것이 그림 6이다. 닛케이 225 평균에 비해서도 세트메이커는 상당히 성적이 저조하다는 것을 알 수 있다. 교토식 기업의 후퇴도 눈에 띄지만, 평균치보다는 훨씬 가벼운 상처로 끝난 것을 알 수 있다.

일본 기업의 이상적인 모델

그래프로부터 파악할 수 있는 것을 정리해 보면 교토식 기업은 다음과 같은 특징을 갖고 있다.
· 판매액 증가도 크지만 이익의 증가가 매우 크다.
· 이익률이 계속해서 향상되고 있다.
· 자산효율이 높다.
· 이익(ROE)이 안정되어 있어 급격한 퇴조가 없다.

이것은 자칫 결론을 서두르는 것일 수도 있지만 아래와 같은 일본 기업의 이상적인 미래상을 제시하고 있는 것을 아닐까?
· 판매를 늘리면서 이익률도 높은 데다, 계속되는 개선이 이루어지고 있다.

그림 7 삼코인터내셔널연구소의 매출액 추이

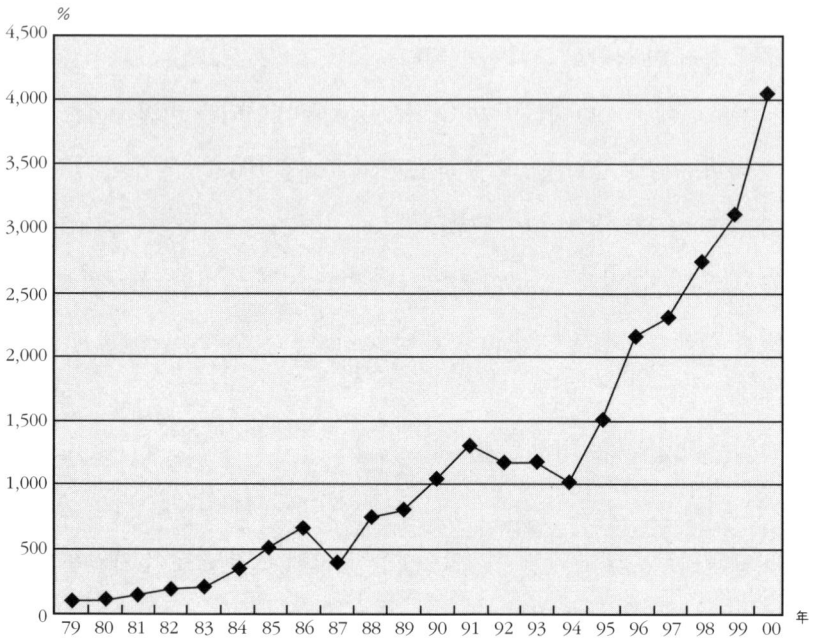

· 부가가치가 높다(높은 가격을 취할 수 있거나 혹은 구조적으로 저비용
  체질).
· 자기자본비율이 높고 역경에 강한 기초체력을 가지고 있다. 따라
  서 불확실한 경제환경에 적합하다.

마쓰시타의 개혁을 주도해 온 나카무라 구니오(中村邦夫) 전 사장(현
회장)은 '앞으로 마쓰시타의 모델은 엡손과 롬, 무라타제작소' 라며 교토
식 기업을 두 곳이나 꼽고 있다.

그림 7은 교토의 벤처기업 중에서도 주목을 받고 있는 삼코인터내셔널 연구소의 실적을 나타낸 것이다. 동사는 NASA에서 플라즈마 부문 연구원으로 근무한 쓰지 오사무 사장이 창업한 반도체장치 개발과 제조를 주로 하는 기술계 벤처기업이다. 그림을 통해 2001년 5월 장외시장에 등록할 때까지 경이로운 성장을 기록한 것을 확인할 수 있다. '단기적으로 크게 성장한 회사 규모에 따라 상장했지만…' 이라며 주식시장에 진출하는 다른 벤처들과는 달리 벤처기업의 모범적인 모습을 보여주고 있다고 할 수 있다.

한편, 게임개발 부문에서 압도적인 시장 점유율을 보이며 1999년에 도쿄증시 1부에 상장한 도세의 경우, 제품구성이 20년 사이에 크게 바뀌어 20년간의 평균 성장률이 판매액 기준 17퍼센트, 영업이익 기준 20퍼센트, 당기이익 기준으로는 29퍼센트라는 경이적인 신장세를 보이고 있다.

이 기업들은 교토증권거래소의 각종 수치들의 평균을 끌어올릴 정도로 영향을 미쳤다. 교토증권거래소(2001년 3월 1일에 오사카증권거래소에 흡수 합병)에 상장되어 있었던 지방기업 51개사(금융권 제외)의 2000년 1분기의 연결실적을 보면, 판매액 경상이익률 평균이 11.0퍼센트로, 전국 상장기업 평균 3.1퍼센트에 비해 두드러지게 높았다. 실제로는 교토증시에 상장한 기업 모두가 높은 실적을 올렸던 것이 아니라 약 10개사의 실적이 전반적인 수치를 끌어 올렸다. 특히 교세라, 닌텐도(任天堂), 무라타제작소, 롬 등의 4개사 연결경상이익이 51개사 전체 경상이익의 80퍼센트를 차지하는 극단적인 격차를 《아사히신문》 2001년 2월 13일자를 통해 확인할 수 있다.

   이렇게 높은 성장률과 높은 이익률, 그리고 역경을 이겨내는 강한 힘
은 어디에서 기인하는 것일까? 그 부분을 찾아내는 것이 본서의 목적이
지만 적어도 교토식 기업군이 특정 시장에서 대단히 높은 점유율을 차
지하고 있다는 것은 쉽게 알 수 있다.

압도적으로 높은 시장점유율

   무라타제작소는 전 세계적으로 세라믹필터 점유율 80퍼센트, 세라믹
공명기(共鳴器) 점유율 80퍼센트, 적층(積層)세라믹콘덴서 점유율 50퍼
센트를 차지하고 있다. 이외에도 전자부품 분야에서 세계적으로 높은
시장점유율을 차지하고 있는 것이 많이 있다.

   호리바제작소는 엔진배기가스 계측기의 세계시장 점유율 80퍼센트,
반도체 제조용 가스제어장치 점유율 35퍼센트, 그 밖의 계측기계 분야
에서도 세계적인 점유율을 차지하고 있다.

   일본전산(日本電産)은 하드디스크용 스핀들모터(spindle motor)로 유
명하다. 전 세계 점유율은 70퍼센트며, 소형 모터 부문에서도 세계적으
로 높은 점유율을 가지고 있다.

   롬은 플로피디스크용 주문형 LSI에서 세계 점유율 67퍼센트를 차지하
고 있으며, 주문형 IC부문에서도 세계적으로 압도적인 점유율을 가지고
있다.

   교세라는 파인세라믹스 부품 제조에서 일본시장 점유율 1위이며 그

외 다수 제품에서 세계적으로 높은 점유율을 보이고 있다.

일본전지는 전기자동차의 납 전지생산에서 일본시장의 90퍼센트를 차지하며, 휴대폰용 리튬이온 전지부문에서 일본 최고의 점유율을 가지고 있다.

옴론은 제어시스템 분야에서 일본시장 최고의 점유율을 차지하고 있다.

도세는 일본의 외주 게임개발 시장에서 거의 독점적인 지위를 확립했으며, 삼코는 벤처기업임에도 불구하고 반도체 박막제조장치 부문에서 세계 최고의 메이커이다.

이러한 실적은 일반인에게는 잘 알려지지 않았으나 전문가에게는 높이 평가되고 있어 우량기업 표창의 단골손님인 경우가 많다. 특히 롬은 니혼게이자이신문사(日本經濟新聞社)가 매년 발표하는 〈뛰어난 회사 랭킹〉*에서 과거 8년간 세 번이나 1위를 차지했다. 2000년도까지의 8년간 누적 득점으로도 1위이다. 한편 2001년도 〈우량기업 랭킹〉**에서는, 무라타제작소가 2위에 랭크되어 있다(유니클로UNIQLO 1위, 교세라 5위, 롬 8위). 일본전산은 1998년 11월《비즈니스위크》의 세계정보기술 우량기업 랭킹에서 일본기업 중 탑에 랭크되어 있어(53위), 교토식 기업은 일본 국내보다도 해외에서의 지명도가 더 높다고 할 수 있다.

---
* 니혼게이자이신문사와 닛케이 리서치가 공동개발한 다각적 기업평가시스템인 '프리즘(PRISM)'을 바탕으로 평가함.

** 니혼게이자이신문사가 개발한 NEEDS-CASMA(다변량해석법에 의한 기업평가 시스템)에 의한 평가.

《비즈니스위크》는 또한, 1999년 5월 '일본 하이테크기업의 희망' 이라는 제목으로 교토식 기업 특집을 실었다. 소개된 기업으로는 교세라, 롬, 일본전산, 무라타제작소, 호리바제작소를 시작으로 니치콘, 코플록 등이 다루어졌다. 일본의 '잃어버린 10년' 이 이어지면서 도쿄를 거점으로 하는 히타치, 도시바, NEC, 미쓰비시 등의 판매실적이 부진을 면치 못하는 상황 속에서도 교토식 기업은 다음과 같은 격찬을 받았다.

- 무라타제작소는 세라믹부품 업계의 리더이며 그 부품은 노트북, 휴대폰 등 다양한 기기에 사용되고 있다. 매상고 30억 달러에 영업이익 5억 달러, 시가총액은 92억 달러에 달한다.
- 교토식 기업은 외국인의 주식보유비율이 높아, 도시바의 외국인 주식보유비율이 10퍼센트인 것에 비해 닌텐도는 25퍼센트, 롬과 무라타제작소의 경우는 40퍼센트에 달한다.
- 일본전산은 니혼게이자이신문사가 발표한 주가상승률 부문에서 1위를 차지했다. 그 외에도 롬이나 무라타제작소, 닌텐도도 상위 랭킹을 점하고 있다.
- 니치콘은 현금흐름(cash flow) 경영을 30년 전부터 실천하고 있어 약 4억 달러의 현금을 가지고 있으며 차입금은 전혀 없다.
- 코플록의 고지마사장은 1978년에 아버지에게서 회사를 이어받은 후 매년 10퍼센트의 성장을 이어가고 있다.
- 도쿄에 근거지를 둔 기업이 일본 국내시장에 주력하는 것에 비해 교토식 기업은 해외판매비율이 높아 일본전산이 75퍼센트, 롬과

무라타제작소는 각각 50퍼센트를 넘어서고 있다.
 · 교토식 기업은 비용관리의식이 높다. 니치콘은 주요 공장의 리드
   타임(lead time: 제품 하나를 생산할 때 시작에서 마지막까지의 소요시간)
   을 수 년 전에 이미 22일에서 11일로 줄였으며 그러한 추세를 계속
   이어가 현재는 7일 수준까지 달성했다.

《비즈니스위크》는 기존의 일본식 기업 모델이 붕괴되는 가운데 유일
한 성공 모델인 교토식 기업으로부터 일본사회가 배울 것이 많다고 결
론짓고 있다. 취재가 IT버블기에 이루어진 점을 고려하더라도 기업우량
성에 관한 평가는 있는 그대로 높게 평가되어야 할 것이다.
  니혼게이자이신문사는 교토식 기업뿐만 아니라 오사카의 키엔스
(keyence) 등의 기업들을 포함시켜, 해당 지역을 '교토-오사카밸리(京阪
バレ-)' 라고 명명하여 연재기사로 대대적으로 다루었고 이를 정리하여
1999년에 책으로 출간하였다.

로테크 산업에서의 교토식 기업

지금까지는 전자부품을 중심으로 한 하이테크기업을 소개했지만, 로
테크(low-tech)산업에서도 개성적이며 활기가 넘치는 교토식 기업을 쉽
게 찾아 볼 수 있다.
  MK택시에 관해서는 여전히 찬반양론이 있지만, 나고야에서 무료택
시를 운영하는 등 꾸준히 각종 규제와 감독관청에 도전해온 결과, 실제

사회는 MK택시가 주장해 온 형태와 점점 가까워지고 있다. MK택시는 교토의 가미가모 신사(上賀茂神社)와 가까운 가모가와(鴨川) 근처에 본사가 있는 교토기업이다. MK택시의 탄생과 더불어 시작된 택시회사들의 가격과 서비스 경쟁은 적어도 소비자에게는 매우 반가운 것이었다. 교토에서는 MK택시가 촉발시킨 경쟁의 결과 평균 640엔이었던 요금이 580~570엔 정도로 떨어졌다(2002년 3월 기준).

MK택시는 모든 차량에 GPS를 설치하여 본부가 직접 차량운영을 관리해 배차를 신속하게 했으며 일본 최초로 셔틀버스를 이용한 송영서비스를 실시했다(그 후 다른 회사의 신규진입이 이루어져 가격과 서비스 경쟁이 시작되었다). MK택시기사의 친절하고 정중한 접객은 모르는 사람이 없을 정도로 유명해졌다. 게다가 이익률이 대단히 낮기 때문에 신규진입이나 서비스 향상은 있을 수 없으리라 생각되었던 공공버스 사업에 진출하여, 택시와 공공버스를 연계하는 등 고객의 편의를 돕기 위한 아이디어를 계속해서 제시하고 있다. 앞으로도 MK택시는 택시업계, 공공운수업계에서 태풍의 눈으로 존재할 것임에 틀림없다.

일본에서는 최근 투프라이스(two price) 정장이 사회적으로 주목을 받고 있다. 종래와는 전혀 다른 진열방법으로, 판매량을 획기적으로 증가시켰으며 모든 경쟁기업에게 완전히 같은 가격과 진열수법, 비즈니스모델을 따르게 하여 새로운 업무형태를 만들어 낸 온리(ONLY corporation, 브랜드명은 '더 슈퍼 수트 스토어')는, 교토의 패션거리로 유명한 기타야마(北山)에 본사를 두고 있다. 유니클로로 유명한 패스트리테일링도 제조와 유통에 있어 기존의 구조를 파괴하여 전혀 새로운 판매구조의 중심에 섰지만, 온리도 마찬가지로 구조적인 차별성으로 가격과 품질 모두를 추구하고 있어 소비자로부터 강한 지지를 얻고 있다.

교토식 기업은 이렇게 스스로가 믿고 있는 비즈니스 방식과 고객가치 실현에 대한 절대적인 자신감을 가지고 그것을 제공하면서 계속 개선해 가는 자세를 공통적으로 가지고 있다.

일본에 있으나 일본적이지 않은 기업

하이테크에서 로테크까지 사업 분야는 달라도 교토식 기업의 공통점은 아주 많다. 개성적인 사장이 있는 것으로 유명하며 거의 모든 창업자, 사장이 이공계 · 기술직 출신이고, 교토 출신이 아니면서도 교토에서 창업한 경력을 가지고 있다. 또한 절대적인 자신감을 가지고 있었음에도 불구하고 일본에서는 인정을 받지 못해 판매가 부진했지만 미국에서 직접 영업을 한 결과 인정을 받게 되어 대성공을 거둔 공통점이 있다. 그 후 브랜드가 일본에 역수입되어 성공에 이른 역사도 같다. 공통점을 들자면 끝이 없다. 이 모든 것이 우연이 아니라는 것, 기업의 이념, 전략의 본질 등도 모두 지극히 비슷하다는 것을 본서에서 추적할 것이지만 또, 한편으로 경영스타일도 매우 비슷하다. 새로운 것을 좋아해서 독자성을 추구하고 그것에 대해 절대적인 자신감을 가지고 있다. 다른 사람들과 다르다는 것을 전혀 개의치 않고, 굳이 주변과 조화를 이루려고 하지는 않는다. 실례되는 표현이 되겠지만, 업계 내부에서는 싫어하는 사람들이 많으며 인간관계가 좋은 편은 아니다.

교토식 기업에서는 기본적으로 합리적인 경영(철저한 평가, 엄격한 처우 등) 스타일을 취하고 있다. 표면만을 본다면 냉철·냉혹한 회사라고도 할 수 있지만 실제로는 확고한 철학이 그 배경에 존재하고 있다. 사원들은 활력에 넘치며 기꺼이 고된 업무를 감수하고 있다. 해당 기업에 대해 알아갈수록 적어도 외부에서 비꼬는 만큼 불행하거나 강제적이라는 인상은 희미해진다. 설명해도 주위가 이해하지 못한다면 차라리 정보를 공개하지 않겠다는 태도 역시 비슷해서 본서 집필을 위한 취재와 정보 수집이 매우 어려웠다. '나는 나, 다른 사람은 다른 사람'이라는 자세를 분명히 엿볼 수 있는 대목이다.

교토식 기업을 방문했을 때의 분위기는, 첨단산업의 메카이며 필자도 몇 번이나 방문한 적이 있는 실리콘밸리를 떠올리게 했다. 교토식 기업에서는 개성·독립심·자유로움이 선명하게 느껴진다. 관계자들과의 대담에서는 새 것에 대한 호기심, 스스로의 판단에 대한 자신감이 전해져 온다. 기업 내에서는 업무에 관한 엄격함과 동시에 생생한 약동감을 느낄 수 있다. 구성원 전체가 언제나 자기 자신과 회사의 발전, 변화를 추구하고 있는 것처럼 보인다. 사장의 이야기를 들으면 그 회사가 갖는 자신감의 근원으로 보이는 명확한 철학이 존재한다. 여러 기업의 다양함과 동시에 존재하는 일치감은 결코 우연의 산물이 아닐 것이다. 옛 도시 교토에서의 혁신적 경영과 공통점들. 그것에 대한 의문이야말로 이 책의 원점이며 또한 본서를 통해서 설명하고 싶은 포인트다.

교토식 기업의 공통점은 매우 많은데, 본서는 그것을 순서대로 분석해 갈 것이다. 그 중에서도 객관적인 데이터이며 동시에 중요한 다음 세

가지에 특히 주목할 것이다.

- 계열사 관계를 거부하고 독립노선을 기조로 하여 자기자본비율이 높은 점
- 최종제품에 구애받지 않고 하나의 기술에 집중하고 특화한 점
- 해당 시장에서 모든 기업과 개방적인 거래관계 속에 높은 점유율을 가지는 점

또한, 이 공통점들이 목표로 하는 전략과 배경에 대해서는 1부에서 밝히도록 하겠다.

이러한 점들은 사실 인터넷 기술의 발전, 정보화 사회의 도래와 함께 그 중요성이 매우 높아지고 있는 구조전환, 전략전환과 밀접히 관련된 것들이다. 그것은 차세대 비즈니스 모델이며 세계 각지에서 성장 중인 주요 기업이 거의 채용하고 있는 모델인바 특히 실리콘밸리에서는 이전부터 보급이 이루어져 경쟁력의 기반이 되어 있는 내용들이다. 하지만 그것을 채용하기 위해서는 커다란 전환이 수반돼야 하기 때문에 그 사실을 깨달은 기업이 일본에 있다고 해도 그러한 기업은 거의 없다고 보았다. 그러나 놀랍게도 교토에 그러한 기업이 집중적으로 존재하고 있었다. 일본에 존재하면서도 일본적 모델을 초월한 교토식 기업의 신비를 해명하는 작업을 시작해보자.

1부

세계를 석권한 개방적 수평분업 전략

승자독식 경영의 '배경'

개방적 수평분업 전략이란 무엇인가

개방적인 기업간 관계에서는 기업은 자사의 기술이나 제품을 전세계 기업에 계열이나 그룹을 초월하여 판매·공급한다. 그렇게 하는 편이 많은 기업들의 연계와 공동작업에 의해 비용가치가 향상되고, 서로 다른 제품들 사이의 연계가 진행되는 등의 효과가 있어 결과적으로 유저에게 많은 혜택이 돌아오기 때문이다. 즉, 기업간 관계가 수평으로 세분화·확산되어 수평으로 분업이 이루어지게 된다. 이것이 바로 '개방적 수평분업'이다.

새로운 경쟁의 룰에 근거한
혁신적 기업 전략

교토식 기업의 성공 배경

종래의 일본 기업의 성공 모델은 '최종제품*의 제조·판매에 진출해 규모를 키워 기업의 신용을 쌓은 뒤 다양한 영역으로 사업을 확대' 하는 방식이라고 할 수 있다. 하지만 교토식 기업은 한 분야에 집중적으로 특화하므로 분명히 다른 특징을 가지고 있다. 사업을 확대할 경우에도 자신이 가진 강점을 최대한 살릴 수 있는 영역을 신중하게 선택한다. 또한 성공한 기업의 상징으로 여겨지고, 회사의 지명도를 높일 수 있는 최종

＊ 중간재를 생산하는 것이 아닌, 소비자가 직접 구입하는 제품을 의미함(역주).

제품 시장 진출에 대한 유혹을 끝까지 뿌리치면서 부품, 혹은 특정한 생산기술영역에 머무르고 있다. 그러면서 특정 기업과의 관계를 고집하지 않고 전 세계 모든 기업과 거래한다. 이렇게 하나의 영역에서 궁극을 추구하며, 하나의 특정 기업이 아니라 모든 기업과의 거래를 진척시켜 그 것을 기반으로 활용해 사업을 확장해가는 전략이야말로 최첨단 비즈니스 모델이다. 그것을 일본에서 가장 빨리 채용하고 성공시킨 것이 이 책에서 소개할 교토식 기업들이다.

놀랄 만한 성장을 이룩한 교토식 기업의 공통점이자 가장 중요한 특징 중 하나는 **개방적 수평분업 전략**이다. 그것은 MS나 인텔이 선구적으로 실시해 현재 IT업계를 중심으로 세계를 석권한 새로운 경쟁방식에 부응하는 전략이며 새로운 시대의 기업전략이라고 할 수 있다. 세계의 주요 기업이 이 전략을 활용함으로써 '승자독식(Winner takes all, WTA)'을 실현하여 경이로운 실적을 올리고 있다. 승자독식의 시대에는 말 그대로 한 기업이 모든 이익을 독점하는 경향이 강해진다. 교토식 기업은 이 전략을 일찍부터 알아채 독점에 가까운 세계시장 점유율을 이루어냈다. 비록 승자독식이 실현되지 않았다 하더라도, 향후 그러한 새로운 경쟁의 룰을 모르는 상태로는 게임에 참가하는 것마저 불가능해질 것이다.

1부에서는, 이러한 새로운 경쟁의 룰에 근거한 전략인 개방적 수평분업 전략의 무한한 발전성에 대한 논의를 진행할 것이다. 교토식 기업의 현재와 같은 높은 실적이 구조적인 것이며, 앞으로도 큰 발전성과 확장성을 가지고 있다는 점을 독자 여러분들께 소개하기 위해서이다. '개방적 수평분업 전략모델'은 다음과 같은 특징을 가진다.

- 일본 외의 지역에서 하이테크업계를 중심으로 세계를 석권하고 있다.
- 인터넷 기술의 발전·보급에 의해 급속한 가속이 이루어지고 있다.
- 세계적인 성장기업들이 모두 주목·채용하고 있다.
- 일본에서는 교토식 기업이 채용하여 성공시켰다.
- 국가나 사회조직에도 경쟁력 강화의 측면에서 반드시 필요하다.

1부에서는 개방적 수평분업 전략과 같은 개념이면서 동시에 부분집합이라고도 할 수 있는 '플랫폼 전략', '디팩토 표준* 전략'에 대해서도 언급할 것이다. 개방적 수평의 하나의 층이 또 다른 층의 기반이 되는 경우가 '플랫폼'이며 이것은 특히 상류**로의 전개를 의식한 단어다. 플랫폼이 가지는 외부성에 의해 자신의 중요성·경쟁력이 구르는 눈덩이처럼 더욱 크고 강해지게 된다. '플랫폼 전략'이라는 단어에는 이미 그것의 외부성을 전략적으로 적극 활용하자는 뜻도 포함되어 있다. '디팩토 표준'은 플랫폼으로서의 경쟁력이 외부성에 의해 더욱 높아져 하나의

---

* De facto standard. '사실상의 표준'이라고도 번역됨. 정부 등의 지시나 규제가 아닌 자사의 경쟁력으로 시장을 독점하여, 그 결과로 타 기업들이 해당 기술을 업계표준으로 받아들이지 않을 수 없게 된 것.

** 일본어에서는 소비자에게 판매하는 작업에 가까울수록 '하류(川下)'라고 표현한다. 따라서 완성차 메이커인 도요타의 입장에서 부품업자들은 '상류(川上)' 기업이 된다(역주).

표준으로 선택될 정도로 높은 점유율을 획득한 것을 말한다.

정보산업의 급격한 발전은 개방적 수평분업모델 채용과 그것의 효력에 큰 영향을 받았다. 각각의 모듈이 독자적으로 발전할 수 있게 되면서, 모듈의 총합으로서의 제품이나 산업의 부가가치가 급속히 높아져 가격이 내리고 시장이 확대되는 선순환을 초래한 것이다. 이러한 현상은 소프트웨어나 인터넷 서비스에서 가장 두드러지게 나타나고 있어 승자독식 현상을 더욱 가속시키고 있지만, 교토식 기업의 특기인 하드웨어 부품도 급속히 그러한 물결에 휩쓸리고 있어 플랫폼 전략의 중요성이 더욱 높아지고 있다. 또한 개방적 수평분업형으로의 구조변혁이 전혀 이루어지지 않은 그 외의 업계에서도 발생할 가능성이 크다.

동시에 인터넷시대에 경쟁을 끝없이 격화시키고 있는 근본구조에 대해서도 살펴보기로 하자. 이것은 교토식 경영의 성립 전제가 되며 지극히 중요한 요소이기 때문이다.

교토식 경영의 배경인 개방적 수평분업 전략이 세계적으로는 어디까지 진화해 왔는지에 대해 전달하기 위해, 구체적인 사례를 소개해가면서 설명을 덧붙이도록 하겠다.

개방적 vs 폐쇄적

우선은 대략적인 개념 전달을 위해 용어의 정의부터 시작하자.

'개방적'이란 단어는 다양한 경우에 여러 가지 의미로 사용되는 말이지만 본서에서는, '기업간 관계'와 '제품의 사양'이라는 두 가지 경우에 한정해서 사용한다. 그림을 참조하여 '개방적'의 의미에 대해서 확인해 보도록 하자.

그림 1-1 '개방적'의 정의 (기업간 관계와 제품사양)

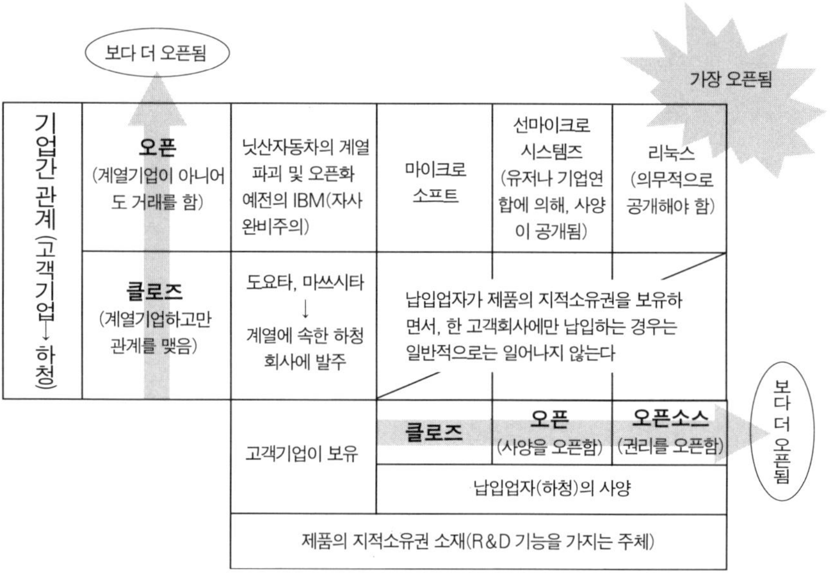

'개방적인(오픈된) 기업간 관계'란, '특별한 구별 없이 많은 기업과 거래관계를 가진다'는 의미다. 그 반대인 '폐쇄적'*이란 한정된 기업하고만 거래를 하는 폐쇄적인 관계를 가리킨다. 계열을 중심으로 하는 일본의 종래의 기업간 관계는 폐쇄적이라고 할 수 있다. 제품을 개발한 발주기업은 타사에 정보가 누설되는 것을 꺼리므로 신뢰관계가 있는 특정

하청기업하고만 거래를 한다.

그림의 가로축에서 확인할 수 있듯 '개방성 사양'에는 크게 세 가지 단계가 있다. 자사 사양을 공개하지 않는 경우, 그 사양은 해당 개발 기업에 속하고 "프로프라이어터리(proprietary, 사적 소유물 또는 비공개물)"라고 부른다. 한편 제품의 사양을 공개하여 타인에 의한 재생산이 가능한 상태가 개방적인 것이다**. 재생산에 관해서는 프로프라이어터리와의 차이를 명확히 하기 위해, 일반적으로는 매우 적은 금액의 과금이 적용된다. 그리고 최근에는 리눅스(Linux)의 성공으로, '오픈소스'의 중요성이 주목받고 있어 개방적·폐쇄적 이외의 제3의 사양이 탄생했다. 오픈소스가 가지는 특징은 공개의 의무, 변경의 자유, 재배포의 자유 등으로 소유권을 오픈한 상태라고 할 수 있다. 사회 전체적으로 보면 오픈소스는 갓 태어난 상태이지만, 앞으로 급속히 중요성이 커질 것으로 생각되므로 본서에서는 개방성에 관한 하나의 정의로 추가하여 본서 전체를 통해 사용하도록 한다.

엄밀히 말하면, '개방성 사양'에는 아래와 같이 '사양 자체에 관한 논의'와 '사양 결정 방법에 관한 논의'로 정확히 구별할 필요가 있다.

---

* 일본어 원서에서는, '오픈'의 반대 개념으로 '클로즈(드)'라는 표현이 사용되었다. 이 책에서는 되도록 '폐쇄적'이라는 단어를 사용하였으며 필요한 경우에 한해 클로즈(closed)라는 표현을 사용했다.

** 디주어 표준(de jure standard)이라고 불리는, 정부기관이 표준 사양을 결정할 경우도 넓은 의미에서 이것에 포함시킬 수 있다. 디주어 표준이란 법적으로 결정된 표준이라는 의미다.

첫째, 사양을 공개한다(사양 자체에 관한 논의).

둘째, 사양 결정의 프로세스를 공개한다(사양의 결정 방법에 관한 논의).

일반적으로는 사양의 공개에 대해서만 논의되지만, 사양의 결정방법
(즉, 사양을 결정하는 조직의 관리)은 사양에 크게 영향을 주기 때문에 이것
이 개방적인 것인가 아닌가에 대한 검토도 중요하다. 사양이 완전히 공
개되어 있어도 결정의 프로세스가 자의적으로 선택되는 경우는 특정한
그룹에게 유리한 결정이 내려질 가능성이 있다.

기업간 관계와 제품사양 양쪽 모두 오픈화에 의해 많은 기업과 개인
이 참가하는 것이 가능하므로, 경쟁이 격화되는 것과 동시에 네트워크
외부성이 높아진다. 일반적으로 경쟁의 결과로 가격은 내려가고 제품의
성능은 향상되므로 위에서 밝힌 두 가지의 오픈이 실현될 때, 네트워크
외부성은 가장 높아진다.

해외에서는 기업간 관계는 물론, 사양도 매우 빠르게 오픈화하는 경
향이 강해지고 있다. 그렇게 하는 것이 네트워크 외부성을 더욱 잘 활용
할 수 있기 때문이다. 한편, 일본에서는 사양은 물론 기업간 관계에서도
오픈화의 진행에 시간이 걸리고 있는 상황이다.

수평 vs 수직

또 하나의 키워드인 '수직' 이란 제조에서부터 모든 부품과 조립까지
를 자사 혹은 자사 그룹이나 계열회사에서 일괄적으로 담당하는 것으

로, '수직통합'이라고도 표현할 수 있는 개념이다. 예를 들어, 미쓰비시 그룹 내에서 자금은 미쓰비시 계열의 은행에서, 중간 재료와 부품은 미쓰비시 그룹 내의 조달업체가, 최종조립은 미쓰비시 계열의 제조회사가 실시하고 최종판매를 미쓰비시상사 계열의 기업이 담당하는 등 제품의 상류에서 하류까지의 모든 흐름을 가리키는 말이다*.

또한 일반적으로 인사업무, 보험대리점업무, 정보시스템 관리업무, 복리후생시설 등을 담당하는 자회사들이 존재하며 그들과도 다양한 거래가 이어진다. 자사완비주의(自社完備主義)를 내걸고, 모든 제품이나 기술을 자급자족하는 것을 추구함으로써 수직형의 거대한 파이프가 완성되는 것이다. 이러한 원청·하청의 연속구조는 그룹의 매상액을 거대하게 부풀려 해당 기업의 규모·브랜드·신용도를 높이고, 그것이 소매매상이나 사회적·정치적 지위의 향상으로 이어진다. 이것은 또한 그룹 내부의 종신고용 유지와 퇴직사원의 연금을 보장하는 시스템적 근거를 마련해주므로 그룹의 이익은 더욱 증대된다. 한편으로는 타기업에 자본을 투자하여 하청 구조를 계속 지배할 수 있으므로 그룹의 규모는 더욱 커지게 된다.

앞서 밝힌 바와 같이, 폐쇄적 기업간 관계를 통해 상류(조달·생산)에서 하류(판매·서비스)까지 특정한 기업간 관계로 고정화하여 수직구조의 그룹화를 진행시키는 것이 '폐쇄적 수직'이다. 언뜻 재벌그룹의 행

---

* 최근에는 기업 생존을 위한 규모확대가 경쟁적으로 이루어져 계열을 넘은 합병이 행해지고 있지만, 이것으로 인해 수직이 수평으로 질적 변화를 일으키는 것은 아니다.

태를 연상하기 쉽지만 재벌에 한정되는 것이 아니라, 기업이 성장을 거듭해 규모가 커지면 많은 경우 이러한 형태로 나아가는 것이 경영자의 일반적인 목표이기도 했다.

일본의 산업을 대표하는 자동차업계나 종합전기업계의 최종제품 조립메이커는 판매채널에 대한 지배력과 인클로저(enclosure) 등을 자신들의 강점으로 가지고 있다. 그리고 판매채널의 매출액을 보장하기 위해 취급하는 제품의 폭을 넓히지 않으면 안 된다. 즉, 종축구조를 중심으로 하여 횡축으로 사업을 전개하는 구조였다(『오픈아키텍처 전략』, 고쿠료 지로).

그러나 이것은 일본에 한정된 이야기가 아니다. 특정한 인간관계를 중심으로 서로 이익을 제공하는 것은 유럽 계급사회에서도 발견되었으며, 특히 아시아나 개발도상국에서는 현재도 빈번하게 행해지고 있다. 미국에서도 1960년대까지는 쉽게 볼 수 있었으며 물론 현재도 많은 영역에서 행해지고 있을 것이다.

미국과 유럽에서 아웃소싱이 널리 확대되자 일본에서도 모든 업무를 그룹 내부에서 해결하는 것에서 벗어나자는 구호가 여기저기서 들리고 있다. 종래와 같이 모든 업무를 사내에서 해결하려고 해서는 전문성과 효율성에서 득이 되지 않기 때문이다. 그러므로 타사가 최고의 제품이나 서비스를 제공하는 경우 그것을 잘 활용하자는 것이다. 그러나 여전히 폐쇄적 수직 구조와 그 가치관이 기존의 기업에 폭넓게 존재하고 있으므로 그러한 전환에 장애물이 되고 있다.

한편 개방적인(오픈) 기업간 관계에서는 기업은 자사의 기술이나 제품을 전 세계 기업에 계열이나 그룹을 초월하여 판매·공급한다. 이러한 상황에서는 하나의 영역, 예를 들어 설계부문의 A라는 기술에 관해 품질, 납기, 비용 등에서 가장 수준이 높은 서비스를 제공하는 기업이 시장을 제패하기 쉽다. 요즘은 독점기업에 대항하기 위해 유저나 약소기업 연합이 연계하여 사양까지도 결정하고 공개(오픈화)하는 대항 전략이 널리 확산되고 있다. 그렇게 하는 편이 많은 기업들의 연계와 공동작업에 의해 비용가치(cost performance)가 향상되고, 서로 다른 제품들 사이의 연계가 진행되는 등의 효과가 있어 결과적으로 유저에게 많은 혜택이 돌아오기 때문이다.

이러한 현상이 다양한 영역에 확산되면 서로 다른 기업이 제공하는 기술이나 제품을 힘들이지 않고 조합하여 사용할 수도 있다. 즉, 기업간 관계가 수평으로 세분화·확산되어 수평으로 분업이 이루어지게 된다. 이것이 바로 '개방적 수평분업'이다.

1부에서는 계열·그룹 내에 한정되는 원청·하청의 '폐쇄적 수직' 형태의 기업간 관계는 기업·그룹·사회적으로 한계에 달했으므로 교토식 기업의 성공에서 볼 수 있는 '개방적인(오픈) 기업간 관계'로, 경우에 따라서는 사양도 오픈하는 전략으로 재빠르게 전환해야 한다는 것을 주장하고자 한다. 물론, 폐쇄적 수직으로부터 개방적 수평으로 전환하는 데에는 많은 장애물이 존재할 것이다. 하지만 세계의 상황은 이미 네트워크의 진전으로 급속히 변화되고 있다는 것을 잊어서는 안 될 것이다.

그럼, 세계적으로 본격화되고 있는 이러한 구조 전환에 대한 실태를 밝히는 것부터 이야기를 시작하자.

전 세계에서 약진하고 있는 개방적 수평분업과 플랫폼 기업군

선구자, 마이크로소프트와 인텔

개방적 수평분업 전략을 구체적인 사례를 통해 설명하기 위해 MS와 인텔을 예로 들어보자. 양사가 가장 극적으로 개방적 수평분업 전략의 유효성을 세계에 제시하였고, 그것을 세련화시켜 새로운 조류를 만들어 냈기 때문이다.

MS의 OS인 윈도우즈와 인텔의 CPU가 보급될 때까지 각 컴퓨터메이커는 독자적으로 개발한 OS와 CPU를 사용하고 있었다. 자사 제품의 부품은 이른바 수직통합적으로 모두 자사 내부에서 제조하고 있었던 것이다.

MS는 지금이야 세계를 대표하는 대기업이지만, IBM PC에 MS-DOS

공급이 결정됐던 1980년 이전에는 매출액 1,600만 달러 정도의 작은 소프트웨어 메이커에 불과했다. 그러나 MS-DOS가 IBM의 PC에 채용이 된 후 연평균 42퍼센트의 성장률을 보이며 급성장하여 현재에 이르고 있다(2001년 매상고 약 253억 달러).

인텔도 역시 같은 시기에 IBM PC의 CPU로 채용된 후 일개 PC 메이커를 초월하여 전 세계 PC의 공통 CPU가 되었고, 그후 20년간 해마다 약 18퍼센트의 성장률을 기록했다. IBM PC가 보급되면서 OS는 MS, CPU는 인텔이 세계시장을 석권하게 되었다. 이 회사들은 다음과 같은 경쟁우위성을 갖추고 있었기 때문이다.

대규모 투자가 필요한 OS나 CPU의 개발 · 설계 · 제조에 있어서 판매대수가 많은 편이 압도적으로 유리하다. 규모의 경제에 의해 단위 비용을 대폭 절감할 수 있기 때문이다. 이 회사들의 제품을 베이스로 하여 타사가 제품을 개발하기 때문에 이들 개발기업의 설계 업무는 인텔과 MS의 제품에 락인(lock in)* 된다. 자사 제품 상에서 타사가 여러 가지 부가가치 창조활동을 행할 경우, 그 제품을 플랫폼(platform)이라고 부르며 플랫폼이 된 제품의 경쟁력은 극적으로 강해진다.

유저 기업이나 소프트웨어 개발기업에 있어서, 과거에 작성한 프로그램이나 데이터, 지식 · 경험 등을 헛되게 하지 않기 위해서는 OS나 CPU와 같은 플랫폼을 변경할 수 없게 된다. 따라서 한번 윈도우즈를 사용한

---

* 다른 제품이나 서비스로 이동이 자유롭지 못하고 고착화된 상태를 말함 (역주).

유저는 계속적으로 윈도우즈를 구입하지 않을 수 없게 된다*.

이와 같이 과거의 자산을 보전하기 위해서 동일한 제품이 선택되는 경향은 기업을 넘어 널리 확산되고 있다.

신제품을 투입하는 데는 새로운 제품개발에 필요한 기술정보를 유저(PC메이커) 각 사가 사전에 입수하는 것이 반드시 필요하다. MS와 인텔 제품이 디팩토 표준이 된 시점에서 각 제조회사는 신제품의 정보를 입수하기 위해 양사와 거래를 하지 않을 수 없게 되고, 그들의 시장에서의 지위는 점점 더 강화된다.

이와 같이 자사제품이 한번 플랫폼의 지위를 확립하면 구르는 눈덩이처럼 제품경쟁력을 향상시키고 시장에서 절대적인 지위를 구축하게 된다. 이것이 승자독식(Winner takes all)현상의 근저에 존재하는 구조다. 어느 한 회사가 한번 이기기 시작하면 모든 것을 지배할 때까지 선순환이 계속된다는 것이다. MS, 인텔이 전성기를 구가한 1990년대는 윈텔(윈도우즈와 인텔을 합친 말)에 뒤이어 다양한 기업들이 자사 제품을 플랫폼으로 기능시키기 위한 기업전략을 철저히 구사했고, 어떻게 해야 디팩토 표준을 획득할 수 있을지에 혈안이 된 시대였다.

---

* *Product Compatibility Choice in a Market with Technological Progress* Michael L. Katz and Carl Shapiro. Oxford Economic Papers Special Issue on the New Industrial Economics:1986, p146-165.

마이크로소프트, 인텔의 세계 제패 역사

컴퓨터라는 단어가 곧 IBM을 의미하던 시대가 있었다. 생산되는 컴퓨터의 대부분은 IBM의 것이고, 타 메이커의 생산량은 아주 적었다. 당시에는 CPU에서 하드웨어디스크까지 모든 부품이 IBM 내부에서 제조되었다. IBM의 '명예로운 자사완비주의'는 컴퓨터 업계에서 활동한 경력이 있는 사람이라면 누구나 다 알고 있을 정도다. IBM은 따로따로 생산하는 다양한 자사 제품의 규격을 통일하기 위해 SNA라고 하는 자사규격을 설정했다. 그것을 본따 후지쓰, 히타치 등도 자사 규격을 결정했다. 그에 앞서 DEC는 처음부터 동일 규격으로 제품을 설계했기 때문에 버전이 다른 기종이라도 사용이 편리했고, 그러한 특징이 강점이 되어 IBM을 위협할 정도까지 성장했다. 이러한 것들은 모두 자사 제품 내에 고객을 포위하기 위한 폐쇄적 수직의 발상이다. 그러나 규모가 큰 기업, 특히 다국적기업 등이 단 하나의 회사가 생산하는 제품만으로 자사 생산시스템을 커버하는 것은 불가능했기에 다수 기업의 제품을 서로 연결하고자 하는 오픈 네트워크에 대한 요구가 강해지는 것은 시간문제였다.

현재 IBM은 서비스컴퍼니로서 타사 부품을 제품에 포함시켜 최적의 부품 조합을 제공하기 위해 노력하고 있다. IBM이 가지고 있던 '명예로운 자사완비주의'의 이미지는 '탈(脫)자사완비주의 · 전략적 제휴의 선구자' 등으로 바뀌어 이미 컴퓨터, 소프트웨어, 네트워크기기 등의 분야에서 타사 제품을 다루고 있다. 또한 그러한 전략이 주효해서 2001년 전 세계적인 IT기업의 부진 속에서 유일하게 계속해서 수익증가를 보였다.

그러한 자사 내부완비주의를 포기하는 계기가 된 것이 IBM PC이다. 그때까지 IBM은 CPU, OS는 물론 프린터나 반도체까지 자사에서 제조하고 있었지만 PC개발을 계기로 개발시간을 보다 단축시키기 위해 OS는 MS에서, CPU는 인텔사에서 사외 조달을 실시한 것이다. 이때 IBM이 소유권을 MS로부터 구입하지 않았기 때문에 MS는 MS-DOS를, 인텔은 CPU를 모든 컴퓨터메이커에게 판매할 권리를 계속 소유할 수 있었다. 이렇게 제조된 PC의 비용가치가 매우 뛰어났기 때문에 컴퓨터 시장에서 세계를 석권하게 되었고 '다운사이징'이라는 세계적 흐름을 결정지은 것이었다.

이 '소유권을 입수하지 않은 선택'은 IBM이 범한 역사적인 실수라고들 이야기한다. 그러나 모듈화와 그것을 위한 기업간 관계의 오픈화는 이미 IBM이 1964년에 시도했으며 현재의 조류를 세계에서 최초로 채용했다고 말할 수 있다. IBM의 예상을 훨씬 뛰어넘는 빠른 전개로 인해 한때는 몰락했다는 빈정거림도 들었지만 장기적으로는 시대의 흐름을 앞서 읽은 전략적 판단이었다고 할 수 있을 것이다. 실제로 IBM은 완전히 새로운 형태의 기업으로서 소생했다.

플랫폼을 획득한 소프트웨어 제품

소프트웨어 제품은 다음과 같은 구조적 특징을 가진다.

첫째, 한번 작성한 소프트웨어·데이터 자산은 시스템을 변경하더라도 계속해서 사용하고자 하는 유인이 존재한다.

둘째, 관련회사와의 데이터 교환을 원활히 하고자 하는 유인이 존재한다.

따라서 수요가 존재하므로 판매가 증가한 제품은 더욱 지배력을 강화하게 되어 디팩토 표준으로 이어지기 쉬운 특정을 가지고 있다. 특히 2000년을 전후로 출시된 소프트웨어들은 플랫폼을 지향하는 경향을 가지고 있어, 그러한 사례는 일일이 열거하기가 힘들 정도로 많다.

예를 들어 오라클이 SQL이라는 데이터베이스 언어의 자사변형판을 보급시켜 1999년에 66퍼센트의 세계시장 점유율을 확립했으며 15년 전에는 4~5개사가 존재했던 데이터베이스기업 중에서 독점적인 지위를 획득했다.

네트워크 루터(router) 시장에서는 시스코시스템즈가 자사의 사양을 보급시키는 데 성공해 일시적으로 80~90퍼센트의 시장점유율을 차지했고, 2000년 3월 27일 주가시가총액이 MS를 제치고 5,554억 달러로 세계 최고가 되었다(그 다음날 순위가 하락함). 루터는 하드웨어장치로 보류할 수도 있지만 최근의 네트워크 기기는 소프트웨어에 대한 의존도가 크므로, 플랫폼 소프트웨어라는 위치를 부여할 수 있다. 동사의 네트워크 프로토콜(서로 접속을 가능케 하기 위한 규정)은 표준규격에 준거하고 있지만 실제 구현에 있어서는 안정성이 중요하다. 네트워크에는 다른 사람(다른 그룹이나 타사)과의 접속성이 중요하기 때문에 한 회사에 집중되는 경향이 보다 강하다. 그러나 인터넷이 IPV6(internet protocol version 6)라고 불리는 차세대 프로토콜로 바뀔 경우, MS에 대항하는 자바연합의 개방적인 표준화 활동과 유사한 움직임이 시스코시스템즈에 대해서도 행해질 것으로 예측되어 그럴 경우 시스코시스템즈가 시장점유율을 잃을 가능성도 있다.

전사적자원관리*에서는 독일 SAP가 일본 내 시장점유율의 약 70퍼센트를 차지하고 있어(가트너그룹 및 SAP재팬 조사), 디팩토 표준으로서의 지위를 확립한 것으로 보인다. 일시적으로는 4~5개사가 군웅할거하는 양상이었지만 이 역시 한 회사에 집중되는 경향이 강해지고 있다. 단, 오라클이 나중에 밝힐 플랫폼 전략을 통한 수직전개로 SAP를 위협하고 있다.

SCM에서는 i2테크놀로지에, CRM에서는 C-bell에 집중되는 경향이 보이며 다차원 데이터베이스에서는 하이페리온의 강세가 두드러진다.

디팩토 표준화하는 흐름 속에서 앞으로도 여러 가지 영역에서 시장점유율을 독점하는 기업이 계속적으로 나타날 것으로 생각된다.

SCM, CRM, ERP, PDM**은 부문이나 기업을 초월해 제조 · 판매정보,

---

* 전사적자원관리(ERP: Enterprise Resources Planning)는 어프리케이션(application) 소프트웨어다. 회계와 생산관리를 중심으로, 기업의 모든 데이터를 통합적으로 다루고자 하는 니즈에서 발생. 데이터가 정확하고 안정적으로 교환되어야 하므로 동일기업의 제품을 채용하는 경우가 많다.

고객정보, 업무정보 전반, 설계정보 등을 데이터베이스로 공유화하고자 하는 것이다. 이것은 기존의 일본기업이 폐쇄적인 기업간 관계를 배경으로 비교우위성을 유지해 온, '끼리끼리의 농밀(濃密)한 커뮤니케이션'을 모조리 개방해 버리자는 것이다. 이러한 데이터베이스 시스템은 네트워크 외부성의 활용을 가능하게 하고, 3부에서 밝힐 모듈&인터페이스 방식의 중요성 증대로 이어지는 중요한 흐름이므로 기억해 두기 바란다.

EDS의 성공

EDS는 1962년 창업 이래 전성기였던 1991년까지의 30년 가까이 연간 성장률 40퍼센트 이상을 유지한 기업이다. 창업자인 로스 페로는 IBM의 평범한 세일즈맨에서 1992년에는 대통령 후보까지 오른 입지전적인 인물이다. MS에 버금가는 IT업계의 성공스토리라 할 수 있다.

EDS의 사업내용은 일본에서도 보급 조짐을 보이기 시작하는 컴퓨터의 아웃소싱 서비스다. 기존에는 유저회사가 각종 컴퓨터 단말기나 서버, 네트워크 등을 자사에서 보유하고 직접 관리해 왔다. 그러나 범용기기를 유지하려면 에어컨이 작동되는 대형 특별보관실이 필요하고, 전문엔지니어가 24시간 체제로 달라붙어 관리해주어야만 한다. 몇 년에 한

** PDM: 생산자료관리시스템. 설계 · 개발 프로세스의 데이터를 포괄적, 통합적으로 관리하고 부문이나 기업을 초월한 정보공유를 통해 프로세스의 효율화를 비약적으로 진전시키고자 하는 것.

번 주기로 실시해야 하는 시스템 확장이나 변경 등의 업무를 위해 다수의 전문가를 고용하지 않으면 안 되었다. 게다가 엔지니어에게 요구되는 스킬은 각 회사 본래의 업무와 상당히 거리가 있었기 때문에 인사제도를 따로 준비하고 동기부여를 위한 시책을 고민해야만 했다.

이것은 방대한 비용을 발생시키는 일이었기에 운영합리화에 대한 수요에 착안한 것이 EDS였다. 유저기업들의 컴퓨터를 집중적으로 관리함으로써 설비나 엔지니어의 효율을 높이고 유저의 비용 삭감을 가능하게 하는 방식이다. 또한 전문 엔지니어가 자사에서 준비할 수 있는 이상의 스킬을 제공해 준다.

EDS의 성공으로 컴퓨터의 아웃소싱은 급속히 일반화되었다. 현재, 미국에서는 서버나 대형단말기 등의 범용기기를 자사에서 보유하는 것은 특수한 사례가 되고 있을 뿐만 아니라 이후에 설명하겠지만, 간접업무, 공장설비, 설계엔지니어 등 모든 기능을 사외에서 아웃소싱하는 흐름이 탄생한 것이다. 아웃소싱 사업은 OS, CPU, 네트워크 분야의 사업 정도로 외부성이 강하지는 않지만(다른 사람이 사용하고 있는 것이 자사의 효용에 그렇게 크게 영향을 주지 않는다), 규모의 경제가 강하게 작용함과 동시에 스킬의 공유화나 브랜드, 신용도 등이 중요해서 충분히 강력한 외부성이 존재한다고 할 수 있다.

앞서 밝힌 바와 같이, EDS는 컴퓨터나 정보시스템 부문을 유저회사가 직접 보유하는 수직형 구조와 구별되는 범용기기의 관리·활용이라는 지극히 한정된 수평영역에 있어서 미국시장 전체를 제패하고 압도적인 기업경쟁력을 보유했다. 그것을 기초로 하여 시스템 개발·통합 사업부문에 수직전개를 실시하여 계속적으로 사업을 확대했다.

그러나 아이러니하게도 EDS는 제너럴모터스(GM)에 매수되어 수직통합 구조 속에 완전히 매몰되었다. 당시 미국의 자동차 메이커는 여전히 수직지향(부품의 완전한 사내생산)의 경향이 강했으며, 무엇이든지 사내에 포함시키고자 하는 전략을 가지고 있었다. 경이로운 성장을 계속하고 있었던 EDS를 자사에 포함시켜 사내의 중핵에 자리 잡게 하려 한 것은 자연스러운 발상이었을 지도 모른다(참고로 같은 시기에 GM은 항공기 제조사인 휴즈 에어크래프트도 매수했다).

개방적 수평분업 전략의 리더가 폐쇄적 수직의 권력 하에 놓이게 된 후로는, 점차 힘을 잃어갔다. 로스 페로는 EDS를 GM에 매각한 후 같은 업종의 새로운 기업을 창업했는데, 그것은 EDS의 미래를 알고 있었기 때문일 것이다.

선마이크로시스템(Sun Microsystems)의 개방적 스탠더드 전략

선마이크로시스템은 윈도우즈와 함께 컴퓨터의 차기 OS로서 주목받은 유닉스를 주상품으로 하는 기업이다. 선마이크로시스템은 워크스테이션이라는, PC보다 대형이며 기능이 풍부한 컴퓨터를 제조·판매하는 하드웨어 메이커지만 워크스테이션을 보급하는데 있어 OS의 존재 의미가 매우 컸기 때문에 MS와 경쟁하곤 해 자주 비교된다.

MS와 닮은 점과 다른 점을 하나씩 들어보자면, 우선 유사점은 컴퓨터 업계에 있어 OS를 수평적으로 지배하려고 한 것이며 그 보급방법이 크게 달랐던 것이 차이점이다. 사람에 따라서는 유사점을 강조하여 선(SUN)과 MS를 같이 다루는 경우도 있으며, 보급과정의 차이점에 주목하는 경우도 있다. 그러한 차이는 복잡한 표준화 프로세스를 어떻게 이해하고 서술하는가에 따라서도 달라질 것이다.

두 회사의 플랫폼(양사의 경우는 OS) 취급방법은 매우 다르다. MS는 모든 것을 지배하려고 한(승자독식) 데 비해, 선은 상생(원원)의 사상이 강하다(이것은 실리콘밸리의 기업에서 자주 볼 수 있는 특징이기도 하다). 우리는 그러한 차이점에 주목하여 관찰해 보기로 하자.

선의 디팩토 표준 획득방법은 MS처럼 유저를 자사제품에 락인(lock in)시켜 포위하는 방법이 아니라, 업계의 합의를 바탕으로 사양의 표준화를 진행하여 그 사양으로 제품을 개발해 공급하는 과정을 취했다.

동종업계의 경쟁기업이나 유저기업을 대상으로 폭넓게 제안하여 표준화를 합의하고, 결정된 표준사양은 널리 공개하여 같은 사양 위에서의 퍼포먼스 경쟁을 유도한 것이다. MS라는 거인에게 대항하기 위한 연합결성이라는 현실적인 필요와 상생에 의해 사회가 발전한다는 철학적인 배경이 혼합된 결과로 보인다.

유닉스는 1990년대 초두에 OS의 디팩토 표준을 목표로 MS의 윈도우즈와 치열한 점유율 다툼을 벌였지만 윈도우즈의 압승으로 끝났다. 그결과 유닉스 워크스테이션은 고기능이 필요한 서버 등에 한정되어 사용되고 있다.

그러나 선은 같은 과정을 통해 컴퓨터언어인 자바(JAVA)의 개발과 보급을 시도했고 그것은 상당한 성공을 거두어 현재는 윈도우즈를 위협하는 존재로 성장하고 있다. 이 자바를 둘러싼 MS와의 격렬한 공방은 미국 법무부까지 끼어들게 되는데, 역사적인 소송의 결과로 자바를 플랫폼으로 성장시킨 스토리와 플랫폼 간 경쟁의 전말에 대해 다음 장에서 살펴보기로 하자.

마이크로소프트의 플랫폼 전략을 둘러싼 공방

MS가 벤처기업이 시장에 경쟁을 가져올 가능성을 배제해버린 것은 확실하다. 더욱 안 좋은 것은 MS의 이런 행위가
이노베이션의 가능성을 가지는 기업들에게 전달한 메시지다. MS에 대항하는 기업에 대해 거대한 시장지배력 및 막
대한 이익을 사용하여 방해하겠다는 의지표명이었다. 또한 MS가 이러한 기업들의 이노베이션을 짓밟은 것에 성공
함으로써 MS에 잠재적인 위협이 될 만한 기술 및 비즈니스에 대한 투자를 방해하는 효과도 가져온 것이다.

 플랫폼 전략의 창시자, 마이크로소프트

다섯 개의 기본 전략

　의도적인 것이었는지 혹은 우연의 산물이었는지에 대한 논의는 차치하기로 하고, 디팩토 표준의 형성을 세계 최초로, 그리고 가장 강렬하게 진행한 것은 MS였다. 빌게이츠가 천재이기 때문인지 혹은 진지하게 그것을 고민했기 때문인지는 당사자밖에 모를 일이지만, 획득하게 된 디팩토 표준을 활용하여 플랫폼 전략으로 확장·전개하는 것을 세계 최초로, 가장 대규모로 추진했던 것도 MS다. MS의 교묘한 전략은 플랫폼을 형성하고 싶은 기업, 형성한 플랫폼을 확장하고 싶어하는 기업에게는 참고가 될 만한 내용이 많다.

　다만, 잘 알려진 대로 MS의 전략에는 미국에서 이미 비합법이라고 판단된 것, 현재 합법성에 대해 재판이 진행 중인 것도 포함되어 있다. 그러한 전략의 채용에 대해서는 충분한 법적, 윤리적 검토가 필요하다는 점을 강조해 두고 싶다.

MS는 IBM PC가 압도적 점유율을 획득한 덕분에 자사가 공급한 OS인 MS-DOS가 압도적인 셰어를 획득하게 되었다. PC 본체에 비해 OS는 외부성이 압도적으로 강하기 때문에 MS-DOS와 그것을 베이스로 개발된 윈도우즈는 컴퓨터의 플랫폼과 디팩토 표준의 지위를 확립해 가게 되었다.

MS가 실시한 플랫폼 전략, 즉 디팩토 표준으로서의 OS를 베이스로 한 사업전개방식을 요약하면 다음의 다섯 가지로 나타낼 수 있다.

첫째, 자사 플랫폼(OS)을 기반으로 하여 신제품을 개발하는 기업을 육성·지원한다.

둘째, 신제품(워드 등의 오피스툴) 설계에 있어 자사 플랫폼에서의 안정성을 강조하며 타사의 OS에서는 기능이 충분히 발휘되지 않는다는 뉘앙스를 풍긴다.*

셋째, 자사 플랫폼의 기술정보가, 그것을 배경으로 사용되는 신제품의 개발에는 필수적인 점을 이용해 갱신정보를 타사에 비해 먼저 알려줌으로써 제품 개발을 자사, 혹은 자사 그룹에 유리하도록 한다.

---

* 실제로 MS의 워드, 파워 포인트, 인터넷 익스플로러 간의 데이터 교환에는 전혀 문제가 없지만 매킨토시나 넷스케이프 네비게이터 등의 타사 제품으로 처리하려고 하면 크고 작은 여러 가지 문제가 발생한다.

넷째, 개발 중인 자사 제품을 재빠르게 공지해 타사 제품의 판매를 억제한다.

다섯째, 신제품 브라우저 등을 자사 플랫폼에 무료로 끼워 팔아 애프터마켓(신제품을 플랫폼으로 하는 서비스사업)에서 사업수익을 얻어 비용 회수를 도모한다. 판매를 실시하면 독점금지법에 저촉되므로 무료 배포한다.

수평 플랫폼을 활용한 수직 전개

이러한 기본 전략이 실제 제품에서 어떻게 적용되었는지, 어떻게 차례차례 신제품을 수직 전개하여 갔는지, 그리고 각각의 시장에서 어떻게 높은 점유율을 획득했는지를 살펴보자.

워드

일본의 워드프로세서 시장에서는 워드퍼펙트, 이치타로 등이 경쟁하고 있었다. 이치타로는 사라져가는 일본의 자체 소프트웨어 중에서 유일하게 남아 선전할 것으로 기대되었다. 실제로 제품들의 기능이나 사용상의 편리함은 비슷비슷했다. 그러나 MS의 브랜드 효과와 윈도우즈 상에서의 안정성이 보장되지 않는다는 이유로 MS 워드의 셰어가 증가했다. 그러자 유저끼리의 문서 교환·공유를 위해, 또는 효율적인 기능 습득을 위해 같은 제품을 구입하려고 하는 흐름이 가속화되어 현재 MS 워드는 세계에서 80퍼센트 이상의 점유율을 장악했고, 워드프로세서라는 단어는 사어(死語)가 되었다.

엑셀 등의 오피스툴(표계산 소프트웨어, 파워 포인트)

'표계산 소프트웨어의 원조인 비지컬룩 덕분에 PC가 보급되었다'고 할 만큼, 미국과 유럽에서 표계산 소프트웨어는 컴퓨터의 핵심 소프트웨어다. 이 시장에서는 멀티플랜, 로터스 1−2−3등이 있었지만 MS워드와 같은 이유로, 그리고 워드프로세서와의 데이터 호환성이 타사에 비해 편리했기 때문에 엑셀의 셰어는 급속히 성장했다. 프레젠테이션툴인 파워포인트도 마찬가지였다. 현재는 엑셀, 파워포인트라는 고유명사가 보통명사화되어 스프레드시트, 표계산 소프트웨어, 프레젠테이션 툴과 같은 단어가 오히려 생소하게 느껴질 정도다.

윈도우즈 NT

같은 OS라도 윈도우즈 98, 2000이 클라이언트 전용으로 개발된 것인데 비해 윈도우즈 NT는 서버 전용으로 개발된 것이다. 앞서 밝힌 유닉스와 경합을 벌였지만, 이미 보급되어 있는 윈도우즈와 윈도우즈 NT의 통합화가 진행되어 윈도우즈의 압도적 셰어가 강력한 힘을 발휘해서 서버용의 OS에서도 MS의 구조적 우위성이 영향을 미칠 것이라는 논의가 이루어졌다.

PDA(윈도우즈 CE)

PDA(휴대용 정보단말기)는, 비즈니스맨의 업무효율화를 위한 필수 아이템으로서 향후 여러 형태로 보급이 진행될 것으로 보인다. 현재는 전통적인 기업이라고 할 수 있는 팜(Palm)이 막대한 셰어를 차지하고 있어 컴퓨터 관련 부문 중, MS가 어려움을 겪고 있는 몇 안 되는 영역 중 하나이다. 그러나 윈도우즈의 소형판으로 휴대단말기용의 OS인 윈도우즈 CE를 탑재한 동사의 PDA PC와의 데이터 교환에 있어서의 안정성 등을 고려해보면 향후 급성장할 가능성이 충분하다고 할 수 있다.

인터넷 브라우저

인터넷 브라우저는 세계 최초로 대규모 무상 배포한 '넷스케이프 네비게이터'가 유명하다. 넷스케이프는 MS의 역사로부터 디팩토 표준이 얼마나 중요한가를 학습했다. 그래서 제품의 무상배포를 통해 시장셰어를 획득한 후, 유상으로 전환하거나 서버판매로 사업수익을 확보하려고 했다. 동사의 브라우저를 사용하는 한 그 기업의 서버 소프트웨어를 사용하지 않을 수 없게끔 하는 포위(enclosure)전략은 MS가 선구자라고 해도 좋을 것이다. MS가 브라우저 시장에 진입했을 때는 넷스케이프가 이미 100퍼센트에 가까운 시장셰어를 접하고 있었지만, MS도 윈도우즈에 끼워 팔기를 통한 무상배포를 계속하여 현재는 입장이 역전되어 MS가 90퍼센트 이상의 점유율을 장악하기에 이르렀다. 그러나 MS의 이러한 시장 장악 과정은 미국 법무부의 독점금지법에 관한 핵심 논점이 되었다.

인터넷 서비스 프로바이더 (ISP)

윈도우즈를 구입하면 데스크탑 화면에 MS의 인터넷 프로바이더 서비스(MSN) 신청을 온라인으로 간단하게 실시할 수 있는 아이콘이 나타난다. 인터넷에 접속하기 위해 PC를 구입한 초보 유저는 다른 회사 제품과 비교 · 평가를 할 만큼의 지식이 없는 경우가 많아, ISP 신청을 위해 이 아이콘을 클릭하는 경우가 많다. 클릭 후에는 등록 수속이 자동적으로 진행되어 저절로 MSN 유저가 되어 버린다. 다소 지식이 있는 유저에게도 시스템을 제공하는 회사의 인터넷 접속서비스는 높은 신뢰성을 준다(이것은 브라우저 이외의 다른 소프트웨어 제품에 대해서도 마찬가지다).

이와 같이 PC메이커가 인터넷 서비스 프로바이더사업(ISP)을 실시하는 케이스는 일본에서는 일반적이다. 컴퓨터 구입 시에 인터넷 접속용의 CD를 무상 배포해 업자 선택이나 수속에 지식이 없는 유저를 대상으로 판매를 실시하고 있다. ISP의 고객은 한 번 획득하면 포위할 수 있는 가능성이 높다. 왜냐하면 타사가 제공하는 서비스로 변경하는 것은 메일 주소 등도 변경해야 하므로 매우 귀찮기 때문이다. 이와 같이 컴퓨터를 판매하는 행위(즉, 유저에게 ISP의 CD-ROM를 배포하는 행위)는 매우 효율이 높은 영업활동이다. 즉, PC를 플랫폼으로서 ISP 사업을 성립시키고 있는 것이다.

인터넷 포털사이트

윈도우즈를 인스톨한 후 인터넷에 접속하려고 하면 자동적으로 기동되는 인터넷 브라우저는 MS의 인터넷 익스플로러이며 최초로 연결되는 사이트는 MS의 포털사이트이다. MS에 의해 사전에 그렇게 설정되었기 때문이다. 포털이란 '현관' '입구' 등을 의미하는 단어지만, 요즘은 일반적으로 열람되는 정보(뉴스, 일기예보, 주가 등)와 검색엔진, 디렉토리 (각종 사이트에 대한 안내) 등에 대한 안내기능을 제공하는 사이트를 지칭하는 데 쓰이고 있다.

즉, 인터넷에 접속할 때에 최초로 접근하게 되는 사이트가 포털이다. 이것을 MS가 '접수(즉, 대부분의 유저가 MS를 이용)'하려고 하는 데에는 두 가지의 중요한 의미가 있다. 하나는, 높은 액세스 수를 확보할 수 있기 때문에 인터넷사업에 있어 가장 중요한 광고수입을 확보할 수 있는 것, 보다 중요한 또 다른 이유는 이러한 포털을 통해 트래픽을 자사의 사이트로 유도할 수 있다는 점(예를 들어, 금융관련 사이트에 가고 싶은 유저에게 자사의 금융사이트인 '머니'로 연결시키는 점)이다. 두 번째 이유는 매우 중요하므로, 이후에 다시 상세히 살펴 보기로 하겠지만 한마디로 말하면, 인터넷상에서 존재하는 모든 서비스에 관해 자신의 서비스 사이트로 유저를 유도하려고 하는 것이다. 이것은 인터넷 익스플로러를 베이스로 하지만, 그것을 가능케 하는 것은 윈도우즈라는 플랫폼이 있기 때문이다. 전형적인 플랫폼 전략의 응용 예라 할 수 있다.

일본에서는 ISP가 동시에 포털사업을 전개하는 케이스가 눈에 띄지만, 이것은 ISP 접속수속을 자동으로 실시할 때 브라우저의 최초 화면을 자사의 포털사이트로 설정할 수 있기 때문이다. 그러나 초기화면은 간단하게 변경할 수 있으므로 실제로 ISP에 의한 포털사이트 운영은 쉽지 않다. 이것은 취약한 플랫폼에 의존하는 것이어서 개방적 수평분업의 구조에서 보자면 장기적으로는 성립하기 힘든 사업이라고 할 수 있을 것이다.

자사 포털로 포위

수직 포털 - 금융

위와 같은 포털사이트가 수평(모든 업계를 커버하는)포털이라고 불리는 것에 대해, 특정업계나 테마별 포털(해당 테마에 관한 안내기능)은 수직포털이라고 불린다. 수직포털의 효시는 금융서비스 사이트다. 증권매매, 투자신탁판매, 금융뉴스, 금융상품비교 등의 기능을 하나로 모으고, 포트폴리오 관리기능까지 제공한다. 투자가에게 필요한 모든 서비스를 집결하면 고객을 끌어들이는 힘은 높아진다. MS는 'MSN 머니'라는 수직포털을 운영하고 있다. 이로 인해 MSN으로부터 대량의 고객이 자동적으로 유도되는 구조가 만들어진 것이다.

기능 포털

포털 중에는 이상의 수직과 수평의 중간적 존재인 포털이 존재하는데, 임시로 '기능 포털'이라고 명명하도록 하자. 이것은 모든 유저에게 공통적으로 필요한 '기능'을 제공하는 사이트이다. 예를 들어 메일, 메일링리스트, 스케줄이나 파일공유 등의 기능을 제공한다. 무료 이메일을 통해 급속히 성장하여 900만 명의 유저를 거느리고 있던 핫메일을 MS는 약 4억 불에 매수했다. 무료 메일은 인터넷이 보급되기 시작하던 당시에 특히 강력한 집객력을 자랑했는데 그 중에서도 핫메일은 압도적인 점유율을 장악하고 있었다. 핫메일을 MSN 기능의 일부로 추가함으로써 MS의 인터넷상의 존재감은 더욱 더 높아지게 되었던 것이다.

수직포털 – 자동차 판매

지금은 쓸데없는 걱정이었다고 웃어넘길 수 있을 지도 모르지만, 인터넷 버블이 극에 달했던 1998년경에는 인터넷이 모든 현실사업구조를 대신하고, 그 대부분을 MS가 접수할 것이라는 가능성이 진지하게 논의되었다.《포춘》은 1998년 4월 27일자에서 MS의 끝없는 팽창에 관한 특집기사를 싣고 모든 기업, 모든 업계, 모든 사장들이 MS를 두려워하는 것에 대해 다양한 코멘트를 실었다.

MS 카포인트는 인터넷으로 차량을 판매하는 사이트이다. 자동차에 관한 모든 정보를 제공하며 특히 여러 메이커의 견적을 제공한다. 자동차를 인터넷상에서 판매하는 것의 이점의 하나는 구매상황, 즉 시장의 동향을 간단하게 데이터처리 · 분석할 수 있다는 것이다.

가령 카포인트의 셰어가 10퍼센트 정도만 되어도 해당 유통구조에 있어서의 영향력은 막대한 것이 된다. 소비자동향 데이터를 기초로 메이커와의 가격교섭, 제품개발에 있어서 영향력을 미칠 수 있는 데다, MS 브랜드의 차량을 중소메이커에 OEM으로 공급하는 것도 가능하기 때문이다. 이러한 일은 자동차 부문에 한정되지 않고 거의 모든 소비재에 대해서도 적용할 수 있다. 이것이 모든 업계의 사장들을 겁에 떨게 한 이유였다. 기본적으로 수직포털의 기능에는 그다지 차별성이 존재하지 않는데, 서로가 서로를 금방 모방할 수 있기 때문이다. 이러한 상황에서는 브랜드와 포털 간의 손쉬운 상호이동을 보장하는 것이 중요한 요소이다. MS그룹이 압도적인 지배력을 가지게 되고, 인터넷 판매가 더욱 보편화되면, 그러한 우려가 다시 제기될 가능성이 완전히 사라진 것은 아니다.

수직포털 - 그 외

수직포털에서는 인터넷상의 판매에 가장 적합하다고 생각되는 제품을 시작으로 사업화가 진행되어갔다. 여행에 관한 상품을 모두 다루는 여행사이트, 지역정보를 취급하는 지역포털사이트, 부동산 정보를 취급하는 사이트 등 인터넷의 이점이 잘 활용되는 상품들이었다. MS는 각각 엑스페디아(여행), 사이드워크(현재는 시티가이드: 지역정보), 홈어드바이저(부동산) 등을 개설했으며, 현재 이 모두가 MSN 포털에 포함되어 있다.

수표 결제 사이트

미국에서는 결제에 수표가 일상적으로 사용되고 있어 연간 약 190억 장의 수표가 유통되고 있다. 이러한 청구서 수취→확인→수표우송의 흐름을 인터넷상에서 실행할 수 있다면 소비자에게도 큰 도움이 되겠지만, 그 집객력도 상당한 힘을 가지게 될 것이다. 그것이 상호간의 트래픽 증대에 큰 영향을 준다는 것에 대해서는 다시 언급할 필요가 없을 것이다. MS는 일찌감치 시티뱅크와 연계해 트랜스포인트(현재는 경쟁사였던 체크프리와 합병)를 개설했다.

이상의 수많은 인터넷사이트를 수직 또는 수평으로 연결해 시장을 제패하려고 한 MS의 야망이 현재로서는 모든 부문에서 좋은 성과를 올린 것은 아니다. 그 이유로는 이후에 설명할 몇 가지 요인을 들 수 있다. MS의 이러한 움직임이 더욱 거세진 이후로 이러한 야망을 저지하려고 한 것으로 보이는 미국 법무부와의 거대한 소송이 시작된 점과 그것에 편승하여 대항세력(SUN, AOL, 넷스케이프, 그러한 사태를 배후 조종했다는 소문이 있는 벤처 캐피탈 업계의 중진인 클라이너 퍼킨스)의 합동단결이 이루어진 것, 또한 이러한 사태와 관련해서 MS에서 우수한 인재들이 유출된 것 등을 들 수 있다.

그러나 이것들은 플랫폼 전략이 뛰어난 유효성을 드러낸 것이라 봐야 한다는 점에 주의할 필요가 있다.

2 대항하는 선마이크로시스템의 전략

개방적 스탠더드로서의 자바 전략

MS에 의해 모든 기업이 지배되는 일은 일어나지 않았으며, 오히려 강력한 플랫폼에 대항하는 전략이 출현·정착하여, 업계의 또 다른 정석으로 정착하고 있다. 이번에는 최초의 성공사례가 된 자바에 대해서 살펴보자. MS형 플랫폼 전략과 선마이크로시스템형 플랫폼 전략에 대한 이해 없이 플랫폼 전략을 전면에 내거는 것은 위험하다. 그 두 가지를 깊이 이해할 때, 확장성과 유연성이 크게 향상될 것이다.

선마이크로시스템은 OS로 유닉스를 사용하는 워크스테이션을 개발·제조·판매하고 있는 기업이다. 1990년대 초반 유닉스는 주로 학술·연구부문에 보급되어 있었지만, 하드웨어 기종에 의존하지 않는 개방적 시스템이라는 점과 뛰어난 비용가치로, 종래의 범용기기를 대체할 시스템으로서 기대를 받고 있었다. 그러나 사양 표준화에 시간이 걸렸고*, MS의 윈도우즈가 이미 상당히 보급되어 있던 MS-DOS를 베이스로 하고 있었기 때문에 유저들로서는 사용이 편리했다. 즉, 락인이 발생한 것이다. 이로 인해 유닉스는 서서히 윈도우즈에 뒤쳐지게 되었다. 유닉스의 공략 시장이 서버라는 고기능 시스템에 한정되는 분위기였던 데다가, 다른 한편에서는 윈도우즈 NT가 급속도로 성장을 거듭하고 있었다.

그 때 우연히 개발된 것이 새로운 컴퓨터 언어인 자바**다. 그림으로 나타낸 것처럼 자바는 대형컴퓨터에서 휴대용 단말기, 휴대전화나 TV 등의 가전제품까지 포함하는 모든 OS에서 작동하며 네트워크 관련기능도 제공한다. 여기서 중요한 것은 모든 OS 상에서 기능한다는 점으로 이것은 시스템이 윈도우즈가 아니어도 된다는 것을 의미한다. 즉, 플랫폼으로서 강력한 지위를 구축해 온 윈도우즈를 불특정 다수의 OS들에 포함시켜 플랫폼의 지위를 탈취하려고 한 것이라고도 할 수 있다. 윈도우즈라는 플랫폼의 우위성으로 시장을 지배해 온 MS에 있어 이것은 중

---

* 선, AT&T 등의 신흥세력이 설립한 표준화 단체(UI)에 대항해 기존 세력(IBM, DEC, HP 등)이 대항 단체(OSF)를 설립했기 때문에 결과적으로 표준화 활동에 혼선을 빚어 결국은 실현되지 않았다. 자세한 것은 『오픈 시스템 입문』(다이아몬드사)을 참조.

** 자바 : 자바는 선마이크로시스템을 중심으로 표준화된 플랫폼에 의존하지 않는 컴퓨터 프로그램언어. 프로그램언어에는 Basic, Fortran, C++등이 있지만, 자바는 가장 새롭게 개발된 것이며 정보시스템의 사용에 있어 이상적인 개념과 기능을 많이 갖추고 있다

그림 1-2 플랫폼 전략을 둘러싼 공방

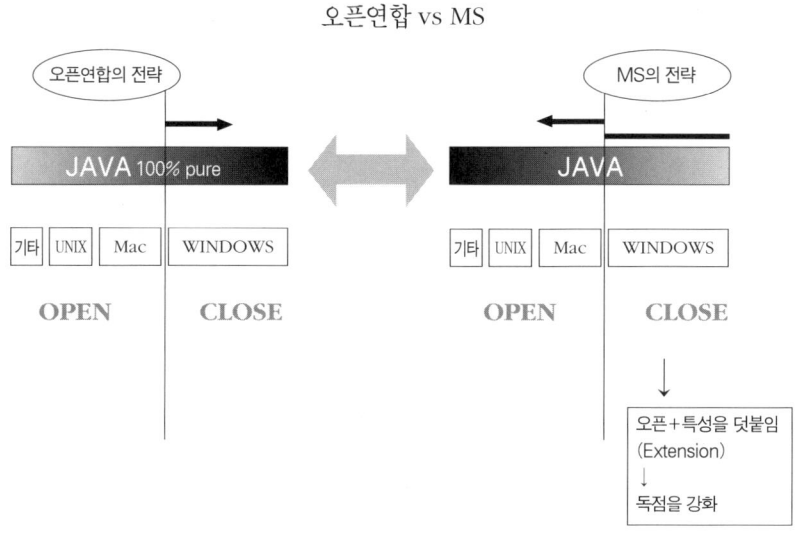

오픈연합 vs MS

대한 위협이었다. 물론 선은 윈도우즈의 지배구조를 붕괴시키기 위해
자바를 전략적으로 시장에 투입했던 것이다.

개방적 플랫폼이란

여기에서 선이 취한 다음과 같은 정책은 독점플랫폼에 대항하고 새로
운 플랫폼을 구축해 대항하는 전략의 전형적인 예로 남게 된다.

1) 자바의 사양을 오픈으로 설정함과 동시에, 경쟁사도 제품의

사양에 관한 논의와 결정의 프로세스에 참가할 수 있도록 하여 결정에 관련할 권리를 가질 수 있게 한다.

2) 1)을 통해 독자적인 이익이 아닌, 모든 참가멤버의 이익을 추구하는 연합을 구성한다(이 연합이 독점기업인 MS에 대항하는 것을 목적으로 하며 윈도우즈의 영향력을 파괴하는 것은 분명한 사실이지만 오픈이라는 개념에 충실하자면, 물론 MS도 참가할 수 있다).

3) 2)를 통해 독점기업에 대항하는 세력을 결집시켜 그것을 자바를 급속히 시장에 보급시키는 변혁추진체(driving force)로 자리잡게 하여, 새로운 플랫폼을 만들어 낸다.

이것을 개방적 플랫폼이라고 부른다. 모든 기업에 공개된 플랫폼이기 때문에 가능한 것이기도 하다.

그러나 MS는 이것에 대해서 자바는 개방적이 아니다, 자바는 선의 이익독점을 위해 존재한다고 공격했다. 그것은 위의 2)의 멤버선택이 선에 의해 결정되었기 때문에 자의적이고 뻔뻔스러운 이익창출구조라고 비판했다. 즉, '멋진 말들로 잘난 체하고 있지만, 탐욕스러운 것은 우리와 다를 바가 없지 않은가' 라는 것이다.

사실, 이것은 매우 미묘한 문제다. 이러한 자바소프트웨어(선마이크로시스템의 자바 담당 자회사)에 대한 지적들에 대해 자바 표준화활동 책임자인 짐 미쳴은 '이 정도의 자의성은 표준화 활동에 있어 어쩔 수 없는 일' 이라고 강하게 반론했다. 예를 들어 'ISO(국제표준화기구)에서 네트워크의 표준화가 성공했던 적이 없는 것은, 완전한 오픈성을 추구한 나머지 구성원 간의 합의를 도출해내지 못했기 때문'이라고 주장한다. ISO처럼 전원에게 투표권을 주어 완전한 합의를 추구하는 것은 현실적으로 불가능하다는 것이다. 어느 정도 상황을 이해하는 멤버가 아니면 사양에 대해 신속한 합의를 형성하기는 어렵다. 표준화 활동에서 많은 고충을 겪은 실무경험자의 말인 만큼 무게가 느껴지기도 한다.

선과 MS 양사의 견해 차이를 어떻게 바라봐야 할까? 물론 양사 모두 자사의 주주이익을 추구하고 있는 것은 명확하지만 어느 한쪽만이 올바르다고 하는 것이 가능한가? 혹은, 선이 시장이나 유저를 속이고 있는 것일까?

필자는 제품이 정말 오픈지향인지, 혹은 단지 그렇게 가장하고 있는지를 그 기업의 사상, 이념을 살펴보는 것으로 어느 정도는 판단할 수 있다고 생각한다. 선은 설립 초기부터 '오픈'을 기업이념으로 내걸어 개방적 형식으로 시장을 형성함으로써 상생관계가 가능하다는 것을 계속 주장해 왔다. 또한 선은 자바의 라이센스 요금을 매우 싼값으로 설정해, '자바로 비즈니스를 할 생각은 없다'는 코멘트에 신빙성이 있다고 할 수 있다. MS는 라이센스 요금은 제품이 보급된 후에 큰 폭으로 인상될지도 모른다고 비판했지만, 물론 그러한 어리석은 짓은 지금까지도 없었고 앞으로도 유저를 속이는 행위를 할 것이라고 상상하기는 힘들다. 플랫폼에서 돈을 버는 것이 아니라 커뮤니티에서의 중심적 위치를 이용하여 찬동자를 늘리는 것, 커뮤니티의 리더로서 정보의 허브가 되어 사업을 확대해가는 것이 개방적 플랫폼의 기본 사상이라는 것을 선이 세계에 알린 공헌은 매우 크다고 할 수 있다.

이것을 '오픈사상' 이라고 할 수 있지만, 이것은 선에 한정된 것이 아니라 실리콘밸리에 있는 다수의 하이테크기업에서 공통적으로 볼 수 있는 기업이념이기도 하다. 또한 리눅스처럼 비영리적, 자원봉사적 차원의 협력을 베이스로 성장하고 있는 OS마저 있는 것을 생각해보면, MS의 '오픈이라는 말은 자사의 이익을 창출하기 위한 속임수' 라는 비난은 적어도 MS가 주장하는 한, 설득력이 다소 떨어진다고 할 수 있겠다.

개방적 전략의 이점

자바와 같은 형태의 플랫폼을 구축하면 설령 그 플랫폼 자체로는 수익을 올리지 못하더라도 다음과 같은 비즈니스상 이점을 기대할 수 있다. 즉, 이러한 점들이 개방적 전략에서 가능한 중요한 수입원이다.

1) 해당 플랫폼을 숙지함으로써 기술적인 면이나 마케팅 면에서 타사보다 압도적으로 유리한 고지에 서게 된다(실제로 선은 교육을 주요 수익원으로 예상했고, 자바에 의한 기업 내부의 활성화 사례는 매우 많다).

2) 플랫폼의 보급 · 표준화 활동의 선두에 섬으로써 넓은 인적네트워크가 형성되고, 관계자들로부터 존경을 얻을 수 있다. 또한 유능한 인재를 획득할 수 있다. 훌륭한 인재를 보유하는 것은 하이테크산업에서 가장 중요한 요건이라고 할 수 있다.

3) 찬동자들이 형성하는 커뮤니티는 비즈니스 기회를 낳고, 또한 제품보급에 있어 강력한 힘이 된다. 이러한 커뮤니티가 가지는 신용도와 정보전달력이 일반 시장에서도 매우 큰 영향력을 가지게 되었다.

이와 같이, 독점에 대항하기 위한 오픈연합이 형성되어 독점플랫폼에 대항하는 새로운 사양을 제정하여 표준으로 보급하는 수단이 확립되었다. 플랫폼을 독점하고 있는 기업의 입장에서는 이것을 어떻게 판단하고 어떻게 대응해야 할까? 그 점에 대해서는 다음과 같이 생각해야 할 것이다.

오픈연합의 성립과 완성, 그리고 유지에는 주최자와 참가자 모두의 상당한 노력이 필요하기 때문에 시장의 규모와 이익이 일정 수준을 넘지 않는다면 실제 투자효과는 적다. 즉, 시장이 작으면 대항 세력이 생겨나기 어렵게 된다. 그러나 시장이 작다고 하더라도 리스크를 감수하는 기업이 나타나고 동조하는 기업군이 증가하면 일정 효과를 얻을 수 있으며 관련 기업의 수가 적기 때문에 대항 동맹 구축이 용이할 것이다. 또한 향후에는 플랫폼의 중요성과 그 처리 방법이 널리 알려짐으로써 오픈연합을 형성하는 비용이 전반적으로 급속히 낮아질 것으로 예상할 수 있다. 독점이윤이 과도하게 큰 경우, 그것에 대항하는 연합이 형성되기 쉽다는 사실을 제외하면, 결국 해당 시장의 경쟁환경을 통해 개별적으로 판단할 수 밖에 없다.

마이크로소프트의 방어전략
스탠더드 교란전략

자바의 보급 방해

선마이크로시스템의 자바 보급 전략이 주효해 서서히 셰어가 높아지기 시작한 시점에서 MS는 위협을 느끼게 되었다. 그리고 아래와 같은 대항책을 세웠다. 하지만 사실 여부에 대해서는 매우 미묘한 문제이므로 미국 법무부와 미국 19개 주가 MS에게 한 독점금지법 소송에 대한 연방재판소의 견해를 살펴보기로 하자.

플랫폼 기업인 MS가 취한 개방적 플랫폼에 대항하는 전략은 ① 선의 개방적 전략에 대한 중상, 비방을 통한 표준화 활동의 방해, ② 표준화 활동에 직접 참가해 활동을 교란, ③ 신기술을 매수하여 매장시킴 등이다.

MS는 이에 대해 부정하고 있는데 ③에 대해서는 긍정도 부정도 하기 힘든 미묘한 상황이라고 생각된다. MS가 이러한 일들을 실제로 실행했는가라는 의문은 우선 차치하고, 위의 내용 모두가 개방적 플랫폼의 형성을 저지하는데 충분한 효과를 가지는 것은 사실이다.

위와 같은 MS의 개방적 플랫폼에 대항하는 세 가지 전략은 구체적으로는 다음과 같이 행해졌다고 한다.

'플랫폼에 의존하지 않는 오픈성을 가지는 자바에 의해 어플리케이션 개발의 진입 장벽이 사라지고 있어 MS는 대항책의 필요성을 느꼈다. 1996년, MS는 자바를 사용하는 어플리케이션 개발기술자의 수가 급속히 늘어나 자바가 프로그램언어 개발자들 사이에서 중심적 플랫폼의 자리를 얻게 될 것 같자 자바 보급에 대항하는 다양한 시책을 시행했다' (1999년 11월 5일 연방지방법원의 사실 인정에 관한 기록).

1) MS는 자바의 개방적 전략에 대해 다음과 같은 중상비방을 함으로써 표준화 활동의 진행을 방해했다(ZDNet의 취재기사에서 인용).
· 자바는 개방적 스탠더드임에도 불구하고 모든 권리를 선이 독차지하고 있다고 주장했다(ZDNet 1997년 10월 7일호).
· 선은 자바를 완전한 개방적 스탠더드라고 선전하면서도, 라이센스에 대해서는 엄격하게 관리하고 있다고 격렬하게 비판했다(ZDNet 1997년 10월 7일호).
· 인텔이나 DEC, 컴팩 등과 함께 자바의 관리를 국제표준화 단체에 위탁하도록 선에 요구했다(ZDNet 1997년 9월 24일호).

2) MS는 선과 자바라이센스 계약을 통해 자바로 서술된 어플리케이션이 윈도우즈로부터 다른 플랫폼으로, 혹은 그 역으로 이식되는 것을 곤란케 하는 시책을 취했다(1995년 11월 15일 연방지방법원의 사실인정 기술).

· 자바는 어떠한 플랫폼에도 의존하지 않는 어플리케이션을 개발하게 하였지만, MS는 다른 플랫폼과 호환되지 않는 윈도우즈용 자바를 개발해 그것을 보급시킴으로써 자바의 이식가능성(portability)을 방해했다. 이것을 '표준에 MS 느낌(flavor)을 가미한다'고 표현하는데 표준의 일부분을 자사 사양으로 변경해서 유저에게 공통의 표준을 사용하고 있다는 느낌을 주지만 실제로는 자사 제품만을 사용하게 하는 전략이다. 즉, 고객을 자사 제품 내부에 포위하는 것을 목적으로 하는 것이다.

· 고객사인 개발기업과 차기 OS베타판의 조기배포 등의 교환거래를 통해, 자사가 개발한 자바의 윈도우즈 버전을 사용하게끔 하는 반경쟁적 계약을 맺게 했다.

· 자바를 일반 유저에게 배포하는데 있어 중요한 수단의 하나인 넷스케이프 네비게이터의 보급을 인터넷 익스플로러 무상 배포, 윈도우즈에 인터넷 익스플로러 끼워팔기 등으로 방해했다

미국 법무부의 MS에 대한 소송에서는 인터넷 익스플로러와 윈도우즈 끼워팔기라는 반경쟁적 행위가 주로 이야기된다. 그러나 그러한 논쟁에는 위와 같은 MS의 자바 표준화를 방해하는 시책도 포함되어 있다.

게다가 MS는 고객에 대한 윈도우즈의 라이센스 공여에 대해 익스플로러를 포함하지 않는 경우에는 라이센스 제공을 거절해 PC 메이커나 사용자가 자신의 시스템에서 익스플로러를 삭제하는 것을 처음은 계약*의 형태로, 나중에는 기술적으로 제한했다. MS는 윈도우즈 98에서 익스플로러를 언인스톨하는 기능을 아예 갖추지 않았으며 다른 브라우저로는 잘 작동되지 않아 익스플로러가 아니면 안되게끔 장치를 해두었다. 이러한 MS의 행위는 공정한 경쟁을 저해해 소비자나 관계기업에 피해를 주었다고 여겨졌다.

3) MS는 공식적으로는 강하게 부인하고 있지만, 자바에 관한 신기술 매수 및 매장을 실시한 것으로 보인다.

MS가 취한 시책은 독점기업이 가지는 엄청난 이익을 바탕으로 모든 기술을 매수해 자사에 포함시켜버리는 것이었다. MS는 전성기인 1992년부터 1997년 사이에 최첨단 기술을 가진 기업 46개 사를 매수하거나 자본참가를 통해 경영권을 획득했다(1994년부터 1996년에는 15억 달러, 1997년에는 WebTV와 Comcast만으로 15억 달러를 사용했다).

그러한 와중에 자사 플랫폼의 대체 플랫폼(즉, 자사의 숨통을 조이는) 기술도 매수해 그것을 파괴해 버리고자 하는 유혹에 휩싸였을 지도 모른다.

MS는 1997년 6월 13일에 쿠퍼스&피터스(Coopers&Peters)사를 1997

---

* 현실에서 이러한 행위는, 개방적 수평분업시장에서의 독점기업, 특히 소프트웨어 업계에서 많든 적든 이루어지고 있다는 소문이 퍼져 있었다. 그것은 '독점상태에 있는 소프트웨어 제품의 최신 버그정보를 자의적으로 고객에게 전달하지 않은 점' 등, 입증이 불가능한 불법행위에 의한 판매강제가 가능한 제품이라는 점이 존재하기 때문이다

년 5월 7일에는 디멘션엑스(DimensionX)를 각각 매수했다. 양사 모두 최첨단 자바기술을 개발하고 있던 기업이었는데, 업계에서 그 권위를 인정받고 있는 《와이어드뉴스》는 1997년 12월 9일자에 다음과 같은 인터뷰와 코멘트를 게재했다.

'MS는 2,000만 불 이상을 사용해 쿠퍼스&피터스를 매수했으면서도 관련제품은 전혀 출시하지 않고 있다. (중략) 그들의 제품은 자바 보급의 핵심 기술을 보유하고 있어 업계로부터의 기대가 매우 높았다. 이번 매수는 그 기술을 말살하기 위한 것이었다.'

MS는 '매수했지만 일이 뜻대로 되지 않았던 것뿐' 이라고 부정하고 있지만, 쿠퍼스&피터스의 창업자들은 와이어드뉴스의 인터뷰 요청에 전혀 응하지 않았다고 한다.

한때 벤처기업의 성공은 'Exit to Microsoft*', 즉 MS에 매수되는 것이야말로 성공이라고 회자되던 때가 있었다. 하지만 그것은 매우 바람직하지 못한 일이다. 벤처가 탄생하더라도 MS의 눈치를 살피고 MS의 의향대로만 성장한다고 해보자. 이런 상황이 소비자와 사회에 아무런 도움이 되지 않는 것은 명백한 일이다.

'신기술의 매장' 이라는 발상 자체는 독점기업에 있어 지극히 자연스러운 것이다. 신기술을 보유한 벤처기업이 성공한다는 보장이 100퍼센

---

* exit: 출구, 비상구 등을 의미하지만 기업을 창업하여 어떠한 수단을 통해 이득을 획득하는 의미도 가지고 있어, 구체적으로는 장외시장공개, 대기업에게 매각하는 것 등을 가리킨다.

트 있는 것도 아니고, 무엇보다도 거대한 독점기업과의 싸움이라는 허들을 넘어야 한다. 그런 상황의 젊은 경영자에게 거액의 현금이 제시된다면, 그가 꿈을 포기하더라도 어느 정도 이해되기도 한다. 한편, 독점기업에게 있어 이렇게 효율적인 투자는 없을 것이다. 장래에 자신의 지위를 위협하게 될 기술이 싹트기 전에 제거해버릴 수 있기 때문이다.

설령 기술 매장을 목적으로 한 것이 아니었다고 하더라도 '자바를 깔아뭉개기 위한 자바로의 전환'이므로, 결국은 이러한 비경쟁적 행위, 반사회적 환경은 독점기업이 의도했건 의도하지 않았건 반드시 일어나는 일일 것이다. 우리는 이것을 '독점기업 신드롬'이라고 부르기로 하자. 플랫폼을 획득한 기업이 이러한 증후군에 빠져서는 안 된다는 것을 사회를 위해서도, 자사를 위해서도 명심해야 할 것이다.

독금법에 저촉, 미국 법무부와의 소송

이러한 일련의 행위는 윈도우즈의 어플리케이션 개발 진입장벽을 제거한다는, 플랫폼에 있어 이노베이션의 가능성을 가지는 자바의 발전을 방해했다(1995년 11월 15일 연방지방법원의 사실인정에서 인용). 물론 MS의 행위가 없었다면 넷스케이프 네비게이터와 자바에 의해 어플리케이션 개발시장에서 건전한 경쟁이 일어났을 것이라는 사실을 증명할 수는 없다. 그러나 MS가 이들의 플랫폼이 시장에 경쟁을 가져올 가능성을 배제해버린 것은 확실하다. 시장에 대한 더욱 큰 악영향은 MS의 이러한 행위가 이노베이션의 가능성이 있는 각 기업에게 전달한 메시지다. MS에 대항하는 기업에 대해 거대한 시장지배력 및 막대한 이익을 사용하여 방해하겠다는 것이다. 또한, MS가 이러한 기업들의 이노베이션을 짓밟는데 성공함으로써 MS에 잠재적인 위협이 될 만한 기술 및 비즈니스에 대한 투자를 방해하는 효과도 가져온 것이다.

수년 간의 소송을 통해 독점에 대한 시장의 견해는 엄격해졌으며 그와 동시에 개방적인 자바의 보급은 확대되었다. 최근의 MS의 동향을 보고 있노라면 MS 자신도 개방적 표준화로 전략을 전환한 것 같기도 하다. 그러나 플레이버 전략*의 기회를 노리고 있다고도 볼 수 있다. 이러한 MS의 움직임은 컴퓨터업계에 얼마나 '오픈사상'이 보급되었는가를 가리는 시금석이라고 할 수도 있을 것이다.

플랫폼 전략의 압도적인 시장지배력은, 지나치면 건전한 시장경쟁을 지향하는 사회에서는 독금법에 저촉될 가능성이 커진다. 미국 법무부와의 소송과 관련해서는 몇 가지 논점이 존재하지만, 기본적으로는 MS의 지나친 플랫폼 전략의 효과를 우려해 저지하려고 한 것이라고 볼 수 있다. 하지만 이 소송은 MS만의 문제에 한정되지 않고, 플랫폼의 구조적인 우위성을 건전한 경쟁환경과 어떻게 양립시킬 것인가 라는 근본적인 문제를 포함하고 있었다. 적어도 미국에 있어서는 앞으로 플랫폼 독점 구조에 대해 보다 엄격한 대응이 대두될 가능성이 있다. 그것은 일본의 사회구조로는 상당히 이해하기 힘든 것이지만, 그러한 정치적인 구조에

---

* 일반적으로 초코아이스크림, 바닐라아이스크림처럼 아이스크림의 맛을 결정하는 것은 '무슨 맛을 입혔는가'이다. 위에서 언급된 바대로 표준에 특정 기업(여기에서는 MS)의 기술을 가미하는 것을, '플레이버 전략'이라고 부른다.

대한 이해 없이 사업전략을 실행하는 것은 점점 불가능해지고 있다. 그 것은 플랫폼의 위력이 큰 컴퓨터, 하이테크산업에서 특히 두드러지지만 그 이외의 시장에도 예외 없이 적용될 것이다.

앞으로 많은 개방적 수평 시장에서 독점기업과 그에 대항하는 기업, 그리고 미국 법무부(혹은 공정거래위원회)의 세 세력이 견제와 소송을 이어갈 것이다.

사족이 되겠지만, 미국 법무부가 일으킨 MS 독금법 위반 소송의 타이밍이 매우 절묘해 미국의 국익과 합치했던 점 때문에 이 소송이 의도적, 전략적으로 이루어진 것은 아닐까라는 의혹이 제기되기도 한다. 플랫폼 (이 경우는 OS)의 요람기에 과도하게 많은 기업이 진입해 혼란스러운 논의가 이루어져서는 시간과 비용만 낭비될 뿐 효율적이지 못하다. 그러한 상황에서는 특정 기업이 강력한 리더십을 발휘하여 전체를 이끌어가는 것이 효과적이다. 그것은 기업의 시장지배력을 통해 시장정비가 이루어지고, 많은 유저에게 새로운 지식이 전파되기 때문에 국가로서는 매우 유익하다. 그러나 과도하게 진행되면 독점의 폐해가 커진다. 그러므로 일정 단계에 이르면 경쟁을 촉진시켜, 많은 기업의 진입을 유도하는 것이 국가 전체의 이익이 된다. 만약 미국정부가 정말로 이러한 것들을 완전하게 이해하고 전략적으로 MS에 소송을 한 것이라면 절묘한 타이밍, 적절한 시책, 과감한 실행력 등 미국의 놀랄 만큼 수준 높은 국가전략을 여실히 보여주었다고 할 수 있다.

자발적 참여에 의한 표준화 대항세력
리눅스(Linux)

일반적으로는 MS를 좋아하는 소비자와 싫어하는 소비자가 극명하게 나누어진다. 처음으로 접한 컴퓨터가 MS 제품이었던 세대는 MS를 친근하게 생각하며 빌 게이츠라는 컴퓨터계의 영웅에 대한 인기도 엄청나다. 그러나 업계 내부 사정이나 컴퓨터 기술에 밝거나, 특히 애플컴퓨터의 열렬한 팬이나 MS의 독점·배타적인 행동에 대해 부정적인 소비자는 MS를 싫어하는 경향이 있다.

리눅스는 그러한 전후 사정 속에서 리누스 토발스(Linus Torvalds)라는 슈퍼히어로로, 그리고 윈도우즈에 대항하는 세계 각국의 프로그래머들의 자발적인 참여로 개발이 진행되었다. 리눅스의 개발에는 다음과 같은 강력한 구심력이 작용되었다.

- MS에 대한 반발심에 의한 구심력
- 젊은 층의 안티 체제적, 안티 대기업적인 가치관에 의한 구심력
- 새로운 자원봉사 활동에 대한 연대감
- 같은 가치관을 가지는 동료들에 의한 글로벌 규모의 거대한 창작 활동

이와 같이 일반소비자층을 시장으로 하는 독점기업이 출현한 경우는, 그에 대한 반항 세력이 시민운동과 같은 양상으로 전개될 가능성도 높다. 리눅스의 성공으로 인해 향후 더 많은 자발적인 참여의 형태를 띠는 개발활동이 활발해질 것이라는 예상도 가능하다. 플랫폼에 관련해 매우 중요한 요소로 자리잡고 있는 것이 바로 이 '오픈소스'라고 불리는 활동이다.

리눅스의 성공 요인

리눅스는 핀란드 출신의 리누스 토발스가 리더가 되어 전 세계 4만 명 이상의 프로그래머가 다양한 형태로 개발에 기여하는 방식으로 성장해 온 OS다. 토발스는 커널이라고 불리는 프로그램의 핵심 부분을 개발했다. 1991년 10월에 리눅스커널 최초의 공식 버전 0.02가 토발스에 의해 발표되었고, 1991년 말에는 리눅스의 뉴스그룹과 메일링리스트에 100명이 넘는 세계 각국의 사람이 참가하게 되었다. 1994년 3월에 버전 1.0이 발표된 이후로 신버전의 출시가 수시로 이루어지고 있다.

리눅스 개발활동의 성공을 더욱 부각시키고 그것에 더욱 큰 의미를 부여한 것은 서로 모르는 전 세계의 4만 명 이상에 의한 자발적인 협조 활동이다(프로그램 개발활동이 성공하기 위해서는 핵심 개발자가 유능하지 않으면 안 되는데, 물론 리누스 토발스도 예외가 아니다).

리눅스의 성공요인은 두 가지 질문을 통해 요약해 볼 수 있다.

첫째, 기업 내부의 한정된 인원의 팀에서도 혼란이 발생하는데 어떻게 4만 명 이상의 서로 모르는 프로그래머가 협력 활동을 할 수 있었는가.

둘째, 4만 명 이상의 프로그래머가 어떤 이유로 무보수 자발적 개발에 참여했는가.

첫번째 사항에 관해서는 모듈&인터페이스 방식을 채용해 그룹을 모듈별로 관리하여, 동시 병행적인 개발과 다수의 그룹에 의한 개발 경쟁이 가능해졌다. 이것에 대해서는 3부에서 자세히 살펴보기로 하자. 두번째 사항은 본문에서 언급한 대로 MS에 대한 저항과 새로운 가치관이 강한 구심력이 되어 전체가 매우 잘 기능했기 때문이라 할 수 있다.

리눅스와 오픈소스는 계속해서 성장하고 있어 현재는 상업 프로그램 개발에도 참여하였으며, 프로그램 개발 외에도 적용을 시행하는 움직임을 보이기 시작했다.

자사 플랫폼 구축 성공 사례

메신저 분야의 표준화 전쟁

인스턴트 메시지서비스(메신저)는 인터넷에서 사전에 등록한 친구끼리 채팅을 즐기는 기능이다. 압도적인 유저수를 자랑하는 AOL의 메신저에 대항해 후발주자인 MS의 메신저가 현재와 같은 상호접속(즉, 채팅기능)을 통한 서비스를 실시한 1999년 7월부터 '메신저 전쟁'은 시작되었다. 약 8,000만 명의 유저를 가지는 AOL에 대항해 450만 명의 유저밖에 없었던 MS는 자사 유저의 편리성을 높이기 위해서 상호접속 방식을 실시한 것이다. 메신저 서비스에서는 유저수가 가장 중요하기 때문에 이것을 통해 자사 제품의 보급을 확대시키려 했던 것이다.

이에 대해 AOL은 곧바로 자사의 사양을 변경해 MS사 유저가 접속하지 못하게 했다. MS 메신저의 편리성을 높이지 않는 것이 자사의 경쟁력 유지로 이어지기 때문이다. 이에 MS는 제품을 재수정해 AOL 메신저 접속이 가능토록 했다. 그에 대해 AOL사가 다시 응전하는 등, 거의 매일 같이 변경-재변경이 다람쥐 쳇바퀴 돌 듯 수십 차례에 걸쳐 전개되었다.

그런 와중에 MS가 홍보부를 통해 '메신저의 사양은 공개되어야 한다'고 주장했지만 AOL이 거기에 응할 리가 없어 결국 4개월 후인 1999년 11월 MS가 패배선언을 함으로써 메신저 전쟁에 마침표가 찍혔다.

아이러니하게도 메신저 전쟁에서 MS는 자바에 했던 것들을 고스란히 AOL에게 거꾸로 당했으며, 자바에 관련해 받은 비난들을 그대로 AOL에게 했다.

MS는 엑사이트, 트라이벌 보이스, 프로디지, 야후, AT&T, 인포식 등과 동맹을 결성해 개방적인 사양을 제시하여 AOL 메신저에 대항하려 했지만, 이런 연합을 통해서도 이길 수 없었다. AOL 메신저는 현재 독점 상태에 가깝지만 AOL이 그것을 플랫폼으로 하여 수직확대적인 정책을 채택하고 있지 않으며 그러한 전략이 발견되지도 않는다. 따라서 영향 또한 한정적이며 미국 법무부가 개입할 징조도 없다.

이와 같이 모든 개방적 표준이 성공하는 것은 아니다. 여러 시장에서 다양한 형태의 전개가 일어날 수 있다. 어떤 시장에서는 오픈연합과 싸우고 있는 독점기업이 또 다른 시장에서는 완전히 반대의 입장이 될 수도 있다. 따라서, 현재로서는 플랫폼 구축 전략에 있어 절대적인 것은 없다는 시사점을 얻을 수 있다.

확대되는 개방적 수평분업화의 흐름

3장

개방적 기업간 관계를 통해 다수의 기업과 거래함으로써 얻는 이득은 다음과 같다. 첫째, 자사의 미래의 가능성을 높이기 위해 성장의욕과 개혁 노력이 지속적으로 이루어진다. 둘째, 생산량이 확대돼 규모의 경제가 작용한다. 셋째, 다양한 안건을 처리하는 것에 의해 다양한 노하우가 축적된다. 넷째, 복잡한 요구에 대한 대응력이 향상되는 이점이 생긴다.

# 가속되는 정보통신산업의 오픈화

정보통신산업에서 다양한 기능이 새롭게 개발되고 있는 점, 네트워크 외부성이 작용하여 어떤 부문에서든 규모의 경제가 작용되기 쉬운 점, 차세대산업에 대한 미국정부의 경쟁정책이 적용되는 점 등 개방적 수평분업화의 흐름이 다양한 부문에서 진행되고 있다. 최근에는 데이터 통신의 데이터센터(인터넷 데이터센터, iDC라고도 함)에서 그러한 경향이 현저하므로 사례를 들어보기로 한다.

데이터센터는 유저기업의 인터넷사이트를 대량으로 관리하여 효율적으로 처리해주는 비즈니스를 하고 있는데, IT버블이었던 1990년대 후반에 급속히 발전했다. 이후 버블 붕괴로 인해 대표적인 기업이었던 엑소더스가 도산하고 그를 매수한 베리오의 실적악화 때문에 NTT 커뮤니케이션즈가 6,212억 엔의 특별손실을 입기도 했지만, 다음과 같은 구조

적인 우위성은 변하지 않는다고 보여지므로 개방적 수평분업의 구조를
예로 들어 설명하고자 한다.

표 1-1 데이터 통신서비스의 개방적 수평화의 구조

⑤ 부가가치업무 　　SI, 컨설팅, 마케팅, 영업	NTT데이터, 노무라증권, 엑센츄어 등, SI업무, 영업기능을 제공하는 기업군
④ 오퍼레이션 　　씨큐리티, 24시간체제, 효율적업무수행	엑소더스, 디지털아일랜드 등, 데이터센터 신흥기업군, ISP 등
③ 접속서비스 　　백본, IX, 국제회선	NTT, 니혼텔레콤, KDDI 등, 제1종 접속업무 기업, 외자계 캐리어, ISP 등
② 설비설계 　　데이터센터의 설계 및 시공	주요 건설회사, 엔지니어링 기업 등
① 부동산관련업무	주요 부동산회사

　기업이 인터넷에 사이트를 가지고 소비자로부터 대규모 액세스를 기
대하는 경우, 표와 같은 기능이 필요하게 된다. 이것을 기업이 직접 관리
하는 것이 아니라 집중적인 관리서비스를 제공하는 것이 인터넷 데이터
센터다.

부동산 관련 업무

　대량의 데이터를 안전하고 확실하게 처리하는 설비는 통상의 건물과
는 달리 내진구조, 방화설비, 대용량 에어컨, 대량의 전력공급, 자가발
전장치, 보안 확보 등이 필요하다. 그것을 일반 건물 내에서 개별적으로
한다면 효율이 매우 낮을 것이다. 또한 저비용으로 모든 조건을 만족시

키는 건물이 그리 흔하지 않으므로 부동산 회사의 정보가 큰 의미를 가지게 된다. 이 때문에 디벨로퍼(developer, 부동산개발전문가)로서 부동산 회사의 참가가 중요하다.

설비설계

데이터센터의 설비는 특수성이 강해 설계·시공을 전문으로 하는 기업이 존재한다. 건축회사의 한 분야로 특수설비의 설계·시공을 주 업무로 하는 엔지니어링 회사나 데이터센터 건설에는 건축디자인에 비용을 들이는 경향이 있기 때문에 건축가 등도 참가하고 있다.

접속서비스

인터넷사이트는 반드시 어떤 경로를 통해서 백본(back bone)이라 불리는 대용량 인터넷 통신회선에 접속하여 전국, 전 세계로부터의 액세스에 대응하도록 되어 있다. 그것은 NTT, 니혼텔레콤, AU, IIJ계열의 크로스웨이브 커뮤니케이션즈 등 4개 회사와 전력계 통신회사연합까지 포함한다면 모두 5개 회사에서 제공된다. 인터넷의 경우는 해외 접속도 중요하기 때문에 AU(구KDDI)와 함께 외국자본기업이 중요한 역할을 수행한다. 그 이외의 기업이 데이터센터 업무를 실시하는 경우에는 반드시 이들 기업으로부터 통신회선을 임대해서 유저기업에 재판매하므로 가격이 상승한다. 따라서 백본망을 가진 기업군이 비용 면에서 우위성을 가지고 있는 것은 분명하다.

오퍼레이션

컴퓨터 오퍼레이션은 각 유저기업이 독자적으로 실시하는 것보다 그것을 하나의 비즈니스로서 집중적으로 실시하는 것이 효율적이다. 또한 컴퓨터와 설비의 일괄 구입으로 비용절감이 가능해진다. 이미 존재하는 오퍼레이션 집중관리의 성공사례가 일본의 CSK 그룹이다.

아웃소싱은 원래 컴퓨터 부문에서 시작되어 경리, 인사, 총무, 조사, 전략기획, 제조 등 모든 영역으로 확산되었다. 데이터센터에서는 견고한 보안관리, 비상시 필요한 높은 기술서비스, 24시간 대응체제, 낮은 운영비 등 기술과 오퍼레이션이라는 상반되는 조건을 충족시켜야 한다. 이것을 유저기업이 각각 실시한다면 아무리 규모가 큰 회사여도 효율적이지 못할 것이다. 보안 등의 기술은 전문 엔지니어 집단을 보유한 기술계통 기업이 전문적으로 대응하는 경향이 강해지고 있다. 미러링 기술*, 백업기술 등 특수기술을 제공하는 벤처기업이 활약하기 쉬운 영역이다.

부가가치 업무

부가가치 업무란 데이터센터를 가동하는데 필요한 다양한 업무 및 특수기술이다. 유저에 대한 시스템 통합(System Integration), 데이터센터사업 자체의 영업 및 판촉활동 등도 있다. 종래에는, 시스템 통합사업자(System Intergrator)가 유저와의 영업 커넥션을 위해 표 1-1의 ①~⑤의 기

---

* 미러링(mirroring) 기술: 동일한 사이트를 여러 개 배치함으로써 한 곳에 지나친 접속이 이루어지는 것을 방지하여 쾌적한 접속환경을 유저에게 제공하는 기술.

능을 모두 제공하곤 했지만, 개방적 수평분업 구조가 진전됨에 따라 분리·분업을 통해 제공되게 되었다. 한편 이런 부가가치 업무를 제공하는 기업의 브랜드나 신용도에 따라 특정 회사하고만 거래를 하는 경향이 강하다. 데이터센터의 설비나 접속을 제공하는 기업은 이러한 부가가치 기업과 제휴를 맺는 것이 중요해졌다.

IT버블 시대에 데이터센터 산업은 강렬한 기세로 성장했지만 버블붕괴 후로는 생존 경쟁이 매우 심해졌다. 매출액이 1,000억 엔을 넘고 5,000개사 가까운 우량 고객을 보유했던 엑소더스마저 도산하는 사태에 이른 것이다. 이것은 IT버블 시대에 급성장한 기업의 공통점인 과도한 부채 때문이었다.

데이터센터 자체의 수요가 없어진 것은 아니어서 최근에는 AT&T, 퀘스트커뮤니케이션즈, MCI 월드컴 등의 거대 통신기업에 의한 데이터센터사업이 유리하다는 견해도 제시되고 있다. 이것은 접속시장을 선점한 기업이 자금력을 활용하여 수직으로 전개하고 있는 사례라고 볼 수 있다. 그러나 보안 등 특수기술 분야에서 벤처기업의 개방적 수평분업의 잠재성은 아직도 크다고 할 수 있다. 앞으로 데이터센터 업계에서의 수직과 수평의 경쟁이 어떻게 전개될지 매우 흥미롭다.

한편, 비슷한 구조 전환이 휴대전화의 인터넷접속 서비스나 포털사이트에서도 시작되고 있다. 일본 휴대전화 시장에서는 휴대전화 회사가 ISP 사업과 휴대전화 포털사이트 사업을 겸해 막대한 이익을 누려왔다. 그런데 2002년 1월, NTT 도코모가 i모드(NTT사의 휴대폰 인터넷시스템)망을 ISP에 개방한다고 발표했다. 건전한 경쟁시장을 지향하겠다는 일본

총무성의 의향을 반영한 것이지만 늦은 감도 없지는 않다. 이미 ISP 및 포털사이트에서 승자독식현상이 일어나고 있으므로, 어떤 식으로든 연합 형성이 불가결할 것이다. 물론 일본 인터넷 포털 시장에서 승자독식을 달성한 야후가 수직전개를 실시할 가능성도 높다.

일본의 전력자유화는 선진국에 비해 출발이 늦었지만 발전, 송전, 배전의 기능을 분리해 건전한 경쟁이 촉진되는 구조를 목표로 하고 있어, 개방적 수평분업 형태가 정책적으로 도입될 것으로 보인다.

2 산업구조 수평화의 일반적 사례

지금까지 특히 하이테크산업을 중심으로 플랫폼 전략의 유효성과 산업구조의 개방적 수평화에 대해 살펴보았다. 정보산업은 정보를 베이스로 한 것이기 때문에 부가가치를 붙이기 쉬워 계층화가 쉽게 진행되고 개방적 수평에 친숙해지기 쉬운 것은 사실이다. 그러나 산업구조가 개방적 수평분업화되고 있는 것은 결코 하이테크나 정보산업만이 아니다. 이제 다른 산업에서 일어나고 있는 개방적 수평분업화의 흐름에 대해 살펴보도록 하자.

물류 분야의 수평전개

개방적 수평분업화의 진전에 의해 특정 기능이 분리되어 하나의 층을 형성하는 사례로서 물류를 들 수 있다. 원래 물류는 제조회사나 도매업자가 담당하는 기능의 일부였는데 이것을 전문 비즈니스로 하는 기업이 속출했다.

대표적인 것이 택배사업이다. 야마토 운수나 사가와 택배로 대표되는 이들 기업은 전국적인 배송망을 확립하여 소량배송에서 압도적인 점유율을 장악하고 있다. 전국적인 배송망은 말할 필요도 없이 플랫폼으로서 자리매김할 수 있다. 전국적인 배송망을 확립하는 것은 엄청난 리스크와 투자가 수반되므로 매우 힘든 작업이다. 그러나 일단 확립되면 규모의 경제가 작용하므로 짐 한 개에 수백 엔의 가격으로도 충분히 이익을 낼 수 있다. 전국 어느 곳에도 저렴한 가격으로 짐을 보낼 수 있게 되면 이용자의 편리성도 매우 높아진다. 또한, 진입장벽은 다른 기업에 대한 차별화로 이어진다. 이 플랫폼을 이용하여 우편물 등 다양한 물류로 발전시킬 수 있지만 일본에서는 높은 수요가 존재하는 과금대행(통신판매의 요금 회수) 업무로 진출해 이미 큰 수익원의 하나로 존재하고 있다.

미국의 선행사례로는 화물배송업자인 페더럴익스프레스(FEDEX)가 유명하다. 미국은 국토가 광대하므로 배송이 쉽지 않은데, 그런 환경에서 태어난 것이 '허브 앤드 스포크'라는 플랫폼 방식이다. 일반적으로 화물은 집적지에서 목적지까지를 이어 수송작업이 이루어진다. '허브 앤드 스포크' 방식은 화물을 일단 분류작업을 위한 거점에 모두 모아, 목적지별 수송기에 다시 실어 수송하는 것이다. 이러한 대규모 플랫폼에 투자가 이루어져 사업화가 진행되었던 것이다.

일본에서는 세븐일레븐의 물류를 성공사례로 들 수 있다. 기존에는 제조메이커나 도매업자가 각자의 배송망을 이용해 배송하고 있었다. 그러나 편의점이라는 새로운 사업형태는 다품종을 소량으로 취급하여 빈번한 배송이 필요했다. 효율적인 배송을 도모하기 위해 각각의 납품업자가 개별적으로 배송하는 것이 아니라 공동배송센터를 설립하여 그곳에 상품을 모은 후 공동 트럭으로 배송하도록 한 것이다. 이것도 플랫폼의 일례라고 할 수 있다. 물류가 세븐일레븐의 핵심사업은 아니지만, 편의점은 이러한 플랫폼이 존재하지 않으면 성립되기 힘든 사업형태이므로 하나의 개방적 수평전개라고 할 수 있다. 세븐일레븐은 플랫폼을 이용해 세븐드림이라는 인터넷 통신판매로 수직전개를 실시하려 하고 있다.

이와 같은 구조는 일용품 잡화시장에서 가오(花王)와 그에 대항하는 기업연합의 대결에서도 볼 수 있다. 애초에 가오는 자사의 판매회사를 설립해 직판을 실시했다. 이것은 도매를 통한 간접판매를 이어온 라이온(lion) 등의 경쟁사에 대해 개별적인 소량배송과 판매데이터 활용의 우위성을 통해 압도적인 경쟁력을 자랑했다. 이에 경쟁사들이 연합을 결성하여 '플라넷(공동의 정보시스템 네트워크)'이라는 공동 배송센터를 구축하여 대항했다. 경쟁사의 연합 규모가 커짐에 따라 가오는 독자적인 네트워크와 배송기능을 포기하고 업계 공동의 정보시스템 네트워크와 배송센터에 참여하기로 방침을 정했다. 이것은 거대 기업의 독점에 대해 오픈연합을 형성·대항하여 독점기업을 극복한 전형적인 사례라고 할 수 있다.

금융에서의 개방적 수평화

현재 일본에서 대규모의 개방적 수평전환이 일어나고 있는 업계가 있다. 바로 금융업계다. 기존의 금융업계는 대장성(현재의 재무성)의 종적 관계 행정의 비호 아래 은행업, 증권업, 보험업 등 업종별로 분류되어 있었다. 동일 기업과 그룹이 상품개발과 판매를 담당해 전형적인 폐쇄적 수직형 구조였다.

그러나 금융업계 역시 개방적 수평으로의 전환이라는 세계적 흐름에는 거역할 수 없었다. 개방적 수평화가 경쟁을 촉진하기 위한 금융빅뱅이라는 이름의 규제완화 아래 타업종으로부터의 신규진입이 허용되어 업무의 울타리가 낮아졌다. 그와 동시에 소비자도 다양한 금융상품을 비교하여 구매하게 되었고 원스톱쇼핑을 실시하고 싶어 하는 니즈가 발생했다. 그것이 급속한 업계구조 전환을 진행시킬 것으로 기대를 모으고 있다.

해외에서 선행사례를 찾기는 어렵지 않다. 자산에 관한 소비자의 의식이 앞서있는 미국에서는 우선 파이낸셜플래너의 조언을 받은 후에 찰스 슈왑(Charles Schwab)이나 피델리티(Fidelity) 등의 디스카운트 브로커(매매체결 전문 증권회사)로부터 금융상품을 구입하는 경우가 많다. 또한 부유층을 위한 종합자산관리 서비스인 프라이빗 뱅킹도 널리 보급되어 있다. 이런 서비스들은 다수의 기업으로부터 다양한 금융상품을 구매해 판매하는 것으로 유통에 특화하고 있다고 말할 수 있다. 즉, 상품을 제조하는 컨텐츠 프로바이더와 상품을 판매하는 컨텐츠 디스트리뷰터의 수평적인 분리가 일어나고 있는 것이다. 이러한 분리를 '언번들링' 이라고 부른다.

일본의 보험 대리점은 특정 보험회사의 상품만을 취급하는 경우가 많다. 그러나 고객과의 접점인 대리점이 소비자와 시장 정보를 파악해 파워를 가지게 되면 고객의 요구를 만족시키거나 사업을 확대하기 위해 타사의 보험상품을 취급하게 된다. 규제가 완화되면 보험 이외의 금융상품도 취급하기 시작할 것이다. 앞으로 독립 대리점을 중심으로 수평적이며 개방적인 관계를 구축해 다양한 금융상품을 판매하게 될 것으로 보인다.

나아가 투자신탁과 보험상품의 판매규제가 철폐되어 은행창구에서도 투자상품이나 보험 판매가 가능하게 되었다. 그러자 많은 우량고객을 거느리고 있는 지방은행이나 신용금고가 직접 상품을 개발하는 대신 브랜드와 개발력이 있는 타 기업에 맡기고, 스스로는 유통에 특화하는 전략을 취하는 기업도 출현하게 되었다.

이와 같이 금융업에서도 개방적 수평으로의 전환 움직임은 피할 수 없으며 그 결과 소비자에게도 많은 이익이 창출된다. 지금까지의 폐쇄적 수직형 즉, 은행, 증권회사, 보험회사라는 종적관계로부터 벗어나 상품을 개발하는 금융기관과 보험의 독립 대리점, 또한 상품의 유통에 특화하는 기업의 수평분업체제로 이행해 나가는 것을 목표로 진행되는 것이 금융빅뱅이다.

제조업 공장에서의 아웃소싱

제조업 분야에서는 EMS(Electronic Manufacturing Services)* 기업의 약진이 유명하다. 1995년부터 1999년까지의 4년간 EMS 업계의 시장규모는 2.5배 확대되어 미국 내에서만 1,100억 달러 규모에 이르렀다. 또한 업계 최대기업인 솔렉트론의 매상은 3배로 확대되어, 90억 달러의 규모를 자랑한다. 일본에서는 오랫동안 주목을 받지 못했지만 최근 소니의 EMS 참가를 계기로 일본에서도 논의가 시작된 것으로 보인다.

EMS는 전형적인 개방적 수평분업형 모델이다. 전 세계적으로, 특히 미국에 있어서 EMS의 영향력은 대단히 크며 IBM, 델, HP, 에릭슨, 시스코시스템즈 등 컴퓨터 통신기기 업체는 대부분의 공장을 EMS에 매각해 '제조업체가 아닌' 상태가 되었다. 그들은 제품개발, 기술개발 등의 기획, 부가가치 서비스에 특화하고 제조는 이미 모두 EMS에 아웃소싱하고 있다.

일본 같이 폐쇄적 기업간 관계에서는 OEM과 EMS의 차이를 이해하기 쉽지 않다. OEM은 원청과 하청 모두 상호의존율이 높으며 원청·하청관계 자체가 폐쇄적 관계가 기본이다. 한편 EMS는 상호간의 경쟁력 강화를 위해 개방적 기업간 관계가 필요하다는 인식에서 특정 기업에 대한 의존율을 20퍼센트, 30퍼센트 등 상한을 결정해둔다. 이것은 집중의존에 의한 리스크가 줄어드는 이점도 있지만 EMS가 OEM보다 다시

---
* OEM(Original Equipment Manufacturer) 업체의 설계에 따라 자신의 생산설비를 이용해 전자 제품 제조 및 납품을 일괄 제공하는 제조 전문 업체.

그림 1-3 EMS 매출 규모의 확대

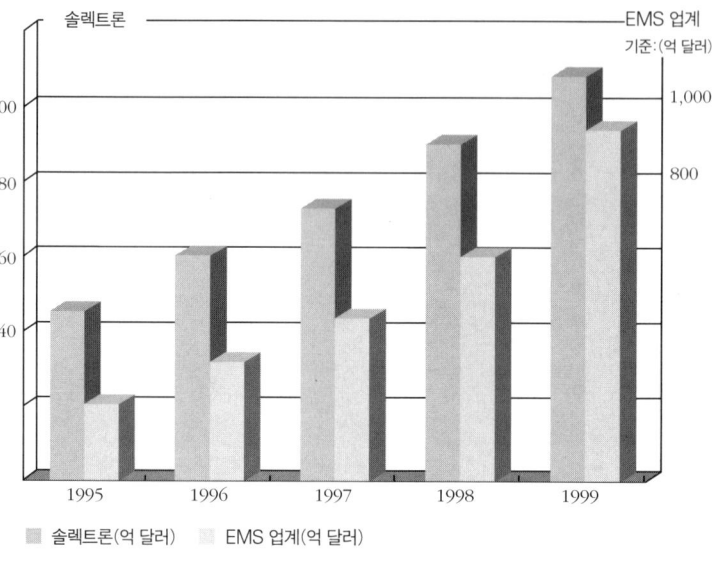

말해, 폐쇄적 기업간 관계보다 개방적 기업간 관계의 경쟁력이 높아지기 때문이다.

　어째서 개방적 기업간 관계를 하는 EMS가 폐쇄적 기업간 관계보다 경쟁력에 있어 뛰어나다고 할 수 있는 것인가? 이것은 '오픈'을 이해하는데 있어 매우 중요하다.

　개방적 기업간 관계를 통해 다수의 기업과 거래함으로써 얻는 이득은 다음과 같다.

　첫째, 하청기업의 지위에 만족하지 않고, 자사의 미래의 가능성을 높이기 위해 성장의욕과 개혁 노력이 지속적으로 이루어진다.

둘째, 생산량이 확대돼 규모의 경제가 작용한다.

셋째, 다양한 안건을 처리하는 것에 의해 다양한 노하우가 축적된다. 특히, 서플라이체인 매니지먼트나 설계·제조에 관한 노하우를 쌓는 데 도움이 된다.

넷째, 복잡한 요구에 대한 대응력이 향상되는—특히 모듈&인터페이스 방식의 도입에 의해—등의 이점이 생겨나기 때문이다. 이러한 대응력은 흔히 폐쇄적 기업간 관계가 더 높을 것으로 생각하지만, 실은 이것을 모듈&인터페이스를 도입하는 것에 의해 보다 수준 높은 대응이 가능해질 것으로 보고 있다(3부에서 자세하게 고찰한다).

실리콘밸리를 중심으로 하는 하이테크기업군에서는 아웃소싱하는 대상이 제조에 한정되지 않고, 설계업무를 제공하는 기업, 의장디자인을 제공하는 기업, 마케팅기능을 제공하는 기업, 전략기획을 제공하는 기업(컨설팅이라는 이름으로 과거부터 존재하고 있지만 역시 큰 기업에 집중되는 경향이 있다), 간접업무(경리, 기업자산관리, 인재채용, 연수, 법무, 재무) 등 하나의 기능을 전문으로 하는 기업이 잇달아 출현하고 있어, 머지않은 장래에 과점화가 진행될 것으로 예상된다. 직접업무든 간접업무든 또는 특수한 업무든 그것을 보다 높은 레벨에서 보다 저비용으로 실행하는 곳이 존재한다면, 업무는 더욱 한 기업에 집중되는 구조를 이룬다.

TOSE 도세

교토식 기업 케이스 스터디

수탁(受託) 전문 게임 개발업무

도세는 전 대표이사가 설립한 ㈜도아세이코(Toaseiko)의 핵심 부문으로, 사이토 시게루 사장이 입사한 후에 분리 · 독립하는 형태로 설립되었다. 애초에는 업무용 게임기를 중심으로 자사에서 제조와 판매를 하고 있었다. 게임업계는 매년 발매되는 1,000여 개 제품 가운데 히트로 이어지는 것은 수십 개에 불과할 만큼 리스크가 커, 그것을 관리하는 것이 업계의 주요과제였다.

닌텐도(任天堂)가 ROM 카트리지를 사내생산하기 시작하면서부터 수탁 개발 전문으로 전환하여 창업자인 사이토 회장의 '거래의뢰가 들어오면 거절하지 말라'는 지시를 충실히 따라 특정 기업의 하청만 맡지 않고 다수의 메이커와 거래하게 되었다.

현재 닌텐도, 스퀘어에닉스 등 큰 게임소프트 회사 대부분의 게임개발을 수탁받고 있다. 이전에는 중간 거래 담당회사를 경유한 수주가 대부분이었지만, 거래처가 일부 기업에 치우치는 폐해가 드러나 중간 거래 비율을 줄여 현재는 40퍼센트 이하 수준에 이르고 있다. 최근에는 게임개발과 함께 전문기술력을 살려, i모드 중심의 휴대전화용 컨텐츠의 기획 및 개발 의뢰도

받고 있다.

회사설립 이래 적자결산은 단 한번도 없었으며 무차입 경영을 계속해 1999년에는 도쿄증시 1부 상장에 성공했다. 2001년 8월 현재, 정사원 229명, 매상은 약 32억 엔, 당기 순이익은 약 4억엔 정도다. 1993년에는 낮은 임금의 우수한 프로그래머를 확보하기 위해 중국 상하이에 동성연건유한공사(東星軟件有限公司)를 설립해 해외진출도 시작했다.

수탁 전문의 흑자전략

도세의 수탁 전문 흑자전략은 일반적인 하청기업과는 뚜렷하게 달라, 제조에 있어서의 EMS에 해당한다고 말할 수 있다. '최종제품 업체로는 진출하지 않는다', '다수의 기업과 거래한다' 등을 회사의 방침으로 삼아 그대로 지켜왔다.

일반적인 소프트웨어 개발업체는 어느 정도 성장하면 최종제품 메이커를 목표로 하지만, 뜻대로 잘 되지 않는 경우가 많다. 그러나 도세는 흑자기업의 자리를 철저히 지켜왔다. 그 때문에 폐쇄적인 닌텐도와도 대등한 관계로 거래를 이어올 수 있었다. 게임업계는 우수한 인재의 이동이 많아 유동성이 높았기 때문에 EMS가 발전할 기본적인 토양이 만들어져 있었다. 또한 "도쿄였다면 접대 골프로 주말은 언제나 날려버렸을 겁니다. 하청기업화하려는 압력도 컸겠지요."라고 사장이 직접 밝히듯, 교토에 정착했던 것이 다행이었다 할 수 있겠다.

많은 기업과 거래가 있으면 충분한 업무규모를 확보할 수 있기 때문에 개발에 있어서도 모듈화가 가능하다. 음악이나 디자인 등의 자료실, 개발환경에 관한 플랫폼도 정비되어 이들의 활용을 통해 다양한 사업전개가 가능하다. 고가의 그래픽 처리 시스템도 도입이 가능해진다. 고객으로부터 제공되는 개발 툴과 함께 자사에서도 툴을 개발하여 효율을 높이고 있다. 흑자경영을 철저히 시행하기 때문에 코어기술에 특화하는 것이 가능해진다.

애초에는 제품의 전략이나 기획과는 거리가 먼 영역에 있었지만 점차 고객끼리를 연결하거나 하나의 아이디어를 다양한 비즈니스에 활용 가능하도록 하는 프로듀서로서의 기능이 부가되었다. 게다가 많은 회사와 거래를 하므로 최신 정보를 입수할 수 있어 '도세에 가면 다양한 정보를 얻을 수 있다'는 이미지까지 획득했다. 다양한 노하우가 축적된 결과, 고객과의 신뢰감도 더욱 커져 기획을 포함한 전략적인 영역에도 발을 디디게 되었다. 이것은 미국의 EMS 기업에서도 볼 수 있는 흐름이다.

이와 같이 거대 소프트웨어 메이커와 경합하지 않고 중립적인 입장에서 거래해, 고객기업에게도 라이벌이라는 이미지를 주지 않았다. 신용제일, 고객정보 관리 철저, 흑자운영 등 기업으로서의 신뢰성을 최고로 여기고 행동해온 결과이다.

게임 개발에 '관리'를 도입

게임개발회사는 그 특성상 일반적으로 관리에 취약하다. '창조성은 관리가 없는 곳에서 발휘할 수 있다'는 생각이 뿌리 깊었기 때문에 애써 관리하지 않았고, 그런 풍조가 게임개발회사의 일정 규모 이상의 성장을 방해하고 있었다. 그러한 시장에 6S(정리, 정돈, 청결, 청소, 작법, 예의범절)*를 중시하는 관리를 도입한 것이 도세며 그것은 게임개발업계에서 지극히 이례적인 것이었다.

동사가 아직 소규모이며 관리를 싫어하는 동종업계의 체질에도 불구하고, 이미 계층구조의 조직이 확립되었다. 인간성에 의지하거나 조직화를 부정하는 관리는 하지 않는다. '카리스마가 통용되는 것은 초등학교 1학년까지. 그 이상은 계층구조가 필요하다'는 인식을 바탕으로, 사장은 권한을 위양하고 예외 업무의 처리에 집중하게끔 하였다.

일본품질학회의 연구조사 대상이 되기도 한 도세의 프로젝트 매니지먼트 체제는 매우 높은 평가를 받고 있다. 앞으로는 표준화된 체제를 베이스로 인건비가 싼 중국으로 본격적으로 진출하여 오퍼레이션을 확대해 코스트 삭감에도 도전하려는 자세를 보이고 있다. 게임소프트웨어는 인건비가 개발원가의 90퍼센트를 차지하기 때문에 비용절감을 통해 기획력이 더욱 발전할 수 있을 것으로 보인다.

이러한 환경 속에서 '창조성 관리'에 대한 반발이 없는 인재만을 채용하는

*———
6S의 항목 모두 일본어에서는 S발음으로 시작되므로 6S로 명명한 것임(역주).

방침을 세워, 장기간 아르바이트를 한 후에 입사하게끔 하므로 인재선별이 매우 잘 기능하고 있다.

사내 활성화

도세에서는 리더십, 수준 높은 전문기술, 화합 등을 사원에게 요구한다. 이것은 사원에게 자립성과 차별성을 요구한다는 뜻이다. 교토에는 타인의 흉내를 내지 않는 전통이 있다. 사이토 사장은 교토가 역사적으로 타지역 정보가 직접 전달되지 않았기 때문에 다양한 가능성을 고려하는 토양이 존재했다는 점을 성공요인의 하나로 꼽고 있다. 그러한 우수한 사원들이 '화합'이라는 깃발 아래 협업을 진행시킬 수 있는 것이다. 회의가 끝나면 반드시 정보공유 시간을 마련해 전체의 협조를 꾀하고 있다.

아르바이트생의 적극적인 채용을 실시하며 학력을 따지지 않고 능력과 실력이 있는 사람은 아르바이트에서 계약사원, 정사원이 될 수 있다. 사내 상황을 숙지한 후의 정규사원 채용이므로 사원의 정착률이 높아 지금까지의 퇴직자는 10명 미만에 불과하다. 퇴사한 사원이 다시 돌아오는 경우도 있다. 평가에 관해서는 차이가 분명해, 이익액을 바탕으로 연령에 관계없는 실력주의 평가를 실시하고 있다. 사원 사기를 높이기 위해 독자적인 제안제도와 스톡옵션도 도입되어 있다. 주식상장도 자금조달이 목적이라기보다는 '이대로는 사원들 사이에 긴장감이 사라져 버린다'는 위기감에서 사원들의 의식개혁을 위해 이루어진 것이라고 한다.

유통에 있어서의 수평전환

시장의 개방적 수평화의 흐름은 하이테크산업 뿐만 아니라 모든 곳에서 보편적으로 발견되며, 또한 진행 중이다. 서민들의 생활에 밀접한 소비재의 유통을 들어 생각해 보자. 불과 20년 전만 해도 고기는 정육점, 야채는 야채가게, 생선은 어물전에서 팔았다. 또한 가전제품은 예를 들어 마쓰시타전기의 판매점인 '내셔널 숍'에서 구입하는 것이 가장 일반적이었다. 이것은 아시아 각국에서는 여전히 자주 발견되는 형태이다. 이른바, 공급자 측의 기업이 상품의 판매를 위해 독자적으로 유통을 개발·유지하며 또한 유통에서 영향력을 유지하고 있는 것이다. 이른바 공급자 측의 논리와 그 지배력에 따라 일반적으로 가격은 비싸며 서비스의 질은 떨어지는 상황이 일어나기 쉽다.

일본에서는 다이에(Daiei)로 대표되는 일반유통업자가 나타나 소비자의 요구를 대변함으로써 소비자의 강한 지지를 받아 급성장했다. 일반유통업이 성장하는 것은 다음과 같은 구조적 우위를 가지기 때문이다.

- 소비자가 필요로 하는 수많은 종류의 제품을 한 번에 한 장소에서 구입할 수 있다.
- 소비자가 다양한 메이커의 제품을 비교하여 구입할 수 있다.
- 위의 사항에 의해 경쟁원리가 작용하게 되어 품질향상과 가격저하가 일어난다.
- 유통에서의 규모의 경제가 작용해 비용절감(재고관리, 배송, 구매

등), 가격인하가 일어난다.
· 마케팅이나 머천다이징을 전문적으로 실시하므로 마케팅 노하우
  가 강화되어 판매가 촉진된다.

그림 1-4는, 왼쪽의 제조-유통-소비자의 관계가 그림 아래의 개방적
수평형 I 로 발전하는 단계를 보여준다.

그림 1-4 기업간 관계의 발전형태의 차이: 폐쇄적 수직 vs 개방적 수평

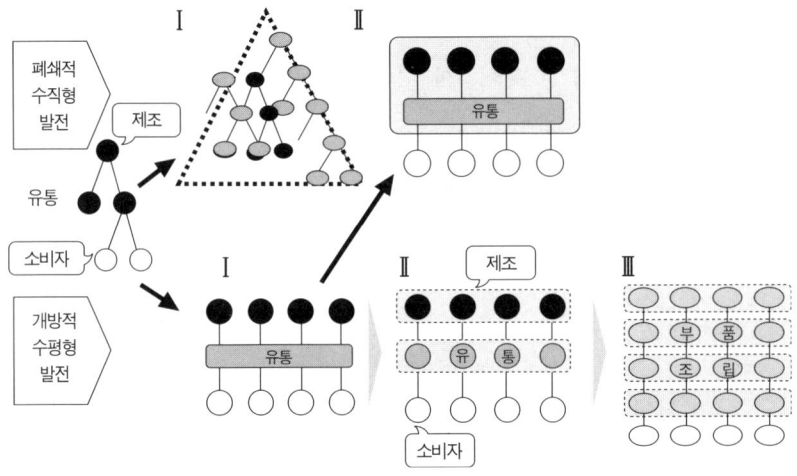

이 과정에서 유통의 지배력이 메이커에서 유통업자로 이동하므로
유통을 계속 지배하려는 메이커기업과 신흥유통업자 사이에 알력이
발생하는 경우도 있다. 예를 들면, 다이에와 마쓰시타 전기는 1964년

에 거래를 정지한 후 1996년에 거래를 재개할 때까지 32년간 반목한 채로 지냈다.

이러한 형태는 진화를 거듭해, 복수의 독립적인 유통업과 복수의 메이커업체의 대등한 거래를 통해 공평·공정한 경쟁을 실시하는 '개방적 수평형 발전 Ⅱ'(그림 아래)로 이행된다. 일본의 소비재 산업은 현재 이러한 구조가 성립되려 하고 있지만 여전히 인간관계 유지를 중요하게 생각해 접대, 리베이트 등의 습관이 남아 있고 특정 기업과의 관계가 강하다. 완전한 개방적 수평 관계까지 이르려면 시간이 걸릴 것으로 보인다.

개방적 수평의 관계가 제조의 내부까지 진행되고, 다양한 부품이나 조립까지 개방적 수평구조가 진행되면, '개방적 수평형발전 Ⅲ'의 관계로 이행된다(이러한 구조전환에 대해서는 촉진요인과 저해요인을 포함하여 3부에서 자세하게 살펴보기로 하자).

경우에 따라서는 개방적 거래관계가 폐쇄적 관계로 퇴보하기도 한다(그림 위의 '폐쇄적 수직형 발전 Ⅰ'). 이것은 유통이 제조를 지배하에 두어 자신의 기업 규모를 확대하려고 하는 것이다. 유통의 프라이빗 브랜드를 늘리고 제조회사를 소유하여 종합그룹을 형성하려고 하는 경우를 예로 들 수 있다.

일본이나 한국, 중국 등의 아시아에서는 폐쇄적 수직인 관계로 발전하기 쉽다. 그림 윗부분의 '폐쇄적 수직형 발전 Ⅰ'로 표현되는 계열이나 재벌그룹이 전형적인 예이다. 특정 인간관계를 중시해 외부자가 자신의 영역에 비집고 들어오는 것을 싫어한다. 관계를 맺고 있는 내부인에게는 친절하고 외부인에게는 엄격하게 대하는 것을 좋게 보는 가치관은, 기존의 인간관계를 안정적으로 유지하는 데에는 좋지만 신규진입이 어렵기 때문에 변화나 혁신, 즉 경쟁이 발생하기 어려운 특징을 가지고 있다.

유통의 플랫폼을 장악하면, 다양한 상품을 연속적으로 판매할 수 있게 된다. 유통을 통해 판매정보의 수집이 시작된다. 이러한 '무엇이', '누구에게', '언제', '어떻게' 팔리는가의 정보를 효과적으로 관리하여 상품개발, 상품발주, 판촉수단 등에 활용하면 발전가능성은 무한해진다. 또한, 상품구성을 늘리는 데 있어 이러한 정보를 활용하고 현재상황이 가지는 장점(현재의 제품구성, 고객의 특징, 자사의 이미지 등)을 인식한 다음, 현재 상황의 가치를 활용하는 형태로 전개함으로써 사업의 확실한 수직전개가 가능해진다.

제약 · 의료 산업에 있어서의 기능분해

제약 · 의료산업에 있어서의 언번들링에 대해서는, 『제약 · 의료산업의 미래전략(네고로 다쓰유키 · 오가와 사치요, 동양경제신보)』에 자세히 설명되어 있으므로 그 내용을 인용해가며 소개하도록 하자.

이 책에서 저자는 다른 산업처럼 제약 · 의료 산업에서도 '모든 기능을 자사 내부에 보유할 필요가 있다'는 전제가 무너지고 있다는 것, 또한 제약업계에서는 바이오벤처나 CRO(의약품 개발업무 수탁회사), CSO(의약품 판매업무 수탁회사) 등의 기능을 아웃소싱하여 의약품을 시장에 투입할 수 있게 된 것을 지적하고 있다.

예를 들면, 종래의 제약회사의 차별성은 세일즈맨의 질과 양에 의존한다고 여겨졌다. 그들은 영업활동과 동시에 의약품의 전문정보를 제공했다. 그러나 이제는 인터넷을 통한 정보제공이 급속히 진전되고 있다. 예를 들면 마이미디어 프로(소니커뮤니케이션 네트워크의 의료정보제공사이트)는 모든 정보를 집약하여 의사들에게 제공하고 있는데 사이트의 수익은 제약회사의 광고로 얻는다. 이렇게 하는 편이 보다 정확, 신속, 풍부한 정보를 얻을 수 있는 것은 분명하다.

미국과 유럽에서는 이미 각 기능의 분화가 진행되고 있지만, 1982년에 창업한 미국의 퀸타일즈(Quintiles)는 자사브랜드를 가지지 않는 의약품 관련 업무수탁회사 중에서는 세계 최대이며 모든 제약회사로부터 의약품의 수탁개발과 판매를 하청받고 있다. 퀸타일즈의 임상개발비는 동종업계에서 세계 10위권에 들어간다.

이 밖에도 특히 인터넷의 활용을 통한 사업으로 출현하고 있는 벤처기업은 모두 하나의 기능에 특화하고 있으며 앞서 이야기한『제약·의료산업의 미래전략』에는 수많은 사례가 기재되어 있으므로 특히 업계 관계자 분들께는 일독을 권하고 싶다.

B2B 마켓플레이스 등장에 의한
수평 전환의 가속

폐쇄적 수직형의 일본식 기업간 거래

　최근 일본에서도 인터넷 B2B 마켓플레이스가 대두되고 있다. B2B 마켓플레이스에 의해 기업의 개방적 수평화가 한층 더 가속화될 것으로 예측되고 있다.

　B2B 마켓플레이스란 인터넷에서 제품이나 서비스의 제공기업과 그 유저 기업이 한곳에 모여 거래를 실시하는 가상시장이다. 인터넷이 가지는 시간과 공간을 뛰어넘는 특성에 의해, 많은 기업이 모일 수 있으므로 유동성이 증가하고 시장이 활성화되어 수요자와 공급자 모두 이익을 얻을 수 있다. 표 1-2와 같은 사이트가 유명하지만, 그외에도 무수한 사이트가 생겨나고 있다.

표 1-2 일본의 e마켓플레이스 사례

사이트명	운영주체
건설업계	
construction-ec.com	주식회사NTT데이터, 가고시마건설주식회사, 시미즈건설주식회사, 다이세이건설주식회사, 주식회사 다케나카공무점 등
Casa Navi	아사히카세이
housestore.co.jp	카사나비(워크엔드홈즈와 아사히카세이의 자회사)
가고시마켄치쿠이치바	전국150개사 「가고시마 건설시장」을 축으로 한 중소건설업자의 네트워크. NTT콤, 알파프라임 등과 업무제휴
C-PAS	니프티
KISS(건축정보서비스)	사단법인 일본건재산업협회
e-wood	e-wood섹터
KENZAI-NET	미쓰이물산
기겐이치바	기겐시장
크레인나비	다다노
CMnet	씨엠넷
식품업계	
구루나비 pro	구루나비
푸즈인포맷	ICG재팬㈜, 미쓰비시상사㈜, 미쓰이물산㈜, 산와캐피털㈜ 등이 주주
Fish ON LINE	엠파이어스재팬
Food-Net	풋넷
가시 · 빵 한죠넷	비비넷, 치요다물산
푸즈마켓	디지털마켓
Foodcommerce	풋카머스
아그리프랏토	e-아그리
쇼쿠힌온라인	버티컬넷
쇼쿠도우라쿠	에버비전
어패럴업계	
STOCK-NET	
Trend Index	
고로모 닷컴	온워드가타야마, 산요상회, NTT-x 등이 신회사를 설립

이토이토닷컴	이토추상사
파숀마칭그프레이스	월드크리에이티브라보
인터어패럴	인터어패럴
사이버 · 재팬 · 크리에이션	오사카섬유리소스센터
어패럴웹	어패럴웹
자동차업계	
JNX	재단법인 일본자동차연구소 JNX센터
ANX	
코비신토	포드, GM, 다이믈러 · 크라이슬러, 닛산자동차, 르노
전자업계	
비비에레닷컴	비비에레닷컴
에레크레도	圖硏
e2open.com	이투오픈재팬
DEVICE-AUCTION.com	CSK · 일렉트로닉스
ELISNET	엘리스넷
Global Trade	글로벌 트레이드
세미컨덕터온라인	버티컬넷
칩원스톱	칩원스톱
클레버월드넷	클레버텍
한도타이이치바	포털
에레나비	마루베니솔루션
e-세미콘트레드	알스넷
철강업계	
도쿠슈고사이바마켓 (텟창)	미쓰비시상사
고우자이닷컴	고우자이닷컴
스마트온라인	미쓰이물산, 미쓰비시상사, e-STEEL., 닛쇼이와이, 도요타통상 등
한와스틸 닷컴	한와흥업
메탈사이트 재팬	일본메탈사이트
e-STEEL	테크노링크
인쇄업계	
프린트마켓	프린트마켓사무국

프린트프레스	Print Press office
베이츠보닷컴(종이거래)	이비스트레이드
운수업계	
마린넷	이토추상사, 가이지프레스사, 쇼우센미쓰이, 가와사키기선, 히다치제작소, 후지쓰
글로벌 플레이트 익스체인지(GF-X)	영국항공, 루프트한자, 스위스항공 등 유럽의 10대 항공사가 참가. 참가기업간의 정보시스템(EDI)를 운용해, 화물추적 등에 활용
e-TReX	이트렉스
에코로지컴	에스티아이
토라박스	토라박스
플래닛온라인시스템	플래닛
로지스틱온라인	버티컬넷
Canoppy Net	캐논 판매
에너지업계	
리싸이클원(산업폐기물)	리싸이클원
EC-OIL(석유)	이씨컴
e-OCN.com(석유)	이토추상사, 스미토모상사, 마루베니, 미쓰이물산, 미쓰비시상사, 닛쇼우이와이, 쉘재팬트레이딩 등
재팬이마켓(전력)	도쿄전력, 간사이전력, 주부전력 등 중심
재팬파워익스체인지(전력)	재팬파워익스체인지
니혼리싸이클교와코쿠(전력)	HIRANO OFFICE CREATION
eCubeNet(전력·가스 등)	이큐브넷닷컴
의료·화학업계	
e-GR(의료)	주오의과기계
이야쿠온라인(의료)	버티컬넷
ChemCross.com(화학)	미국 ChemCross.com
Commerx PlasticNet(화학)	미국 Commerx PlasticNet()
Elemica(화학)	미국 Elemica Holdings
The World Chemical Exchange(화학)	미국 ChemConnect
PolyesterChip.com(화학)	미쓰이상사
e-Chemicals(화학)	e-Chemicals

재고처분계열	
이이자이코닷컴	이토추상사, 미쓰이물산, 오릭스그룹, 도쿄해상그룹
오사가시닷컴	이시데이즈닷컴
온라인게키야스돈야	라쿤
자이코빗토	하프웨이인터내셔널
J-Surplus.com	제이서플러스닷컴
싸이토마켓	싸이트마켓
스톡쿠넷	스미킨물산
MRO조달계열	
x-plaza	후지제록스
SupplyMART	후지쓰
이이코우바이닷컴	이이코우바이닷컴
.com Co-buy	NTT커뮤니케이션즈
오더잇	NTT데이터 · 오피스마트
프레오마트	프레오마트
ASKUL B2BMART	아스쿨
expr.co.jp	이엑스프레스
벤리넷	고쿠요
비즈넷	비즈넷토
다노메일	오오쓰카상회

출처: 사사키 노리유키 『eMP로 보는 최신 EC 동향』

　　일본의 기업간 거래의 특징은 계열로 대표되는 폐쇄적 수직형이다. 각 기업은 계열 등 장기적, 고정적인 관계를 형성하고 이것을 중시해 원칙적으로 해당 기업과 폐쇄적인 거래만을 해왔다. 외부 기업이 이 관계에 비집고 들어가 거래하는 것은 매우 어려웠다.

　　1980년대에 발생한 미국산 자동차부품 수입문제 등 미일간의 통상

문제로 발전한 케이스 등이 있어 외국기업에 대한 폐쇄성이 지적되어 왔지만 일본은 국내 다른 기업에 대해서도 폐쇄성을 보인다. '거래계좌를 트는' 일 즉, 거래관계를 가지는 것 자체가 매우 힘들었고, 이는 거꾸로 말하면 거래계좌를 만들어 거래를 개시하는 것 자체가 납품업자에게 있어서는 큰 성공이라 할 수 있었다. 그러나 납품업자는 상하의 인간관계를 유지하기 위해 부단한 노력을 하지 않으면 안 된다. 이러한 형태는 거래내용이 단순해지고 거래관계가 보증되는 장점을 가진다. 그 반면에 비합리적인 요청을 거절하는 것이 불가능하여 비즈니스와는 전혀 관계 없는 일을 강요당하기도 한다. 이러한 하청업자 괴롭히기(下請 harassment)는 비인간적인 측면도 가지고 있으며 현재에도 드문 일이라고 할 수는 없다.

고정적인 관계가 선호되는 요인으로는 우선, 신규거래를 시작하려면 큰 비용이 발생하는 점을 들 수 있다. 자신의 요구와 딱 맞는 새로운 거래상대를 탐색하는 데는 비용이 들며 계약을 조정하더라도 비용이 발생한다. 계약 성립 후에도 상대가 제대로 계약을 이행하고 있는지 즉, 제품은 정시에 도착되는지, 품질은 유지되는지, 결제는 정확히 이루어지는지 등 신용에 관한 불안요소가 판매자와 구매자 간에 존재한다. 이러한 문제가 한번 발생하면 해결에는 막대한 추가비용이 발생한다. 그 때문에 신규거래를 회피하고 장기적이고 고정적인 관계가 선호되고 있다고 볼 수 있다.

그러나 그 속을 들여다보면, 판매자는 거래를 포위하는 것을 통해 동료의식을 발생시킬 수 있으며 업무를 명시화하는 노력을 줄일 수 있다.

다시 말해, 업무설명을 새롭게 안 해도 되기 때문에 기존의 보조관계를 유지한 채로 업무를 진행할 수 있으며 비합리적인 요구를 할 수도 있다. 아마도 그것이 좋은 서비스라고 생각하는 것일 것이다. 경직적인 관계가 계속되면 비용이나 품질향상에 대한 의식이 희미해지거나 리베이트나 백마진 등 '거래' 가 이루어지곤 한다. 또한 폐쇄적인 관계에 의해 거래가 성립되므로 외부 정보가 전달되기 어려워 건전한 변화가 이루어지기 어려운 단점도 존재했다.

새로운 요소를 부가해 경쟁을 의도적으로 촉진시키고자 하는 의도가 없고, 의리와 인정을 바탕으로 한 특정 상대와의 폐쇄적인 관계를 좋은 것으로 보는 가치관에서는 판매자와 구매자 모두 신규참가자를 배제하고, 고정적인 공동체를 형성·유지하려고 하는 것은 당연한 행동이다. 비경쟁주의의 사회에 있어서는 이것이 지극히 합리적인 판단이라고 할 수 있을 것이다.

고도성장기의 지속적인 경제성장 중에는 이러한 관계가 잘 기능했다. 물건을 만들기만 하면 팔리는 상황에서는 대량생산을 위해 결함품이 없는 안정적인 공급이 필요했다. 신용관계의 구축이 어려운 사회상황, 부품메이커 등 납품업자의 경영이나 품질보증에 확증이 없고 모회사의 지도가 필요한 경우에는 이렇게 긴밀한 관계가 매우 유효했다.

개방적인 거래관계로 이동하는 시대적 흐름

그러나 사회기반이 확립되고 경제가 성숙해져 소비자의 취향이 다양화되면 다수의 거래처와 거래하고자 하는 유인이 커진다. 경쟁을 통해 전체를 활성화시키는 것이 필요한 현재, 이러한 폐쇄적 관계는 일본기업의 경쟁력을 약하게 만드는 큰 요인이다. 그러나 그와 동시에, 비효율적인 구조의 청산이 강력한 디플레이션 압력으로 존재하고 있다고 말할 수 있을 것이다.

지금까지의 경직적인 관계를 넘어 거래마다 판매자와 구매자가 대등한 관계로 자유롭게 교섭하여 자신에게 가장 적합한 상대와 거래할 수 있다면 일시적인 비용이 발생할 수는 있지만 양자에게 큰 이득이 될 것이다. 새로운 고객층을 개척하려고 노력하는 판매자가 보다 많은 보상을 받게 된다. 구매자도 보다 저비용으로 제품을 구입할 수 있다.

그러기 위해서는 다수의 판매자와 구매자가 참가하는 마켓의 존재가 필요하다. 지금까지는 이러한 마켓이 존재하지 않았으나 인터넷의 출현에 의해 저비용으로 다수의 참가자를 모으고 매칭하는 것이 가능해졌다. 그것이 B2B 마켓플레이스다.

그러나 이러한 마켓이 출현하더라도 금세 다수의 판매자나 구매자가 참가할 수 있는 것은 아니다. 지금까지 직접 대면하며 거래하던 상대와는 달리, 불특정 다수와의 거래에서는 거래상대에 대한 신용보증이 해결되지 않으면 발전은 한정된다. 또한, 물류나 결제 등 매매에 부수되는 업무에 일일이 조건이나 가격을 교섭해야 한다면 힘만 들뿐 큰 매력을 느끼기는 어려울 것이다.

이에 B2B 마켓플레이스에서는 이와 같은 문제를 해결할 수 있는 다양한 기능을 정비함으로써 시장의 편리성과 유동성을 촉진하고자 한다.

앞서 밝힌 것과 같은 신규거래에 수반되는 비용의 발생(새로운 거래상대의 탐색, 조건교섭, 계약체결, 품질보증, 확실한 결제, 물류 등)을 경감시키고자 하는 것이 B2B 마켓플레이스의 중요한 역할인 것이다. 예를 들어, 대표적인 B2B 마켓플레이스인 커머스 원(COMMERCE ONE)에서는 상대편 기업의 상황에 대해, 제3자 기업에 의한 거래처 기업의 여신상황이나 제품에 대한 평가가 이미 제공되고 있다. 또한 결제, 물류, 인증, 보험 등의 서비스도 제공되고 있다.

이는 각 기업들이 개별적으로 대응하는 것보다 특화하여 개방적 수평적으로 기능을 제공하는 기업에 의존하는 것이 보다 효율적이라는 증거다. 이러한 기능은 모두 공급자가 수요자에게 컨텐츠를 제공하는 시장에서 보편적으로 필요한 기능이며 집약하는 것의 이점이 크다. 단, 특정 기업이 시장을 독점하면 혁신이나 진화가 정체되므로 언제나 몇 개 회사가 경쟁하며 그것을 유저가 자유롭게 선택할 수 있는 상황이 바람직하다.

B2B 마켓플레이스 간 경쟁력의 차이는 이러한 간접서비스의 우열과 관계가 깊다. 다수의 판매자와 구매자가 참여해 거래가 이루어지면 다양한 기능이 확충된다. 편리성이 높아지면 참가자가 더 증가하고 유동성도 증대된다. 유동성이 증대되면 제공되는 기능도 충실해지는 선순환이 이루어진다. 각 마켓은 경쟁적으로 이러한 기능의 확충을 위해 노력하고 유동성의 증대 또한 마켓의 경쟁력 향상으로 연결되어 과점적인 움직임이 나타나게 된다. 즉, 플랫폼의 승자독식 메커니즘이 여기에서도 작용하는 것이다. 이러한 경향은 인터넷에 의해 정보의 완전화가 진

행되어 소비자가 모든 정보를 손에 넣을 수 있게 되면 더욱 더 가속화될 것이다.

승자독식의 현상은 인터넷이 가져오는 정보의 완전성과 입소문에 의한 전달력 증대에 의한 요인도 크다. 소비자의 이익을 최우선시한 결과로서의 승자독식에도 유의해야 한다. 그것이 부당한 이익을 올리고 있다면 기업연합이나 시민연합이 형성되어 대항세력의 단결이 일어나며 (자바, 리눅스), 소비자에게 도움이 되지 않는다고 판단되면 독점금지법의 대상이 된다(MS소송).

'2~4개사가 명시적인 공통의 기반으로 기술혁신과 비용절감을 위해 계속 노력하여 결국 유저에게 이익을 가져온다'는 경쟁이념은, 개방적 수평전략의 근저를 이루는 것이며 지극히 중요하다. 그리고 이것은 일본과 미국의 사회 및 시장구조의 결정적인 차이점 중 하나라고 해도 좋을 것이다.

그림에서 볼 수 있듯 일본에서의 폐쇄적 기업간 관계는 고정적·폐쇄적인 관계를 바탕으로 한 공동체적인 구조가 배경에 있다. 이 때문에 업무는 의도적으로 특수한 것, 애매한 것으로 인식되며 그로 인해 신규진입자에게는 엄격하게 대하면서 내부적으로는 결속을 다져간다. 이런 상황에서 표준화와 같은 '명시적 공개'는 좀처럼 이루어지지 않는다.

한편, 미국을 대표로 하는 개방적 기업간 관계에 관한 철학은 언제나 멤버를 바꿀 수 있다는 의식, 즉 경쟁을 전제로 모든 것이 진행된다. 구매자와 판매자 모두 서로 과도한 의존을 피하고, 특정 회사에 대한 의존율이 30퍼센트를 넘으면 그 비율을 낮추기 위해 노력한다. 이렇게 다수의 기업과 관계를 맺고 있는 환경에서는 자사 내의 표준화는 물론, 업계 내에서의 표준화 역시 실시하기 쉬워진다.

그림 1-5 기업간 관계의 미일 비교 : 폐쇄적 vs 개방적

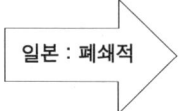

● 파트너의 변경·교환은 기본적으로 없으며, 상호공동체적인 장기적 관계를 중요시한다.

● 업무과정을 명시화할 필요가 없어 암묵적인 지식과 습관 등의 불문율을 바탕으로 활동한다.

● 필연적으로 각각의 회사, 그룹, 업계 등에서 독자적인 룰과 습관이 발달하기 쉽다. 따라서 표준화 활동이 진전되기 힘들다.

● 파트너는 3, 4개사 정도로 한정하지만 명확한 평가기준을 설정하여 공평하게 평가한다(평가결과가 나쁠 경우에는 다른 기업으로 바꾸는 것을 전제로 한다).

● 의존율을 서로 20~40퍼센트 정도로 유지하여 지나치게 의존하는 것을 피한다. 또한, 타기업으로부터의 기술 습득을 기대한다.

● 파트너 기업에 대해서는 목표코스트, 목표스케줄 등의 기밀정보를 교환하여 명문화된 내용 이상으로 협조적이고 장기적인 개선활동을 실시한다.

● 교환을 전제로 하므로 표준적인 프로세스를 모색하는 경향이 강하다.

미국의 B2B 마켓플레이스는 개방적인 기업간 관계를 반영하듯 완전히 개방적이며 시장의 운영주체도 객관적인 제3자가 담당하고 있다. 거래 목적도 신규거래처 개척과 구매비용 절감이다. 그러나 일본은 계열거래의 영향이 남아있어서 기존의 거래주체를 중심으로 이루어지고 있으며 그 목적 역시 기존의 거래업무를 B2B 마켓플레이스로 옮겨 거래비용을 줄이려는 경우가 많다. 이 정도로는 20년 전부터 실시되고 있는 EDI(기업간 정보교환의 전자화)와 큰 차이가 없다. 따라서 일본의 경우는

마켓플레이스라기보다는 단순한 거래라고 해야 할 것이다. 최근에는 재고품 처분을 위한 개방적인 마켓플레이스가 등장하는 등 오픈 형태가 나타나기 시작하고 있어 조금씩 개방적인 관계로 바뀌는 방향으로 움직이고 있다.

미국의 B2B 마켓플레이스에는 편리성을 높이는 다양한 기능이 추가·확충되어, 참가하는 판매자기업과 구매자기업이 점점 더 증가할 것으로 보인다. 그러한 경향이 빠른 속도로 일본에도 전파될 것으로 보인다. 그 결과 지금까지의 폐쇄적인 수직적 기업관계에서 개방적인 수평적 기업관계로의 변화가 필연적으로 요구될 것으로 보인다. 즉, 계열·수직 구조의 붕괴가 급속히 진행될 수도 있다.

교토식 기업은 이 흐름을 파악해 이미 대응체제를 마련해 놓았다고 할 수 있다.

개방적 수평화를 진전시키는 새로운 인터넷 기술: 1억 명의 승자독식 시대로

WEB 서비스 - 컨텐츠 · 신디케이션

인터넷은 무수한 불특정 다수와의 관계성을 활성화시키는 플랫폼이다. 그러나 기존의 플랫폼을 활용함과 동시에 한층 더 빠른 속도로 발전하고 있는 다양한 플랫폼들이 있다. 플랫폼의 기술혁신은 경이로운 속도로 진행되고 있으며, 과거의 기술혁신과 비교해도 뒤떨어지지 않는 커다란 영향을 사회에 미칠 것이다. 또한, 개방적 수평화를 더욱 진행시킬 것으로 보이므로 이들 기술에 대해서도 살펴보기로 하자.

이제부터 소개할 내용은 컨텐츠에 관한 것과 어플리케이션에 관한 내용을 담고 있는데 모두 네트워크상의 요소를 사용 · 활용하는 기술들이다. 다소 전문적인 설명이 포함될 것이므로 미리 독자의 양해를 구한다.

일반적으로 특정 홈페이지에는 다양한 컨텐츠가 하나의 페이지를 채우고 있다. 예를 들어 니프티(Nifty)의 경우 뉴스, 쇼핑사이트, 지도, 운세 등 많은 내용을 담고 있다. 이러한 컨텐츠 중에는 다른 기업이나 사이트로부터 원격 제공되는 경우가 늘고 있다. 지도의 경우, 인크리먼트P(increment P)의 '맵팬'이라는 사이트가 제공하고 있다. '맵팬'은 니프티뿐만 아니라 MSN과 다른 일반기업의 사이트에도 이용되고 있으며, 일본에 거주하는 외국인을 위해 영어로 서비스를 제공하기도 한다.

또한, 도시바가 '역앞 탐험클럽'이라는 환승안내 프로그램을 개발해 많은 기업에 제공하고 있다. 일반유저에게는 무료서비스로 제공하고, 포털싸이트 등에는 요금을 받고 있다. 만약 다른 사이트에서 환승안내 서비스를 이용할 때 디자인은 다르지만 사용법이 매우 유사하다면 '역앞 탐험클럽'에서 컨텐츠를 가져다 사용하고 있다고 보면 될 것이다. 역앞 탐험클럽 역시 '열차운행정보'는 JR동일본으로부터 컨텐츠를 제공받고 있다.

사가와 택배는, 'e's'라고 하는 물류서비스를 제공하고 있다. B2C 사이트를 운영하는 회사를 대상으로 '까다로운 물류는 우리가 책임지겠습니다. 귀사는 귀사의 제품생산에 전념하십시오'라는 내용의 광고문구로 서비스를 알리고 있다. 그 밖에도 결제서비스, 일기예보 등에서도 하나의 사이트가 다수의 사이트에 서비스를 제공하고 있다. 앞으로는 인증서비스 등이 중요성을 더해가겠지만, 각 업계별로 예를 들면, 금융기관이나 보험대리점을 위한 사무대행, 중소기업을 위한 경리업무, 특허처리 등의 폭넓은 발전이 예상된다.

그 이외에 일반유저의 눈이 닿지 않는 곳에서 제공되는 서비스도 수없이 생겨나고 있다. 예를 들면, 어느 곳에 어떠한 컨텐츠가 있고 그것이 어떠한 기능을 제공하고 있는지, 그리고 제공자는 어떠한 기업인지를 알려주고, 그것을 사용할 경우에 필요한 업무프로세스와 수수료 등을 알려주는 자동처리 서비스다.

이와 같이 인터넷은 외부의 사이트를 마치 자사의 사이트인 것처럼 활용하는 것이 가능하다는 편리함을 가지고 있다. 이것을 '컨텐츠 신디케이션'이라고 부르는데, XML 등의 새로운 표준과 각종 제어기술이 보급됨으로써 훨씬 치밀한 수준의 내용이 간편하게 실행되고 있다.

XML은 데이터를 관리하기가 매우 간편하다. XML을 이용하면 영상이나 그래픽에 한정되지 않고 세계의 컨텐츠를 간단하게 통합할 수 있으며 훌륭한 컨텐츠라면 누구나 간단하게 전 세계로 발신할 수 있다.

컨텐츠의 분류와 통합의 표준화가 전 세계적으로 수많은 표준화 단체에 의해 진행되고 있다. 앞서 설명한 B2B 마켓플레이스에 있어서도 XML과 표준화의 진전에 의해 컨텐츠의 세분화와 집약화가 비약적으로 진행될 것으로 예상되고 있다.

홈페이지를 만들기만 하면 전 세계 사람들이 내 홈페이지를 보러 올 것이라고 착각을 한 사람도 있었지만, 그런 일이 좀처럼 일어나지 않는 것은 수천만이나 되는 사이트 중에서 선택되는 것은 확률적으로 거의 제로에 가까웠기 때문이다. 인터넷 이전의 미디어 즉, 잡지나 텔레비전의 경우는 해당 기업의 편집자 그룹이 독자적으로 모든 정보를 수집해야 했다. 하지만 앞으로의 양상은 크게 달라질 것이다. 온갖 컨텐츠가 전 세계의 개인으로부터 제공되고 그것들이 오픈수평적으로 수렴되는, 즉 인기가 있는 한 명에게 수요가 집중하는 일이 일어날 것이라는 것도 예측이 가능하다.

다음 절에서 설명하겠지만 이러한 '컨텐츠'는 보다 복잡한 어플리케이션에까지 미치고 있다. 어플리케이션의 통합을 '메타 어플리케이션'이라고 불러 구별하고 있지만, 일반적으로는 양자를 'WEB 서비스'로서 같이 다루는 경우도 많다.

이러한 기술발전은 IBM(다이나믹 e비즈니스), HP(e스피크), 선마이크로시스템(SUN ONE), 오라클(다이나믹 서비스), MS(프로젝트 명칭은 .NET) 모두 완전하게 보조를 맞추어 나아가고 있으며 게다가 각 사에서 중요한 프로젝트로 취급하고 있다. 이러한 경쟁기업 간의 제휴는 예전까지만 해도 상상하기 어려운 것이었으며, 웹서비스라는 플랫폼을 모든 관계사에 구축하려는 개방적인 자세를 찾아볼 수 있다. 차례차례로 나타나는 새로운 기술들이 새로운 산업구조로의 전환을 가속하고 있다.

앨빈 토플러는 생산자와 소비자가 일체가 된 제품개발로 '프로슈머(ProSumer)'라는 개념을 제기했지만, 실제로 앞으로의 네트워크 사회에 있어서는 개인이 소비자임과 동시에 생산자, 즉 무언가 차별화된 제품이나 서비스를 가지고 네트워크에 참가하게 될 것으로 보인다. 인터넷은 말 그대로 모든 개인에게 컨텐츠의 소비뿐 아니라 제공의 기회를 주는 곳이 될 것이다.

여기서 강조하고 싶은 것은 승자독식이라고 하면 MS처럼 초거대기업이 모든 것을 지배하는 것 같은 이미지가 있지만, 실제로는 이와 같이 세분화와 통합화가 진행되면 1억 명의 '승자독식'이 태어날 수도 있다. 규모가 지극히 작은 시장에서도 승자독식은 나타나며 그 기회는 모든 사람들에게 개방적인 동시에 앞으로는 그 기회의 수가 증가하게 된다.

메타 어플리케이션

컨텐츠의 신디케이션을 소프트웨어의 어플리케이션에서 훨씬 복잡하게 실시하는 것이 '메타 어플리케이션'이라고 불리는 영역이다. '메타'란 '상위'라는 의미로, 한 어플리케이션 위에 그것을 모두 커버하는 어플리케이션을 만든다는 개념이다.

전 세계에 있는 무수한 어플리케이션을 앞에서 언급한 컨텐츠처럼 모두 통합하고자 하는 것으로, 개인이 만든 하나의 어플리케이션이 사용된다. 이것도 앞으로는 컨텐츠처럼 각 기업이나 개인이 특화된 수많은 어플리케이션을 만들고, 그것들이 한곳에 모여 하나의 목적을 위해 실행될 것이다. 이러한 어플리케이션은 '오브젝트'라고 불리며 각각이 기능적으로 완결된 개체인 동시에, 서로 제휴가 가능하도록 표준에 따라 만들어져 있다. 현재 전 세계 네트워크상의 어디에 어떠한 기능을 가지는 오브젝트가 존재하는가 등의 상세한 규정이 작성되고 있다.

이러한 움직임은 웹상의 모든 기능(컨텐츠나 어플리케이션 등)을 세분화시킴과 동시에, 그것들이 통합되어 작동되는 시대의 도래를 이야기해 주고 있다. 철저한, 그리고 무한의 개방적 수평분업화가 급속히 진전되고 있는 것이다. 물론, 오브젝트를 만드는 기업측의 구조도 영향을 받아

세분화와 집중화가 진행된다.

　이러한 흐름 속에서 중요해지는 문제는, '데이터는 같은데 의미가 다르거나', '의미는 같은데 용어가 다른' 경우이다. 예를 들어, 어느 기업에서는 고객을 커스터머(Customer)라고도 하며 샤퍼(Shopper)라고도 한다. 또한 '납기(納期)'는 어느 업계에서는 출하일(出荷日)을 의미하며, 다른 업계에서는 납품일(納入日)을 가리킨다. 특히 납기는 비즈니스 프로세스의 차이에 기인하는 경우가 많아, 그것을 해소하기 위해서는 비즈니스의 방식 자체를 공통화해야 한다. 웹서비스에 의해 기술적으로는 간단하게 거래가 성립되는데 용어나 방식 차이로 거래가 성립되지 않을 수도 있는 것이다. 현재 전 세계적으로 이러한 비즈니스용어의 공통화·표준화와 비즈니스프로세스 자체의 공통화·표준화가 급속히 진행되고 있다는 점을 강조하고 싶다.

　웹서비스에 관한 다양한 시도는 막 시작된 것이므로 IT업계가 모두 적극적이지만 IT버블이 붕괴된 경험이 있어서 장래성에 대해서는 회의론이 존재하는 것도 사실이다. 그러나 인터넷시대의 큰 흐름이 분명히 이러한 '외부성을 높이는' 방향에 있는 것만은 사실이다. 가령 웹서비스라는 말이 시민권을 얻지 못하더라도, 적극적인 기업들의 투자회수에 시간이 걸리더라도, 전체적인 큰 흐름은 그러한 방향으로 나아갈 것임에 틀림없다.

　다만, 일본 기업만이 '우리들은 특별하므로 예외다'라는 생각을 하고 있는 듯한 느낌을 떨치기 힘들다. 이런 분위기에서는 인터넷으로 전 세계가 연결되어 글로벌 규모의 거래가 찰나에 이루어지며 품질을 향상시키고 납기를 단축해 가격을 내리고 있는 단계에 들어서 있음에도 불구하고, 일본만이 우물 안 개구리가 되어 버릴 것이다. 인터넷 시대에 있어서는 '일본은 다르다' 라는 생각은 성립되지 않는다. '우리는 특별하다' 는 발상으로는 세계적인 급속한 변화의 흐름을 탈 수 없다. 교토식 기업은 그러한 점들을 날카롭게 간파해 문제점에 대비하기 위한 회사의 이념·시책들을 기업경영의 다양한 단계에 자연스럽게 녹여 넣었다. 자세한 내용은 2부에서 살펴보기로 하자.

개방적 수평분업형의 네트워크 외부성 활용 전략 정리

정보 '승자독식' 시대의 구조

1부를 마무리하는 이번 절에서는 끝없이 발전하는 개방적 수평분업형의 네트워크 외부성 활용전략, 플랫폼 전략 등을 정리해 두자.

지금까지 살펴본 대로 개방적 수평형 플랫폼은, 네트워크 외부성이 급속히 증대되고 있는 오늘날, 다음과 같은 구조에 의해 더욱 태어나기 쉬운 환경이 되었다.

네트워크에 의한 제품비교정보의 전달과 장소를 초월한 구매

즉, 제품의 가격과 퍼포먼스의 미묘한 차이가 네트워크를 통해 적절하고 명확하게 고객에게 전달되고, 공간에 제한받지 않고 특정 기업으

로부터 구입할 수 있게 되었으므로 시장 셰어가 특정기업에 집중되기
쉬워졌다.

개발과 생산에서의 규모의 경제

시장점유율이 높아지면 개발 · 생산에 있어서 규모의 경제가 작용하
게 된다.

시장정보의 집중

시장점유율이 높아지면 정보 집중의 우위성이 작용하게 된다. 고객기
업의 신제품 수요 · 계획에 관한 정보나 수요량에 대한 정보가 집중되
어, 타사에 앞서 우월한 전략을 실행하는 것이 가능해진다.

횡적 연결성과 종적 개발 의존성

특정 플랫폼 상에서 기업간의 연결(통신 및 정보공유), 제품개발 등의
활동이 이미 상당 부분 진행되어 있다. 그 상태에서의 사양변경은 큰 비
용을 발생시키므로 점유율이 더욱 집중될 것이다.

승수효과 구조

플랫폼으로서 '표준'의 지위가 인정되면, 집중이 가속된다(횡적 연결
성, 종적 개발의존성 외에 브랜드 신뢰도의 집중, 규모의 경제에 의한 지속적인
비용 저하 등).

제품 개발에서의 우위성

표준을 획득한 플랫폼을 이용해 우월한 입장에서 제품을 개발하고 사업을 확장하는 것이 가능하다. 즉, 플랫폼을 가장 유효하게 활용할 수 있는 곳은 플랫폼을 개발한 기업이다.

판매활동에서의 우위성

플랫폼을 이용하여 효율적 · 효과적으로 영업 및 판매를 할 수 있다. 가령 세일즈맨이 고객이 구입하지 않을 수 없는 상품을 판매할 경우, 다른 제품을 동시에 판매하는 것은 매우 쉬워진다. 그와 더불어 비합법적인 끼워 팔기 판매를 실시하지 않아도 무언의 압력, 눈으로 보이지 않는 격차가 발생하게 된다.

이와 같이 일단 플랫폼의 확립에 성공하면 그 자체가 강력한 시장점유율의 집중을 가져옴과 동시에, 그것을 이용하여 다른 제품으로 확장해 나감으로써 플랫폼의 중요성, 안정성이 더욱 높아지게 된다. 그러한 플랫폼 상의 신제품이 MS처럼 한층 더 새로운 플랫폼이라면 확실한 기업경쟁력으로 연결된다. 플랫폼의 형성은 네트워크 외부성을 높이므로, 그러한 플랫폼상에서 한층 더 새로운 플랫폼이 발생하는 구조를 가진다.

이번 장에서는 인터넷이라는 플랫폼이 그 위에서 많은 새로운 플랫폼을 낳아 온 것을 확인해 보았다. 여기에서 강조하고 싶은 것은, 승자독식 현상 역시 정보화시대의 기본 구조인 네트워크 외부성의 영향이 높아지고 있기 때문에 발생하고 있다는 것이다. 따라서 IT와 네트워크에 관련된 제품에서 많이 나타나는 것은 사실이지만, 네트워크의 발전에 의해 모든 제품, 모든 사업에서도 일어날 수 있게 되었다. 동시에 그런 기회에 대한 기업의 시급한 대응책이 필요하게 되었다.

수평분업에서 수직전개로의 시나리오

네트워크 외부성을 통해 획득한 개방적 수평분업 플랫폼은 한층 더 활용되어 또다시 네트워크 외부성을 활용한 수직전개를 실시하게 된다. 물론, 대상이 되는 업계나 기업에 따라 다르겠지만 다음과 같은 시나리오가 가능하다.

표준 플랫폼의 형성

위와 같은 메커니즘을 이용해 가능한 한 제품의 셰어를 높여 플랫폼화, 표준지위를 얻는 것을 목표로 한다. 또한 압도적으로 차별화된 기술을 구사해 플랫폼을 구축한다. 그렇지 않으면 타기업이 참여하게 돼 플랫폼은커녕 일정 점유율을 획득하는 것 자체가 어렵다. 타사가 플랫폼 구축을 시도하려 하고 있는 경우에는 이른 단계부터 참여하여 점유율 독점화의 움직임을 저지하는 것도 필요하다. 플랫폼의 표준화에 있어 애초부터 연합을 형성하는 것도 앞으로는 유효한 수단이 될 것이다.

독점 플랫폼의 효율적인 활용

플랫폼이 시장에 정착했을 경우에는 플랫폼을 활용하여 부가사업, 부가서비스를 전개한다. 자사가 직접 하든 타사에 위임하든 상관없지만 외부 조직을 활용하는 편이 시간 단축, 비용과 리스크분산 등을 꾀할 수 있어서 좋다. 관리에 난점이 있다는 단점은 존재한다. 그 다음 부가가치를 전개해 가능하다면 새로운 플랫폼으로의 성장을 모색한다. 플랫폼이 계층을 형성하여 굳건히 자리를 잡아 사회적 영향력이 강해졌을 경우에는 독점기업신드롬에 빠지는 것을 경계해 이윤을 사회에 환원하거나 경쟁사와의 공생을 고려해야 한다.

독점 플랫폼에 대항하는 경쟁사 오픈연합의 형성

플랫폼을 통해 얻을 수 있는 이익이 커지면 타사가 연합을 형성해 대항하는 에너지가 축적된다. 독점기업신드롬에 빠진 경우에는 반발세력이 시민 연합으로서 형성되는 일도 있다. 연합형성에는 시간과 비용이 든다(해당업계에서 오픈연합이 가지는 의의가 얼마나 잘 전파되는가에 따라 다르다. 오픈연합의 의의가 확산되어 있으면 연합하자는 요청에 많은 경쟁사들이 쉽게 호응하므로 시간과 비용이 많이 소요되지 않는다). 이러한 연합과 싸우든가 혹은 자사 사양의 표준을 단념하고 개방적 스탠더드로 변경할 것인가를 그 시기와 함께 신중하게 판단해야 한다. 연합과 싸울 경우 MS가 취한 교란전략이 참고가 되겠지만, 기업윤리 측면에서 신중한 검토가 필요할 것이다. 자사의 브랜드 이미지에 상처가 날 가능성이 높다. 또한 소프트웨어 제품업계에 있어서는 최근 오픈화의 흐름이 가속되고 있어 연합이 형성되기 쉬워졌으며, 그러한 흐름이 타 업계에 전파될 가능성 또한 존재한다.

독점기업과 오픈연합의 경합

MS와 선마이크로시스템 혹은 리눅스에서 논의한 바 있는 경합의 양상이 계속될 가능성이 있다. 이러한 선행사례를 참고로 하여 경쟁을 전개한다. 연합과 경쟁을 계속하던가 혹은 자사표준을 단념하고 개방적 스탠더드로 변경할 것인가를 언제나 신중하게 고려해야 한다. 다만, MS에 대해 독점금지법이 적용되고 기업연합(자바)이 형성되었으며 또한 시민연합(Linux)이 조직되는 등 외부성 활용의 가능성은 계속 높아지고 있다. 큰 틀에서 봤을 때 오픈화가 진전될 것이라고 예측할 수 있다.

개방적 정책의 철학

경쟁의 조건이 바뀐 것을 활용하는 측에 서든, 대항하는 측에 서든, '승자독식'을 의식한 전략과 경영은 불가피해지고 있다. 특히 벤처경영자는 승자독식 전략을 이해하여 경영철학, 의욕, 방법에 반영하는 것이 중요하다. 그리고 단 한 명의 최후 승자가 되기 위한 적극적인 리스크 부담을 감행해야 한다. 따라서 자금조달, 경영관리 등의 모든 분야에 있어 스피드를 최우선으로 하는 방식을 실시하는 것이 중요하다. M&A는 개방적 수평분업 전략을 실현하는 데 있어 가장 중요한 수단의 하나이다. 일본전산을 필두로 교토식 기업 상당수는 M&A를 적극적으로 추진하고 있다.

또한 자사 플랫폼의 유효성이 시장에서 확인된 시점에 자금조달을 실시해 세계시장을 제패하려면 장외시장등록(IPO)은 매우 중요하다. 일본에서는 장외시장에 등록하는 목적이 애매할 뿐 아니라, IPO에 성공한 후 오히려 자금에 곤란을 겪곤 하므로 큰 의미가 없다. 투자가의 입장에서는 경영자의 자질을 정확하게 평가할 필요가 있다.

승자독식에 대항하기 위한 개방적 인터페이스, 개방적 플랫폼이 전략으로서 주목받고 있지만 '개방적 인터페이스는 이윤을 낳지 않는다' 는 부정적인 의견 또한 존재한다. 분명히 MS처럼 폐쇄적인 단계를 유지하면 이익이 매우 크므로 누구나가 목표로 하는 것이기도 하다. 그러나 성공하면 매우 큰 이윤을 가져올테지만 그 이익이 너무 크기 때문에 기업연합의 개방적 인터페이스가 등장하는 것이 문제다.

여기에서 '과연 자바는 이윤을 낳는가?' 라는 문제를 제기할 수 있는데, 그에 대해서는 1부 2장 2절에서 기술에 정통한 사업의 우위성, 연합 리더로서의 영향력, 커뮤니티 리더의 지위에서 오는 큰 영향력 등을 지적했다. 교육사업이나 컨설팅·인티그레이션사업, 중요한 자원으로서의 인재획득 등에서 충분히 큰 간접적인 이익으로 연결될 것이다. 기업 자체가 변화를 거부하는 것에 빠지지 않고, 건전한 변화발전을 위해 계속 도전하는 기업 풍토를 만들 수 있다는 점도 들 수 있다.

자바의 경우, 적지만 플랫폼 사양의 소유권에 관련해 과금도 실시하고 있다. 그러나 폐쇄적 독점 플랫폼에 대항하고 있는 리눅스는 완전히 무료다. 영리사업의 대상이 아니라 일반 시민의 자발적 봉사활동의 대상이 되어버린 것처럼 보인다. 이러한 움직임을 비즈니스적 관점에서 어처구니없다고 부정하는 것은 간단하지만 점유율을 획득하는데 있어 무료인 것은 매우 큰 영향을 준다. 이러한 오픈소스를 잘 활용하고 비즈니스로서 성립시키는 것에도 성공한 기업도 출현하기 시작하고 있으므로 진지하게 생각해 볼 필요가 있다(자세한 것은 3부를 참조).

그러나 개방적 정책을 이해하는데 있어 무엇보다도 중요한 것은 '스스로의 정보를 개방함으로써 다른 사람으로부터 피드백을 받아 자신이 보다 발전하는 수단으로 삼는다' 는 공통적으로 존재하는 외부성 지향의 이념과 철학이다. 이것은 MIT나 스탠퍼드대학이 교육자료를 전면 무료 공개한 철학적 배경이기도 하며 선마이크로시스템 역시 마찬가지 이념을 가지고 있다.

요약해 보자면, 오픈은 직접적으로 금전적인 이윤을 추구하는 것이 아니라 인간적인 발전을 추구하는 것을 최상의 목표로 하는 개념일 수 있다(단, 그것이 간접적으로 금전적인 이윤을 낳을 가능성은 높다). 내부성이 강한 이윤추구를 우선으로 두는 발상으로는 이해하기 어려운, 새로운 가치관이라고 할 수 있을지도 모른다.

세계 점유율 7할을 점하는 HDD용 스핀들모터

일본전산은 1973년에 나가모리 시게노부(永守重信) 사장을 중심으로 설립되었다. 그 후, 모터를 중심으로 하는 구동 제품에 집중해 기업매수를 반복하는 방식으로 사업을 확대해 왔다. HDD용 스핀들모터에서는 세계시장에서 70퍼센트의 점유율을 차지해 1위를 지켜오고 있다. '이 분야에서 한번 세계 최고가 된 후로는 동종업계의 경쟁사보다 정보가 더 많이 수집되어 한층 경쟁에 유리해졌다'(『교토-오사카 밸리』)고 한다. 한 사업에 특화해 수평적 전개로 한번 지위를 확립하면 Winner Takes All 즉, 승자독식의 세계가 열리는 것이다.

나가모리 사장은 이에 만족하지 하고, '향후에는 인텔처럼 비교우위를 가지는 분야에 집중하여, 우리 회사의 부품이 없으면 기계가 작동하지 못할 정도의 압도적인 경쟁력을 가지고 싶다'(《주간 이코노미스트》 2001. 7. 24)고 자신의 야망을 밝혔다. 동사의 매출액은 단독결산으로는 약 996억 엔, 연결결산으로는 약 2,492억 엔(2001년 3월)에 이른다. 2001년 9월에는 뉴욕증권거래소 상장에도 성공했다. 일본전산그룹 전체는 67개사를 거느리고 있으며, 매출액은 약 3,000억 엔에 달한다(2001년 3월기). 앞으로 사업을 더욱 확대

교토식 기업 케이스 스터디

해 2010년에는 매상고 1조 엔, 종업원 10만 명을 목표로 하고 있다.

M&A에 의한 사업 확대

일본전산은 M&A를 적극적으로 활용해왔는데, 특히 본업과 시너지 효과가 있는 분야를 집중적으로 매수했다. 매수의 목적은 신기술도입, 생산설비, 인재획득 등 성장을 위한 시간을 '사들이기' 위해서지만, 실제로는 승자독식의 시대에 있어 승자들의 구조를 정비하기 위한 필수적인 시책이다. M&A를 적극적으로 활용하고 있는 기업은 일본전산뿐 아니라 교세라, 호리바제작소, 롬, 무라타제작소, 옴론 등을 꼽을 수 있다. 직접 설비와 기술을 갖추어 나가려면 스피드가 중요한 동종업계에서, 경쟁에서 도태되는 결과로 이어질지도 모른다.

매수 후 경영을 구경영진에게 맡기고, 해고도 하지 않지만 경영합리화는 철저히 실시한다. 기업의 이익은 매출에서 비용을 뺀 것이다. 매출은 고객에 의해서 정해지는 것이기 때문에 기업 내부에서 쉽게 컨트롤할 수 있는 것은 비용뿐이다. 이에 매수기업 측에서는 관계법이 허용하는 한도 내에서 노동시간을 연장하거나 급여를 줄이게 된다.

또한 매입처에 대한 접대비, 교제비는 모두 없애고 일률적인 원가삭감을 요구하기도 한다. 물론 거래은행에 대해서도 주거래은행이라는 개념이 없고, 금리가 높으면 즉석에서 은행을 바꾼다. 나가모리 사장 자신이 창업 직후에 상당기간 자금조달로 고전하다 도산 직전까지 간 경험을 가지고 있어, 언제망할지 모른다는 위기감을 가지고 모든 작업을 철저하게 진행시키는 것이 경영의 기본이라고 인식하고 있다.

매수기업의 사원의식 개혁을 위해 6S를 철저히 진행한다. 6S는 정리, 정돈, 청소, 청결, 작법, 예의범절이다. '능력의 차이는 5배의 차이를 낳지만, 의식의 차이는 100배의 차이를 낳는다'(《주간 동양경제》 2000.4.)는 것이 나가모리 사장의 지론이며, 6S를 철저히 실행하는 것이 기업을 변혁하기 위해 중요하다고 생각한다. 실적이 나쁜 회사는 거의 예외 없이 기계가 기름투성이로 더럽거나 공구가 통로에 떨어져 있거나 주차장에 무질서하게 차가 세워져 있다. 그러나 6S를 철저히 실시한 기업의 실적은 회복되어 갔다. '처음에는 10점 이하이다. 그러다가 60점 이상이 되면 수지가 균형을 이루고, 80점 이상이면 최고판매액을 갱신한다'(《주간 동양경제》 2000.4.) 고 한다.

일본전산이 매수한 후 일본전산-코팔은 23년 만에 최고이익 기록을 갱신했고, 일본전산-토소크도 최고이익 기록에 근소한 차이까지 도달했다. 또한 1995년에 매수한 일본전산-심포지엄은 채무초과 상태에서 불과 1년 만에 건전한 상태로 되돌려 놓았다. 기술은 있지만 실적이 침체된 기업을 집중적으로 매수, 기존의 대기업그룹과도 같은 여유로운 분위기를 일신시켰다. 자사의 경영스타일을 이식하는 것을 통해 매수기업은 거의 예외 없이 되살아났다.

나가모리 사장은 기업매수를 실시할 때, 매수기업의 지도 · 교육과 관련된 업무에 대해서는 보수를 책정하지 않는다. 반드시 스스로의 사재를 털어 출자를 해, 개인 주주가 되어 스스로 리스크를 떠안는다. 무보수임에도 불구하고 열성적으로 지도하는 나가모리 사장에 대해 처음은 반발감을 가지고 있던 M&A 대상기업의 사원들도 점차 의식이 바뀌어 실적을 회복하게 되었다. 그러한 나가모리 사장의 기업재건에 관한 수완 때문에 동사에는 언제나 20~30개 정도의 M&A 관련 안건이 상정되어 있다.

합리적인 경영 스타일

'무엇이든 1등이 좋다'는 나가모리 사장은 어린 시절부터 경영자를 목표로 해 왔다. 초등학생 시절의 과학실험시간에 만든 모터를 선생님에게 칭찬받은 것을 계기로 모터에 흥미를 가졌고, 나중에 직업훈련학교에 들어간 후로도 모터연구를 계속했다. 그곳에서 평생의 스승을 만나 엄격한 지도를 받게 된다. 졸업 후에는 본격적으로 모터 업계에 들어가 업무경력을 쌓은 후, 일본전산을 창업했다.

창업 당시에 내세운 원칙은 ① 족벌기업을 만들지 않는다, ② 대기업 계열사로는 들어가지 않는다, ③ 글로벌 기업이 된다, 였다. 이 세 가지 원칙은 현재도 유지되고 있다. 나가모리 사장은 스스로를 엄격하게 관리하여 극한까지 일하기 위해 술도 끊고 매일 5시간 수면만을 취했으며 1년 중에 휴업이라곤 설날 오전뿐이었다. 주말에는 사원 연수회나 그룹경영회의를 실시한다. 뉴욕시장에 상장한 것도 자금조달을 위해서라기보다는 SEC(미국증권거래위원회) 기준의 어려운 감사를 받음으로써 투자가들로부터 신뢰를 보다 높이는 것을 염두에 둔 것이었다.

일본기업들 중에서도 특히 엄격한 경영을 실시하는 일본전산이었지만, 상장 준비를 위한 4년 간은 매우 힘겨웠다고 한다. 그러한 경험을 가지고 있어 골프회원권 등은 물론, 토지도 공장에 필요한 부지 이외는 소유하지 않는다. 다만 거래은행과의 주식상호보유에 관해서는 창업한 이래로 많은 도움을 받았다는 점에서 유연하게 대처하고 있다.

계열에 속하지 않기 때문에 창업 후 15년 정도는 경영이 매우 힘들었다고 한다. 아무리 싸고 좋은 제품을 만들어도, 계열거래가 중심인 일본의 대기업과는 거래를 틀 수 없었다. 이에 나가모리 사장은 혼자 미국으로 건너가 3M에 모터를 납품하는 데 성공했다. 미국은 어느 회사의 제품인가를 따지기보다는 성능이 어떤지를 중시하기 때문에 저렴하면서도 고성능인 일본전산의 모터는 미국에서 점차 인기를 얻게 되었고, 그것을 본 일본 기업도 거래를 시작하게 되었다.

일본전산은 통상적인 일본식 기업과는 달리 연공서열제가 배제되어 창업 때부터 능력급제도를 실시하고 있다. '보수는 좋은 실적을 올렸는가? 라는 잣대로 평가하지 않으면 안됩니다'(『교토-오사카 밸리』)라는 말처럼, 젊더라도 높은 실적을 올리면 연봉 1000만 엔을 받을 수 있으며, 반대로 연령이 높아도 실력이 없으면 낮은 급료에 만족해야만 한다. 그 때문에 20대 후반의 직원이라도 과장으로 진급하는 경우가 있다. 그러나 소위 엘리트보다는 좌절의 경험이 있는 인간을 선호하며, 과거의 문제에는 신경을 쓰지 않는다.

공로자에 대해서는 매수한 기업의 경영자로 파견하기도 하지만, 실적이 나빠지면 해고하는 곳도 있다. 조직은 소형화하여 철저한 관리가 이루어지고 있다. '부품조달은 지난번과 비교해 몇 퍼센트를 줄였는가를 표시하는 고무도장을 만들게 해 구입단가를 절감하지 못하면 경리부에서 돈을 지불하지 않도록 했다'(『교토-오사카 밸리』)는 기업도 있다. 그렇게 엄격한 경영을 실시한 결과, 불과 3개월 만에 구매관련 비용을 30퍼센트나 줄일 수 있었다고 한다.

나가모리 사장은 벤처기업에 투자를 할 때면 언제나 사재를 털어 실시한다. 이것은 창업 직후 경영이 매우 어려울 때에 옴론의 창업자인 다테이시 가즈마 씨를 중심으로 한 벤처기금의 제2호 투자처로 선택되어 회사가 되살아난 것에 대한 일종의 보은이라고 할 수 있다.

교토식 기업 케이스 스터디

하드웨어 부품 메이커에 있어서의 플랫폼 전략

1부에서 살펴 본 플랫폼 전략의 구체적인 성공사례는 소프트웨어적인 요소가 강한 영역이며 하드웨어나 부품에 대해서는 적당하지 못한 것이 아니냐는 의문을 가질 수 있으므로, 그것에 대해 간단히 살펴보기로 하자.

우선, 하드웨어 역시 앞 절에서 살펴본 플랫폼 성립요건의 대부분을 충족시킨다는 점에 주의가 필요하다. 특히 네트워크에 의한 제품비교 정보의 전달과 장소를 초월한 구매, 개발과 생산에 있어서의 규모의 경제, 시장정보의 집중, 횡적 연결성과 종적 개발의존성, 승수효과구조, 제품개발에서의 우위성 등은 모두 하드웨어에 있어서도 적용할 수 있다.

그 중에서 '횡적 연결성과 종적 개발의존성' 의 외부성은, 하드웨어보다 소프트웨어에서 압도적으로 작용하기 쉽고, 플랫폼은 하드웨어보다 소프트웨어에서 성립되기 쉽다. 그러나 하드웨어 상에서의 소프트웨어의 중요성 증가(하드웨어 제품에 있어서 소프트웨어 부가가치부분의 증가, 개발환경에 있어서 소프트웨어 중요성 증가 등)와 관련해 하드웨어에서도 외부성은 매우 높아지고 있다. 이것은 매우 중요한 것이므로 모듈&인터페이스 방식과 관련시켜 3부에서 자세히 살펴보기로 하자*. 그러나 소프트웨어 부분을 완전히 제외시킨다 해도 교토식 기업이 자랑으로 여기는 부품 등 하드웨어에서의 횡적 연결성과 종적 개발의존성은 성립할 가능성이 있다.

부가가치나 차별성이 매우 높은 부품은 그 존재 자체를 전제로 설계가 진행되게 된다. 실제로 액정패널은 PC의 생산을 좌우할 정도의 가치를 가지고 있었다. 모터나 용수철, 베어링 등도 매우 높은 가치를 가지는 부품이며, 특수한 소재도 차별성이 강하다.

그것들이 압도적인 차별성을 가지고 거의 독점적으로 시장에 공급되고 있는 경우, 다른 부품의 설계도 그 부품들을 전제로 진행되게 된다. 나아가 부품의 복합화, 즉 다른 부품과 그것을 조합하여 의존성을 높이는 것이 가능하다. 나아가 공간절약, 전력절약 등의 부가가치가 붙게 되면 제품의 가치는 보다 높아진다. 그 외에 부품에 필름을 코팅하거나 가공프로세스를 부가하는 것 등도 생각할 수 있다. 이러한 것을 통해 모듈

---

* '제품 자체의 소프트웨어의 중요성의 증가', '제조 기계의 디지털화, 네트워크화 등 소프트웨어의 중요성의 증가', '설계 · 개발에서의 3D 소프트웨어, 시뮬레이션 · 소프트웨어 등의 중요성 증가' 등에 대해서 살펴본다.

적인 전개를 할 수 있으면 플랫폼으로서의 자리매김이 가능해진다.

자사의 기준을 표준화시키는 것을 통해, 제품선정시의 우위성을 획득하는 것도 가능하다. 예를 들어 미스미(MISUMI)는 모든 제품을 주문생산하는 플라스틱 금형관련 공구분야에서 구축해 온 기업의 신뢰성을 바탕으로 제품의 기술방식을 표준으로 만들어 프레스 금형용 부품 22만점, 플라스틱 금형용 부품 7만점 등의 제품을 카탈로그화했다. 고객은 카탈로그라는 플랫폼상에서 동사로부터의 다양한 제품을 발주·구입하는 것이다. 자사 제품의 기술방식을 표준화해서 플랫폼으로서의 카탈로그 안의 제품들을 판매하는 방식이다. 다만, 카탈로그를 플랫폼으로서 제공하는 B2B 마켓이 급성장 중에 있어 가까운 장래에 대체될 가능성이 높다.

부품메이커가 개방적 수평분업화(즉, 플랫폼 전략)를 추진해야 할 또 하나의 이유는 글로벌시장을 대상으로 하지 않을 수 없게 되었다는 점이다. 아시아 각국, 특히 중국의 추격으로 단순한 부품생산은 이미 미래가 없어졌다. 그것에 대항하기 위해서는 보다 부가가치를 높인 부품의 개발, 독자기술의 향상이 필수적이다. 항공·우주, 바이오 등 미국과 유럽에서 진행 중인 첨단기술 기업과의 교류를 모색하여 큰 초기 투자비용을 절감시키는 것을 통해 새로운 비전이 열리게 될 것이다.

오픈화가 진행되고 있는 글로벌시장에서 제품이 차별화되어 있으면 미국과 유럽의 기업은 구매를 진행한다. 이것은 교토식 기업의 거의 대부분이 일본보다 미국에서 큰 주목을 끌고 있다는 사실이 증명하고 있다(2부 참조). 또한 인터넷에 의한 글로벌 조달 방식은 종래에는 어려웠던 글로벌시장에서의 사업전개를, 교토식 기업이 경험한 당시에 비해 훨씬 더 쉽게 가능케 하고 있다. B2B 마켓플레이스에 참가하거나 XML로 제품의 특징을 설명하는 것만으로도 거래가 가능해져 결제, 물류, 신용보증 등의 기능은 제삼자기관이 제공해 준다. 뛰어난 기술만 있다면 교토식 기업처럼 세계시장에서도 빠른 진전을 기대할 수 있을 것이다.

* * *

지금까지 살펴본 대로, 개방적 수평분업형 플랫폼의 진전은 하이테크 산업을 중심으로 발생하여 세계 모든 업계에 전파되고 있다. 플랫폼은 활용하는 방식에 따라 경쟁력을 한없이 확장해 나갈 수 있다. 활용 기업에게는 지극히 유리한 전략적인 제품이다. 일본에서 그러한 구조전환을 정확하게 파악하고 신속히 궤도에 올린 것이 교토식 기업이었다. 그런 의미에서 그들의 성공은 필연이었던 것이다.

그렇다면, 교토식 기업은 어떻게 그러한 전략이 가능했는가? 그것을 가능하게 한 기본이념이 반드시 존재하며 또한, 그것이 기업경영의 모든 단계에 스며있는 구조적 특징에 대해 계속해서 살펴보도록 하자.

2부

첨단산업 벤처를 대량생산하는 옛 도시

초일본형 경영의 '구조'

교토식 경영이 탄생한 환경

보수성과 혁신성의 공존이라는 이면성, 극명하게 나뉘는 교토에 대한 선호도라는 양면성이 탄생한 배경에는 교토만이 가지는 두 가지 중립적 성향이 영향을 끼쳐왔다고 보여진다. 첫째, 고급지향(자존심), 안티 도쿄, 반골정신, 둘째, 애매성, 관광도시, 학생거리. 이러한 두 가지 문화적 특징을 축으로, 세계적으로 자랑할만한 교토식 기업을 육성한 환경으로서의 교토에 대해 설명하고자 한다.

하이테크와 전통이 공존하는 교토

보수성과 혁신성의 공존

독자 여러분은 교토에 대해 어떤 이미지를 가지고 계실까? 대부분은 보수적인 곳이라는 이미지를 갖고 있을 것이다. 그래서 교토가 혁신적인 도시라는 말을 들어 보신 분은 적으리라 생각된다. 개인적인 이야기지만, 필자가 도쿄에서 교토로 이사를 할 즈음에 친구와 지인 몇 사람이 '교토에서 살아남기'에 관해 몇 가지 조언을 해 주었다.

그 조언의 대부분은 교토에서 살아가기가 얼마나 어려운가에 대한 것이었다. 그중에서도 공통적으로 화제에 올려진 것 중의 하나가 교토사람들은 집에 놀러온 손님이 이제 그만 돌아갔으면 싶을 때, 자리를 정리하자는 말 대신에 '오차즈케라도 드시겠어요?'라는 말로 자신의 본심을 전달한다는 유명한 이야기다.

에둘러 말하는 것이 일상적이며 말하는 이의 본심을 알기 어려운 표현들, 그리고 당사자 앞에서는 비난이나 공격하지 않는 성향. 이렇듯 교토에는 여러 관습들이 암호처럼 정해져 있으며, 그것을 적극적으로 가르쳐 주는 사람도 없다. 그 때문에 타향 사람이 '교토사람'의 동료가 되는 일은 매우 힘들다는 것이다.

조언은 '교토사람은 음흉하다', '절대로 속마음을 내보이지 않는다', '그들이 타지사람을 진심으로 받아 주는 일은 거의 없다' 등으로 끝없이 이어졌다. 그중에서도 특히 강렬했던 것은 '교토사람만 없으면 교토는 최고!'라는 말이었다. 이런 조언을 계속해서 듣다 보니 교토는 생활하기 대단히 힘든 곳, 지극히 보수적인 곳이라고 생각하지 않으면 안 될 것 같았다.

하지만 실은 그와 함께 '교토는 혁신적이다'라는 말도 자주 들었다. 특히 교토사람에게서 들은 경우가 많은데, 정치적으로 개혁의 전통이 강했던 지역인 데다 최근에는 교토의 하이테크기업이 주목을 받게 되면서 그것을 전면적으로 부정하는 의견을 듣기도 힘든 게 사실이다.

교토식 기업군을 낳은 교토라는 장소의 이와 같은 '보수와 혁신의 공존'이라는 모순을 어떻게 바라봐야 할 것인가? 이것은 교토식 기업을 분석하고 교토식 기업의 본질을 이해하여 교토식 경영을 구조화하는데 있어 매우 중요한 단서가 될 것이다. 교토식 경영을 타지역에서도 재현이 가능한 모델로 발전시키기 위해, 또 교토지역 내에서 성공사례를 더욱 늘리거나 다른 지역에서 성장시키기 위해서도 반드시 필요한 분석일 것이다.

많은 연구자들에 의해 이와 관련된 다양한 연구·분석이 이루어져 왔다(표 2-1 참조). 교토식 기업의 특징으로서 자주 언급되는 항목들은 다음과 같다.

표 2-1 교토식 기업의 성공배경분석

	전략적 요인				조직적 요인		재무적 요인		지리적 요인		기타		
	사업의 특화	오리지널리티 발휘	세계시장을 상대	고객 중시	오너 기업	계열에 소속되지 않은 독립성	튼튼한 재무 구조	이익 중시, 비용 고려	대학과 긴밀한 유대관계	전통산업 기술 존재	정보 기술의 중요성 의식	제품 생산에 대한 열정	낮은 대정부 의존도
교토대학 교수 요시다 가즈오			○						○	○			
스탠퍼드 일본센터 이사장 이마이 겐이치			○				○		○				○
CSFB증권 주식조사부 애널리스트 댄 루카스					○	○		○				○	○
교토경제신문사 대표 쓰키지 타츠오	○	○			○		○						
《비즈니스위크》 기사 'Japan's High-Tech Hope'	○	○	○	○	○			○					
교토산업대학 교수 야나기하라 노리오			○				○				○		
『교토-오사카 밸리』 일본경제 신문사 편	○		○		○		○						
『교토라서 성공했다』 호리우치 히로시	○								○	○			

교토 기업의 특징

(1) 전략적 요인

· 사업의 특화 : 쓸데없이 사업영역을 확대하지 않고 강점을 발휘할
  수 있는 사업분야를 정해 그곳에 경영 자원을 집중하고 있다.

· 오리지널리티의 발휘 : 창업자 모두 개성이 매우 강하고 타인의 흉
  내를 내는 것을 싫어해 오리지널리티 발휘를 통한 독자적인 제품과
  서비스를 만들어 왔다.

· 세계시장을 상대 : 교토는 시장이 작기 때문에 현지 시장만으로는
  충분한 매상을 올리지 못하였고, 세계 시장을 향해 적극적으로 진
  출했다.

· 고객 중시 : 리드타임 단축, 빠른 배송, 무결함품 생산 등 고객의
  요구에 응답하기 위해 노력해 왔다.

(2) 조직적 요인

· 오너기업 : 창업자인 오너에 의해 기업의 비전이 분명히 제시되어
  소수의 경영진을 중심으로 한 스피드 경영을 실시하고 있다.

· 계열에 속하지 않는 독립성 : 부품메이커 등의 특성을 가지고 있
  지만 대기업의 계열에 속하지 않고 독립성이 높다. 그 때문에 타기
  업에 대한 의존도가 낮다.

(3) 재무적 요인

· 튼튼한 재무구조 : 시장이나 엔젤펀드*로부터 직접 자금을 조달
해서 금융기관에 의존하지 않는 체질을 가지고 있다. 현금흐름을
중시하는 경영을 실시하고 있어 채무가 없는 기업도 많다.

· 이익 중시, 비용의식 철저 : 점유율 확대 일변도의 마구잡이식 판
매증대를 목표로 하는 것이 아니라 비용구조를 철저하게 의식하여
이익을 확보해 왔다.

(4) 지리적 요인

· 대학교와의 관계 : 교토에는 다양한 연구가 이루어지고 있는 대학
교가 많아 여러 기술을 제공받을 수 있었다. 그와 더불어, 우수한
인재가 풍부하게 제공되었다.

· 전통산업기술의 존재 : 니시진(西陣)비단과 기요미즈(淸水)식 도
자기와 같은 전통 산업 기능자가 보유한 기술이 하이테크 산업에
서 필요로 하는 정밀기술에 활용되고 있다.

(5) 그 외

· 정보기술의 중요성을 의식 : 몇몇 기업에서는 경영자 2세가 미국
에서 교육을 받아, 일찍부터 정보기술의 중요성을 이해하고 그것을
실천하고 있다.

※ 개인 투자자들이 중심이 되어 고성장이 기대되는 기업을 창업하는데 자금을
제공하고, 그 주식을 취득하는 펀드를 말한다.

- 제품생산에 대한 열정* : 일본의 전자부품 분야에는 제품을 만드는 데에 대한 특별한 열정이 존재하며, 그에 따라 압도적인 우위성을 가진 고부가가치 제품을 세계시장에 제공하고 있다.
- 낮은 대정부 의존도 : 교토는 일본의 수도 도쿄로부터 멀리 떨어져 있기 때문에 정부에 대한 의존도가 낮다. 그 때문에 중앙정부에 간섭 받는 일 없이 독립성을 유지할 수 있었다.

이상의 내용은 교토식 기업의 특징에 대해 요약해 놓은 것으로, 중요한 메시지를 제공해 준다. 보다 심층에 존재하는 본질적인 공통의 성공요인을 추출하기 위해서는 몇 가지 모순점과 의문점을 한층 더 명확히 밝힐 필요가 있을 것이다.

'교토식 기업은 교토지역에 위치한 기업들의 대표격이며 일본기업을 상징하기 때문에 성공했다' 라는 지적도 있었다. 개인적으로는 그렇기를 바라는 마음도 있지만, 그를 위해서는 교토라는 지역과 다른 지역의 비교를 포함한 또 다른 시각에서의 분석이 필요하다고 생각된다. 특히, 이 장의 서두에서 밝힌 '보수성과 혁신성의 공존' 이라는 모순은 위의 각 항목으로는 설명하기 어렵다. 여전히 해결되지 않은 모순점을 정리해보자면, 다음과 같은 것을 들 수 있다.

---

* 추상적이고 일반적인 의미에서의 제품생산이 아닌 일본 특유의 장인정신을 담은, 제품생산 활동에 대한 열정이라고 이해하는 것이 적절할 것이다. 일본어로는 '모노즈쿠리' 라고 한다(역주).

해결해야 할 모순점

① 교토 경제의 성장률은 일본의 전국평균보다 낮다. 따라서 교토 지역 자체가 뛰어난 경제환경을 갖고 있다고 할 수는 없다.

② 교토 지역의 기업 전체가 교토식 기업의 특징을 가지고 있는 것은 아니다. 오히려 교토식 기업은 교토에서 예외적인 존재로 여겨지고 있다.

③ 교토식 기업의 창업자의 상당수는 타지역 출신이다.

④ 교토의 벤처기업은 교토의 특징인 보수성을 거의 가지고 있지 않다.

⑤ 교토는 메이지유신 이후로 근대화의 중심에 선 적이 한번도 없다. 교토의 기업이 주목받게 된 것은 교토의 벤처기업이 처음이다.

⑥ 상당수의 교토식 기업이 교토와 일본시장에서는 인정받지 못하고, 실리콘밸리 등 미국에서 성공한 후에야 그 실적과 브랜드가 역수입된 공통의 역사를 가지고 있다. 교토 지역이 교토식 기업을 인정하고, 적극적으로 육성에 나선 적은 없다.

⑦ 전통 산업의 기술이 하이테크 산업에 응용되었다는 사실은 부정하기 힘들지만, 그 사실이 객관적으로 확인된 적은 거의 없다. 세라믹스와 요업 등의 전통 산업과 관련이 없지는 않지만, 전통 산업이 살아 숨쉬고 있다고 하기에는 제휴 사실을 찾기가 매우 힘들다.

⑧ '오너기업'은 교토뿐만 아니라 일본 전국에 무수히 존재한다. 특히 중소기업의 대부분은 오너 기업이다.

'대부분이 오너기업이므로 톱다운(top down) 방식이 쉽게 가능하며 그게 주효했다' 는 지적도 있다. 종래의 일본식 경영은 바텀업(bottom up) 방식이었고, 일본식 경영의 한계와 함께 바텀업의 한계를 지적하는 목소리가 커지고 있다. 톱다운 방식의 의사결정이 빠른 것은 사실이다. 그러나 바텀업에도 참가의욕과 충성심 고취라는 이점이 존재한다.

기업 경쟁력의 중요한 원천 중 하나인 의사결정체제는 고도로 복잡한 예술작품이라고도 할 수 있는 것으로, 톱다운과 바텀업 중 단순히 어느 쪽이 좋다고 할 수 있는 것은 아니다. 톱다운이 필요한 의사결정에서는 적절하고 명확한 톱다운의 의사결정을 실행하고, 바텀업이 필요한 경우에는 바텀업의 이점을 살릴 수 있는 의사결정을 실시하는 유연한 체제가 필요하다. 예를 들어 현장의 제조감독과 글로벌 조달담당자, 글로벌 생산조정자 사이에는 의사결정의 역할분담이 필요하다. 또한, 본사 스탭과 현장의 공정개선자는 양자의 지식과 입장을 존중하고 역할분담을 결정해야 한다. 그래도 결정할 수 없는 것에 대해서는 최고경영자가 책임과 권한을 가지고 처리해야 할 것이다.

의사결정에 있어서는 유연한 책임, 권한, 역할의 분담이 필요하다. 또한, 그러한 것들은 조직 안팎의 환경과 함께 변화하므로 환경에 유연하게 대응해가며 적절히 변화시키는 것이 바람직하며 그때 의사결정체제는 매우 중요한 역할을 수행한다.

⑨ 고객중시, 이익중시는 경영의 본질이다. 이것을 부정하거나 혹은

실행하지 못하는 기업이 존재하는 데 반해, 교토식 기업에서는 가능했던 이유는 무엇인가?

⑩ 마찬가지로, 튼튼한 재무구조를 가지고 있으며 언제나 비용구조를 의식하는 기업, 정부에 의존하지 않는 규제가 없는 산업도 일본에는 상당수 존재하고 있다.

⑪ 세계시장을 상대로 한다는 것도 마찬가지다. '세계시장을 처음부터 상대하면 성공한다'면 누구라도 처음부터 세계시장을 상대로 사업을 진행해야 할 것이다.

⑫ 교토에 있는 대학들과의 산학협동을 성공요인으로 꼽는 것에 대해서는, '교토대학을 비롯해 산학제휴의 측면에 있어, 교토는 많이 뒤쳐져 있다'(교토대 학생신문 2001.11.20. 호리바 마사오 호리바제작소 회장과 마쓰시게 가즈미 교토대 교수의 대담)고 지적하고 있을 뿐만 아니라, 전국의 다른 지역에도 산학제휴의 사례는 존재한다.

이러한 지적들의 원인과 결과의 분석에 관한 혼란스러움을 정리할 필요가 있을 것 같다. 어째서 교토식 기업이 공통적인 특징을 가지는지, 그리고 그 배경과 구조는 무엇인지를 알게 되면 교토식 경영의 제도적 육성 및 확대, 또한 타사에서의 응용이 가능해질 것이다.

교토를 좋아하는가 싫어하는가
또 하나의 양극성

이 장의 서두에서 언급한 '보수성과 혁신성이 공존한다'는 모순점을 해명할 수 없으면, 그 이외의 의문에 대해서도 밝혀내기 어렵다고 볼 수 있다. 가장 큰 특징에 대한 설명이 불가능하다면 교토식 경영을 구조화하는 것도 불가능할 것이기 때문이다. 어떻게 해서 시센도*(詩仙堂)에 하이테크벤처가 존재할 수 있었는가? 도지(東寺)의 오층탑에 벤처 인큐베이션회사인 KRP(교토 리서치파크)가 있는 것은 어떤 의미를 갖는가? 그러한 관점에서 교토에 거주하는 30명에게 다음과 같은 내용의 인터뷰를 실시했다.

---

* 에도시대(조선시대 중·후기에 해당)에 만들어진 일본식 전통정원. 부속 건물 중에 중국의 유명 시인 36명의 초상화를 걸어둔 곳이 있어 이와 같은 이름을 가지게 되었다(역주).

    인터뷰 결과 중에서 특히 흥미로웠던 것은 '교토를 좋아하는가, 아니면 싫어하는가?' 라는 질문에 대한 관한 양극성(즉, 좋아하는 사람과 싫어하는 사람으로 분명히 나뉘는 것)이었다. 이것은 '또 하나의 양면성' 을 낳는 것으로 그것에 관련해 다음과 같은 앙케이트를 실시했다.

4. 싫다

5. 매우 싫다

질문 2. 당신은 개성적 즉, 전체나 주위의 분위기에 자신을

맞추는 것이 싫은 편인가?

1. 매우 개성적이다 (주위 사람들과의 협조를 전혀 의식하지 않는다)

2. 개성적이다

3. 어느 쪽도 아니다 (중간)

4. 개성적이지 않다

5. 전혀 개성적이지 않다 (언제나 나 자신을 주위에 맞추는 편이다)

그림 2-1 개성적인 사람은 교토가 좋아진다는 사실에 관한 상관관계

결과① 교토를 좋아하는가, 아니면 싫어하는가?

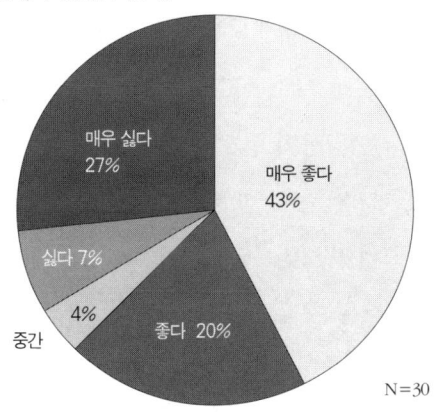

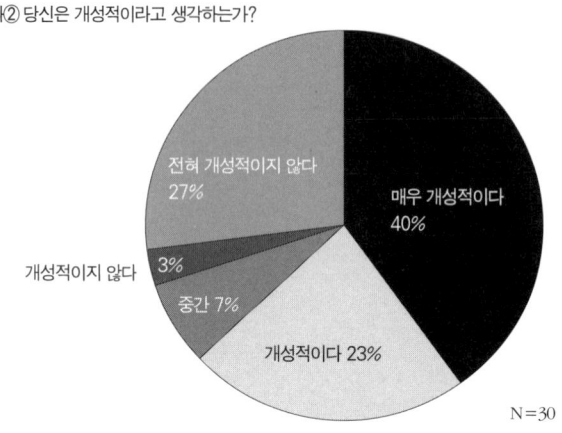

결과② 당신은 개성적이라고 생각하는가?

전혀 개성적이지 않다
27%

매우 개성적이다
40%

개성적이지 않다

3%

중간 7%

개성적이다 23%

N=30

①과 ②의 상관관계를 조사한 결과는 매우 명확하게 나타났다. 두 가지의 상관관계, 즉 개성적이라고 생각하는 사람이 교토를 좋아하게 될 확률이 거의 100퍼센트에 가까웠던 것이다. 자신이 지극히 개성적(주위에 자신을 맞추는 것에 대해 거의 신경 쓰지 않는 사람)이라고 응답한 사람은 교토에서의 생활을 정말 좋아하게 되는 경향이 압도적으로 높고 비개성적(주위에 자신을 맞추려고 신경을 많이 쓰는 사람)이라고 응답한 사람은 교토 생활을 싫어하게 되는 경향이 현저히 존재했다. 즉, 교토를 좋아하게 되는 사람은 개성적인 사람(주위에 맞추지 않는 사람)이 많은 것이다. 이러한 현상은 교토식 기업의 특징인 '창업자가 극히 개성적'이라는 내용과 상당히 일치한다는 것을 알 수 있다.

성인이 된 후 교토에 이주해 온 사람들(전근 등에 의한 일시적 거주도 포함)중에는 교토의 여러 가지 매력, 예를 들어 자연의 아름다움(단풍이나

벚꽃, 정원 등), 신사, 절, 식생활 문화, 전통 공예품 등에 푹 빠지는 경우가 많다. 그 반면에 교토에 사는 것, 특히 교토의 독특한 인간관계로 노이로제에 걸려 스스로 재전근을 요구해 두 번 다시 오고 싶지 않다는 사례 또한 자주 볼 수 있다. 교토생활에 대한 조언을 받은 에피소드에서 밝힌 '교토인에 대한 일반적 통념'은 어쩌면 이러한 사람들이 확산시켰을지도 모르겠다.

왜 이런 결과가 나타나는 것인가? 물론 개인의 취향, 자신이 개성적인가 아닌가 등 지극히 애매한 감성을 대상으로 하고 있으므로 엄밀한 통계적 판단을 내릴 수는 없지만, 다음과 같은 가설적인 구조의 설정은 할 수 있을 것이다.

그림 2-2 교토식 경영 탄생의 문화적 배경

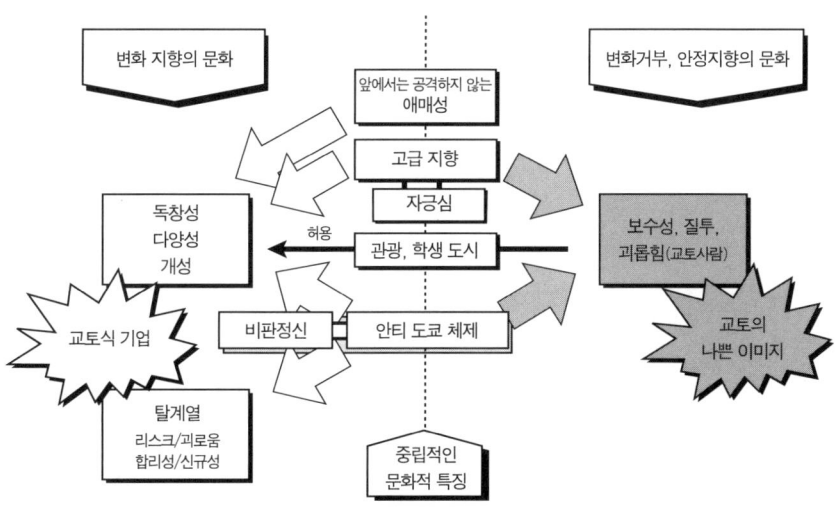

그림 2-3 교토에 대한 평가의 양분화

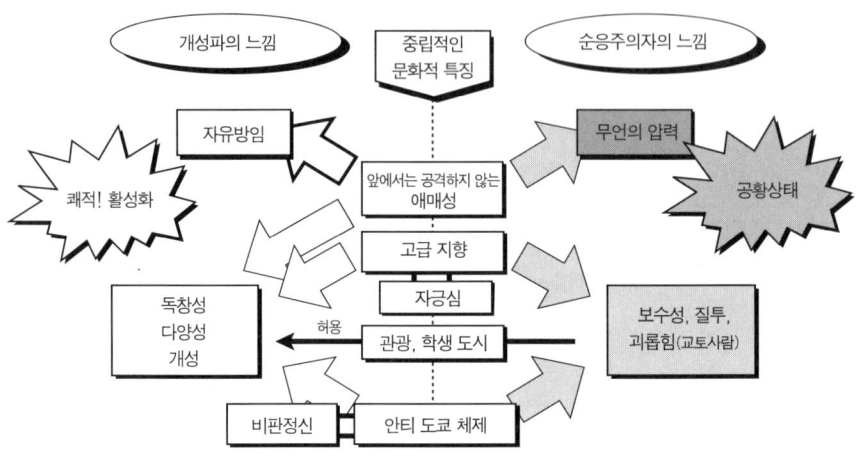

비개성적인 사람(주위를 의식하고 자신을 그것에 맞추려고 하는 사람)은 사회의 규범을 따르고자 하는 의사가 강하고, 주위에서 규범을 가르쳐 주기를 기대하고 있다. 그러한 사람들은 성향상, 규범에 대한 이해가 내부적으로 확립되지 않으면 생활이나 활동의 기반이 좀처럼 성립하지 않기 때문이다. 그러나 교토사람은 외부인에게 규범을 가르치려고 들지 않는다. 따라서 규범을 배우고 싶어 하는 사람에게 있어 그것은 큰 고통이 된다.

자신이 외부인이므로 따돌림을 당하고 있다고도 느낄 수 있다. 노이로제에 걸리는 것도 어쩔 수 없는 일일 수도 있다. 이렇게 사회적 규범에 자신을 맞추어 가려는 행동을 취하는 사람을 '콘포미스트(Conformist)'라고 한다. 미네소타대학의 심리학자 슈나이더는 고(高)모니터형 성격이라고 하였다(언제나 주위의 환경을 모니터링하여 스스로를 그것에 맞추기 위해 집착한다는 의미).

한편, 규범에 맞추려 하는 의식이 희박한 사람(저모니터형 성격자, 논콘포미스트non-conformist 또는 개성적인 사람)이 도쿄에서 자주 듣게 되는 '당신은 상당히 독특하다', '그러한 언동은 우리 회사에서 허용되지 않는다' 등의 귀찮은 설교가 없다는 것은 매우 쾌적함을 의미한다. 하고 싶은 것을 자유롭게 해도 아무런 불평을 듣지 않으며, 이것은 자유로움을 의미한다.

결론을 미리 말하자면, '보수성과 혁신성의 공존'이라는 이면성, '극명하게 나뉘는 교토에 대한 선호도'라는 양면성이 탄생한 배경에는 교토만이 가지는 다음과 같은 두 가지 중립적 성향이 영향을 끼쳐왔다고 보여진다.

첫째, 고급 지향(자존심), 안티 도쿄, 반골정신

둘째, 애매성, 관광도시, 학생거리

이러한 두 가지 문화적 특징을 축으로, 세계적으로 자랑할만한 교토식 기업을 육성한 환경으로서의 교토에 대해 설명하고자 한다(그림 2-2, 그림 2-3 참조).

교토인의 자존심과 안티 도쿄 의식이 낳은 독립심

교토중화사상이라는 표현이 있을 만큼 교토인은 자존심이 높은 것으로 유명하다. 완고한 교토의 기질은 자신에게 맞는 속도만 지킨다면 도로 전체가 정체되어도 신경 쓰지 않을 정도다(『교토가 되살아난다』 후타바 구니히코 외).

교토에서 '지난번 전쟁'이라는 말은 오닌(應仁)의 난*을 의미하며, 교토사람들은 도쿄를 그다지 탐탁지 않게 여기는 경향이 있다. 안티 도쿄

---

* 1467~1477년에 걸쳐 교토에서 일어난 내란으로 일본의 전국시대가 시작되는 계기가 된 사건. 이 시기에 교토지역의 상당 부분이 파괴되었으며, 중앙정부의 지방에 대한 통제가 약해지는 계기가 되었다(역주).

의식이 강해 도쿄의 대기업이 가장 진출하기 어려운 도시라고 한다. 예를 들어 교토의 금융기관은 대부분 신용금고, 신용조합이며 일반은행은 거의 볼 수 없다. 유통 역시 교토가 발상지인 다이마루, 다카시마야 등의 백화점을 중심으로 하며 유통관련 대기업들이 활동하기 어려운 장소로 여겨져 왔다.

교토는 타지역의 기업이 가장 진입하기 어려운 시장이라는 것이 기업 풍토에 관한 일반적인 인식이다. 도쿠가와 이에야스가 실질적인 수도 기능을 옮기기 전까지는 일본의 중심이었다는 의식이 강하게 남아있어 새로운 수도인 도쿄에 대한 대항의식이 강하다. 또한 황실에 헌상하는 명품들을 만들며, 또 그것을 소비한다는 자부심으로 우월감마저 가지고 있다. 이러한 것들이 안티 도쿄 의식을 낳고 있다고 할 수 있다.

도쿄집중현상이 극심한 일본의 경우, 안티 도쿄는 안티 체제, 안티 계열에도 연결된다. 교토식 기업은 예외 없이 비계열형의 독립기업이다 (1990~2000년의 데이터에 의하면 교토식 기업의 자기자본 비율은 닛케이225 평균 기업의 약 2배).

그동안 일본에서 계열사 간 주식상호보유 덕분에 계열기업 중 도산하는 곳은 거의 없었다. 이미 기업의 기능을 상실해 뇌사상태에 빠진 기업에게도 계열 내부에서 자금이 계속 공급되기 때문이다. 그와 반대로 교토식 기업은 계열에 속하지 않기 때문에 계열은행으로부터 풍부한 자금은 공급되지 않으므로 언제나 자금에 여유가 없었다. 도산의 위기도 수차례 경험했으며 그것이 잠재적인 공포심으로 깊이 뿌리내리고 있다. 제품이 순조롭게 판매되고 있어도 그것이 안정적이고 고정적인 관계에 의존하는 것이 아니기 때문에 경쟁사가 유사제품을 판매하거나 다른 대체상품이 시장에 출현하면 상황은 급변할 가능성이 있다.

그런 재무상황하에 있었기 때문에 교토식 기업은 자금에 매우 민감해졌다고 본다. 자금효율에 신경을 곤두세워 더 높은 이익에 신경을 쓰는 것은 당연한 일이라고 할 수 있다. 어쩌면 자금효율에 무관심할 수 있었던 일반 기업이 이상했다고 할 수 있을지도 모르겠다.

사람들은 점차 계열관계는 온실 속의 화초를 기른 것과도 같았다는 사실을 알게 되었다. 자금을 관리한다고 해도 표면적이며 평가를 분명히 실시하지 않는 환경에서의 자금관리는 허점투성이였을 것이다. 제조부문에서 일본기업은 나름대로 엄격한 관리를 추구해 왔지만, 그 이외 부문, 예를 들면 간접부문, 간접업무부문 등에서는 미국과 유럽의 기업이나 교토식 기업에 비해 주먹구구식 관리가 행해졌다고 할 수 있다.

간접업무의 책임은 매우 애매하기 때문에, 책임의 유무관계도 인사평가의 기준도 애매하다면 실력주의 인사(人事)라고 해도 거의 의미가 없다. 인사컨설턴트에 의하면 한때 유행이었던 '성과주의 인사'도 구체적인 효과를 찾지 못한 채 끝나려 한다고 한다.

계열은 또한 간접금융(자본시장으로부터 직접 자금을 조달하는 것이 아니라 은행, 특히 메인뱅크를 통해 행하는 것)을 발전시켰다. 고도성장 이전에는 희소자원이었던 자금을 폐쇄적 관계 속에서 자의적으로 공급하여 활용했기 때문에, 당시의 대장성*은 각 금융기관, 그리고 주요 금융기관과

---

* 2001년의 일본의 중앙정부 조직개편 이전까지 국가재정과 금융업무 전반을 담당했던 부처(역주).

주식을 상호보유하고 있는 기업들을 중심으로 계열의 육성을 꾀했다.

그것이 기업에게 쾌적한 환경을 만들어 주었던 것은 사실이지만, 토지담보제, 주식상호보유제 등의 다른 문제와 맞물려 간접금융이 한계에 이르러 버렸다. 그 해결책으로 경쟁을 촉진시켜 금융기관의 경영을 향상시키기 위해 금융시장 빅뱅이라고도 불리는 직접금융화가 진행되고 있는 것은 잘 알려진 사실이다.

안정적인 집단 속에 머무르기를 거부

교토식 기업은 의도적으로 온실 속에 머무르는 것을 거부하고, 스스로를 어려운 환경에 두어 성장하고 강해지는 길을 선택했다. 그러기 위해서는 절대적인 차별성, 독자성이 필수적이라는 인식에 이르렀으며 특히 타사가 흉내 낼 수 없는 차별화된 기술을 철저히 추구하게 되었다. 그것은 제품뿐만이 아니라 다양한 경영수법에도 영향을 미쳤다. 그러한 선택이 회사와 사원을 어려운 환경으로 끌고 가는 것은 사실이지만, 인간은 어려운 환경에서 더 성장하고, 보람을 느낀다는 것을 그들은 여실히 보여주고 있다.

교세라는 '종교단체 같다'는 빈정거림을 받고 있고, 사가와 택배의 밝고 명랑한 운전사에게 '성과급제에 놀아나고 있다'고 하거나, 따돌림을 당하는 경우도 있지만 이들 회사의 사원들은 매우 활기차게 일하고 있다. 일본 전체에서 느껴지는 정체감, 가라앉은 분위기와는 아주 큰 차이가 있다.

1980년대까지의 일본기업은 계열을 중심으로 한 폐쇄적 기업간 관계를 바탕으로 발달해 왔다. 그것이 일본기업, 일본사회의 최대 강점이었지만 점차 족쇄가 되어 갔다.

그 원인은 역시 시대와 사회 구조가 크게 바뀌었다는 것에 있을 것이다. 1980년대까지 일본은 낮은 임금에도 불구하고 높은 질의 노동력으로 블랙홀처럼 전 세계의 제조업을 잠식해갔다. '미국, 유럽을 따라잡자, 추월하자'는 구호에서는 구체적인 방식을 결정하지 않아도 목표를 향해 모두가 전력을 다해 노력하면 좋은 결과로 이어졌다.

고도성장을 거듭해 그 결과가 한층 더 명확히 숫자로 나타날 경우에는 전원이 강한 연대감과 행복감을 느낀다. 그 기쁨은 동질적인 조직일수록 강해진다. 그 결과, 조직은 더욱 활성화되고 많은 문제는 물밑으로 숨어버린다.

이제 일본의 영화로운 시대는 끝났고 제조업의 많은 부분을 한국, 대만, 동남아시아, 중국 등이 차지하게 되었다. 임금은 세계최고수준이 되었으며 종래의 방식은 전혀 통용되지 않게 되었다. 새로운 방식으로의 변화를 구성원 전원이 이해하고 조직 전체가 변해가지 않으면 안 된다. 그것도 신속히 실시하지 않으면 경쟁에 참여하기 힘들 것이다. 좋은 변화를 일으키는 것에 능숙한 사람은 보다 많이 일하고, 그렇지 않은 사람은 자신의 자리를 다른 사람에게 양보하지 않으면 안 되게 되었다.

모든 사원에게 온정적, 인간적이며 따뜻한 예전의 방식은 거꾸로 말하면 열심히 노력하는 사람에 대해서는 냉혹하며 비인간적인 것이었다. 앞으로는 변화하기 위해 열심히 노력하는 사람에 대해서 온정적, 인간적이며 따뜻한 분위기로 변하지 않으면 안 된다. 교토식 기업은 그것을 이미 체현해 왔다. 냉정하고 무차별적인 정리해고에 열을 올리고 있는 일본의 일반기업 너머로, 기업 전체가 활기를 띠며 높은 실적을 올리고, 종업원에게도 최고의 환경을 제공하고 있다.

변혁기에 빛을 발하는 반골정신

'반골정신을 갖는 것'은 교토의 몇몇 중고등학교의 교훈에도 등장하는 뿌리 깊은 교토의 정신이다.

반골정신은 체제의 부정으로 연결될 수도 있기 때문에 경우에 따라서는 위험한 것이기도 하다. 일본처럼 동질성을 미덕으로 삼는 사회에서, 반골정신가는 완전히 이질적인 존재, 미움 받는 존재가 되기 쉽다. 일본에서는 반골정신을 지닌 사람을 '튀어 나온 못'으로 보고 '망치질'을 해 동질사회를 유지시켜 왔다. 그것이 1980년대까지의 성공 요인이었다고 말할 수 있다. 그러나 전체가 같은 방향으로만 흐르는 것은 변화의 시대, 미래가 불확실한 시대에는 적절하지 않다. 다양한 도전과 여러 가지 시행착오가 존재해야 새로운 방향성이 싹트며 그 중 하나가 발전해 나가는 것이다.

비판적 사고는 때로 매우 중요한 자질이 된다. 특히 큰 변혁기의 초기에는 체제를 추종하며 기성개념을 긍정하기만 하는 사람들보다 더욱 큰 역할을 하곤 한다. 비판적 사고(critical thinking)는 성숙한 사회에서 중요한 능력의 하나로 이해되고 있다. 이러한 능력이 없으면 현재 상태에 대한 비판을 하지 못하고 개혁의 참된 필요성을 이해하기 힘들기 때문이다. 뭐든지 부정하는 부정적 사고를 이야기하는 것이 아니다. 건전하게 비판하는 자세는 일본에 무척 중요하다. 흥미롭게도 교토에는 그것이 존재한다. 교토의 안티 도쿄 정신이 낳은 건전한 비판적 사고가 있었기에 획기적인 경영스타일을 시도하고 성공할 수 있었던 것이다.

자유인에게는 쾌적한 교토의 '애매성'

이번 장의 첫머리에서 말한 것처럼 〈교토에 입지한 기업 = 교토식 기업〉이라는 등식이 성립한다면 교토에 있는 기업 모두가 좋은 실적을 올리고 있겠지만, 실제로는 그렇지 않다. 일본 각 지역별 기업 도산랭킹(Teikoku Data Bank의 자료)에서는 2001년에 교토는 47개 지역 중 42위(즉, 여섯 번째로 도산기업이 많다)이며 실업률은 전국에서 세 번째로 높았다. 따라서 교토의 특징만으로 교토식 기업이 태어난 것은 아니다. 자유로운 사고와 행동을 가능하게 해 주는 교토 특유의 '애매성'이라는 문화가 영향을 주고 있다는 것을 지금부터 지적하고 설명하려 한다.

후타바 교수는 '자부심'이 '높은 콧대'로 연결되고 '과묵의 문화'에 결합되었다고 지적한다. 예를 들어, 교토가 메카인 다도(茶道)에서는 정좌(正坐)를 하고, 이야기를 나눌 때도 경건함이 요구되는 등 예의를 중시

표 2-2 일본의 역대 노벨상 수상자

일본의 역대 노벨상 수상자는 합계10명으로, 반수 이상이 교토대학 관계자이다(단, 1973년의 에자키 씨는 교토대학의 전신인 제3고등학교 졸업). 특히 자연과학의 세 분야(물리학상, 화학상, 생리·의학상)에는 9명 중 6명이 교토대학 관계자이다.

역대 노벨상 수상자

1949년	물리학상	유가와 히데키	(교토대학 졸업)
1965년	물리학상	도모나가 신이치로	(교토대학 졸업)
1968년	문학상	가와바타 야스나리	(도쿄대학 졸업)
1973년	물리학상	에사키 레오나	(도쿄대학 졸업)
1974년	평화상	사토 에이사쿠	(도쿄대학 졸업)
1981년	화학상	후쿠이 겐이치	(교토대학 졸업)
1987년	생리·의학상	도네가와 스스무	(교토대학 졸업)
1994년	문학상	오에 겐자부로	(도쿄대학 졸업)
2000년	화학상	시라카와 히데키	(도쿄공업대학 졸업)
2001년	화학상	노요리 료지	(교토대학 졸업)
2002년	물리학상	고시바 마사히토	(도쿄대학 졸업)
2002년	화학상	다나카 고이치로	(도호쿠대학 졸업)

교토대학과 관계가 있는 수상자

① 유가와 히데키(수상 당시 교토대학 이학부 교수)
  「중간자 이론의 연구」
  일본인 최초의 노벨상 수상자.

② 도모나가 신이치로(수상 당시 도쿄교육대학 교수)
  「양자전기역학 분야의 기초적 연구」
  유가와 히데키와는 대학 시절 동급생.

③ 에자키 레오나(수상 당시 미국 IBM왓슨연구소 연구원)
  「반도체의 터널효과와 초전도체의 실험적 발견」

④ 후쿠이 겐이치(수상 당시 교토대학 공학부 교수)
  「화학반응과정의 이론적 연구」

⑤ 도네가와 스스무(수상 당시 MIT 교수)
  「항체의 다양성 생성의 유전적원리」
  교토대학 이학부 화학과 졸업 후 교토대학 바이러스연구소에 근무. 그후 도미.

⑥ 노요리 료지(수상 당시 나고야대학 이학부 교수)
  「키랄 촉매에 의한 부제수소화반응의 연구」
  교토대학 공업화학과 석사 과정 수료 후 교토대학 조수로 근무. 그후 나고야대학 조교수로 근무.

한다. 화도(華道, 꽃꽂이)를 할 때에도 웃거나 큰소리로 말하는 것은 예의가 부족하다고 여겨 조용히 꽃들을 마주 보는 수행을 하는 것이 예의범절이라고 가르친다(『교토가 되살아난다』). 이러한 높은 자존심으로부터 '애매성'이 필연적으로 생겨나는 것이다.

교토대학에 노벨상 수상자가 많은 것도 이것과 관련이 있다(표 2-2 참조). 교토대학에서는 각자가 독자적으로 연구를 하고 있으며, 업무에 관해 규제가 없고 아무도 간섭하지 않는다. 좋은 의미로도 나쁜 의미로도, 이러한 환경이라면 노벨상 수상자가 많이 나올 법도 하다. 그러한 자유로움이 교토대학의 이념과 학풍과도 이어져 있다. 이러한 환경은 논콘포미스트들에게는 지극히 쾌적하겠지만 콘포미스트에게는 가혹한 환경일지도 모른다(연구를 본직으로 하는 대학교수는 본래 논콘포미스트적 경향이 강하다고 할 수 있지만, 일본에서는 언제나 그런 것만은 아니다).

이것도 교토의 애매성을 나타내는 일화로 자주 인용되는 것이지만, 교토사람인 손님에게 '커피로 드릴까요, 홍차로 드릴까요?'라고 물으면, '아무거나 주세요'라고 애매한 반응을 하는 경우가 많다. 도쿄사람과 교토사람과 오사카사람이 해외여행을 할 때, 비행기에서 스튜어디스가 '치킨 오어 비프?'라고 물으면, 도쿄사람은 '치킨'이라고 대답하고, 교토사람은 '아무거나'라고 대답하고, 오사카사람은 '둘 다'라고 대답한다는 농담이 있다.

교토의 뿌리 깊은 '고급 지향'과 '자부심', '안티 도쿄' 사상은 외부사람이 도쿄 출신인지 혹은 그 외 지방도시 출신인지를 가리지 않고 강한 차별성, 배타성을 보이는 근원이 된다. 그러나 애매성(직설적으로 앞에서 지적하거나 공격하지 않는 성향)과 관광도시, 학생거리로서의 또 다른 자부심을 지키기 위해 그것을 겉으로 나타내지는 않는다. 1,200년간 일본의 수도였던 만큼 전 일본, 전 세계로부터 많은 사람이 모여들었던 역사를 가지고 있어 관광객이나 학생(교토시 인구의 약 10퍼센트)을 포함한 방문자, 외래자에게 매우 너그럽다. 교토사람을 대표적으로 나타내는 말 중에 '타지사람이니까 그냥 눈 감아 드릴게요' 라는 표현이 있을 정도다.

교토사람은 강한 자존심을 바탕으로 하는 강렬한 보수성을 지닌 반면에, 외래자나 이단자의 존재를 부정하지 않으며 또한 규범을 강제하지도 않는다. 교토시의 인구는 약 120만 명 정도로, 교토에 존재하는 이단자를 외래자와 동일하게 취급하는 것은 어쩌면 당연한 일일 수도 있겠다. 그리고 이런 환경은 규범에 얽매이는 것을 싫어하고 자신의 뜻대로 자유롭게 살려는 사람들에게 지극히 편안한 곳일 것이다. 즉, 교토는 전통적인 교토사람과 그를 따르는 소수의 외부인 집단, 속박되는 것을 싫어하는 자유인으로 구성되어 있다고 할 수 있으며 여러 요소들이 혼재되어 서로 경쟁하며 활동하고 있는 장소인 것이다. 그러므로 교토식 경영을 실현한 사람들은 교토에서 살아가는 '자유인' 이라고 볼 수 있다.

동질성을 유지하려는 경향이 강한 일본인은 기본적으로는 고(高)모니터형, 콘포미스트가 많은 집단이라고 여겨지고 있으며 필연적으로 규범(암묵적 규범, 구성원 간의 호흡)이 중요시되며 발달하기 쉽다. 교토는 일본에서도 지극히 예외적인 환경이다. 논콘포미스트를 허용하며 그들의 활동을 방임하는 구조가 다른 지역에서 형성되는 것은 상상하기 어렵다.

왜 교토에 애매성이 존재하는지, 그것이 어떻게 개성적인 인재를 낳았는지에 대해서는 4장 3절에서 살펴보기로 하겠지만 그 전에 '교토식 경영'이란 어떠한 것인가에 대해 지금부터 밝혀 보도록 하자.

교토식 경영의 구조

교토식 기업처럼 개방적인 기업간 관계를 가지면 당연히 많은 고객을 보유하게 된다. 개방적 수평형 시장에서는 성능이나 가격이 냉철하고 합리적으로 검토되므로 모듈의 조합으로 대응하고자 하는 유인이 강해진다. 그것이 '비정한' 경쟁을 발생시켜 전문화, 특화로 이어지며 업무 효율, 납품기한, 비용 등에서 유리해지기 때문이다. 개방적인 기업간 관계를 표방하면 필연적으로 인터페이스를 설정하여 유연한 모듈의 조합으로 대응하려고 하는 사고로 이어진다.

 # 교토식 경영의 특징

매우 개성적인 창업자

앞에서 제시한 다양한 관점을 바탕으로 정리해 보면, 교토식 경영이 어떠한 가치관과 경영이념, 전략·조직적 정책을 가지는 기업군인가를 알 수 있다. 이에 대해서는 나중에 그림 2-2, 2-3을 보면서 설명할 것이다.

교토식 기업은 교토의 애매한 문화와 관광지, 학생의 거리라는 특수한 환경에서 길러진, 지극히 개성적이고 적극적인 정신력을 가지고 있으며 합리성이 몸에 배인 리더가 창업했다. 창업자들은 교토의 안티 도쿄 정신, 비판적 사고와 맞물려 험난한 독립기업의 길을 굳이 선택했다.

그러기 위해서는 사전적인 것인지 사후적인 요소인지에 대한 논의와는 별도로, 절대적으로 차별화된 기술을 가지는 것이 필수조건이며, 기술을 한층 더 강화하는 노력이 이어져야 했다. 원래 승자독식이 미움 받는 사회에서 승자독식을 실현하는 것을 보면, 타인의 시선에는 신경을 쓰지 않는 개성적인 성향을 가지고 있다는 것에 대해 의심할 여지가 없다. 교토식 기업의 사원과 이야기하다 보면 하나같이 '그 부분은 다른 교토식 기업에는 해당될지 모르겠지만 저희 회사는 다릅니다' 라는 반응을 보인다*. 타인을 신경 쓰지 않는다고는 해도 정보공개에 대해 지극히 소극적, 아니 부정적인 점까지도 비슷하다. 정보를 공개하게 되면, 정보는 유출되는데 존경은 받지 못하는, 기업으로서는 그다지 달갑지 않은 결과가 기다리고 있기 때문일 것이다.

물론 일본 시장에서 계열에 속해있지 않다는 것은 신규 거래를 시작하는 데 있어 치명적인 핸디캡이 된다. 창업 시 아무리 노력해도 교토에서는 물론이고 일본 기업으로부터 좀처럼 인정받기 힘들다. 그러나 자사의 기술과 신념에 절대적인 자신감이 있는 창업자는 어떤 식의 인연으로든 단신으로 미국, 특히 실리콘밸리로 갔다. 그리고 영업활동에 다소 어려움을 겪기는 하지만 결국 미국의 대기업으로부터 큰 주문을 받아 그 기술력을 인정받게 되었다.

미국을 대표하는 일류브랜드 기업과의 거래가 성사되면 신용 자체가 후원자가 되고 이후에 일본 시장에서 거래를 넓히는 것은 어렵지 않다.

---

* 이 책이 교토식 기업 각 사를 하나로 유형화하는 것에 그들이 거부감을 느낄지도 모르겠다. 그러나 이전에 비해 교토식 기업의 사회적 영향력이 현격히 높아지고 있는 점을 들어 양해를 구하고 싶다.

표 2-3 교토식 기업 창업자 및 중흥자의 경력

	미국경험이 풍부	기술자 출신
교세라 - 이나모리 가즈오	◎	◎
무라타제작소 - 무라타 아키라	◎	◎
롬 - 사토 겐이치로	◎	◎
호리바제작소 - 호리바 마사오	◎	◎
일본전산 - 나가모리 시게노부	◎	◎
옴론 - 다테이시 가즈마	○	◎
삼코인터내셔널 - 쓰지 마코토	◎	◎
코플록 - 고지마 히사토시	×	◎
니치콘 - 다케다 잇페이	◎	×
도세 - 사이토 시게루	×	◎
일본전지 - 시마즈 겐조	×	◎
온리 - 나카니시 고이치	△ (이탈리아)	○

고객이 먼저 거래를 요구해 오는 일도 드물지 않다. 그러한 환경에서는 고가격 전략이 가능하며, 이익률도 자연스럽게 높아진다.

교세라의 이나모리 가즈오, 일본전산의 나가모리 시게노부, 삼코인터내셔널의 쓰지 오사무 등이 동일한 체험을 했다. 무라타제작소의 무라타 아키라는 일본 메이커로서는 처음으로 모토로라와 GE, GM 등의 미국 유력기업에 판매하는 데 성공했다. 무라타 아키라, 호리바 마사오는 대표이사직을 2세들에게 물려주기 전에 자식들에게도 미국 유학을 경험시켰다. 유학이 아니더라도 롬의 사토 겐이치로는 12년간, 니치콘의 다케다 잇페이는 17년간, 삼코인터내셔널 대표이사 쓰지 사토시는 3년간 미국에서 장기체재를 했다.

개방적인 기업거래 관계

계열에 속하지 않아 만약의 경우에 원조를 기대할 수 없는 독립기업은 장래에 대해 강한 위기감을 갖고 있다. 한번 계열 내부의 멤버로서 지위가 보증되면 거래가 이루어지는 온실 속의 환경과는 달리, 뼈를 깎는 노력이 계속적으로 필요하다. 인사관리에서 온정주의를 펼칠 여유 같은 것은 없다. 업무는 언제나 엄격하게 평가되며 실적에 근거한 보수가 지불된다. 자금효율에 대해서도 지극히 민감해질 수밖에 없고 당연히 현금흐름도 철저히 관리된다.

경영 전반에서 일본사회가 싫어하는 '냉철'하고 '합리적'인 판단과 시책이 철저히 이루어진다. 살아남기 위해 반드시 필요하기 때문이다. 기업 내 통치 즉, 책임과 역할이 명확하게 주어진다. 경쟁력으로 연결되는 모든 것을 받아들여 계속적으로 조직과 기술을 강화해야만 한다. 이러한 것들은 교토식 기업에서 뚜렷하게 발견되는 공통적인 특징들이다 (표 2-1 교토식 기업의 성공배경 참조).

즉, 살아남기 위해 사내를 활성화하는 수단으로서 개방적인 경쟁주의를 도입하지 않을 수 없는 것이다. 계열사회라는 폐쇄적인 시장을 뛰쳐나와 개방적인 시장(미국)에서 높은 평가를 받고, 일본에서는 부정적으로 바라보는 합리적 경영이 기업 전반에 뿌리내린 것도 납득이 간다. 그런 경영철학은, 롬의 사토 사장이 말한 '미국인이 되려고는 생각하지 않지만 미국에서 계속 살고 싶다는 생각을 한 적은 있다. 미국은 페어플레이를 중시하니까…'(『교토-오사카 밸리』 p. 41)라는 말에 잘 나타나 있다.

표 2-4 미국과의 친화성

	영업 성공 체험	학습 체험	기업 전략
교세라	이나모리 회장은 창업 초기인 1962년 세라믹콘 덴서를 판매하기 위해 도미. 1965년 텍사스인 스트루먼트로부터 수주에 성공. 그것이 비약의 계기가 됨.	미국의 '오픈'과 '공정성'에서 배운 공명정대함은 교세라의 가장 중요한 이념의 하나가 된다.	현금흐름 회계, 분산형 조직 등에서 일본 최첨단을 달리며 M&A에도 적극적.
호리바 제작소	1970년대, 규제가 강화된 캘리포니아 주에서 배기가스 측정기가 성공적인 판매. 그후 일본에서도 배기가스 규제가 강화되어 자동차에 배기가스 측정장치 부착이 법적으로 의무화되어 큰 성공을 거둠.	호리바 사장은 고난대학 이학부 졸업 후 미국 합병 회사인 올슨호리바에 입사함. 일하면서 캘리포니아대학 전자공학과 석사과정을 수료.	시스템 경영, 연봉제, M&A를 활용.
니혼 전산	회사 설립 이듬해 나가모리 사장 단신으로 미국에 건너가 영업하여 3M 수주에 성공. 그후 IBM과 계약을 성사시켜 비약의 계기가 됨. 1984년 미국 법인 설립.	자신의 사재를 털어 일본 벤처기업에 투자하고 있음. 자신이 창업 초기에 받은 도움의 보은이라고 함.	실력주의. M&A를 활용.
무라타 제작소	무라타 아키라 명예회장은 1957년에 미국에 건너가 전자부품 분야에서는 일본 최초로 영업 활동. 1960년 일본기업으로는 처음으로 모토로라, GE 등의 대기업과의 계약에 성공. 1965년 현지 법인 설립.	무라타 야스타카 사장은 뉴욕대학 수리통계학과 출신.	과학적 경영, 중앙집권적인 경영.
롬	1961년 사토 사장이 실리콘밸리에 반도체 개발 거점을 설립. 실리콘밸리에 가장 일찍 진출한 일본 경영자로 알려짐. 1977년부터 실리콘밸리에서 수주형 IC가 폭발적인 판매고를 보여 사토 사장은 이후 12년간 현지에 장기 체제하였음.	미국인이 될 생각은 없지만 미국에 계속 살고 싶다는 생각을 해본 적은 있다. 미국에서는 공정한 게임을 하기 때문이다. (『교토-오사카 밸리』 중 p.41)	합리적 경영, 중앙집권적인 경영.
옴론	창업자인 다테이시 가즈마가 미국에 '자동화'라는 생산방식이 있다는 말을 듣고 시찰단에 참가. 참가한 사람 중 유일하게 자동화의 실현을 위해 노력하여 발전의 계기를 만들었음.	혁신적인 전략, 조직 모델 도입에 적극적.	실리콘밸리와의 제휴, 투자 등을 적극적으로 실시함.
삼코	1987년 일본의 벤처기업으로는 최초로 실리콘밸리에 연구소를 설립. 많은 제품이 실리콘밸리에 있는 기업과의 계약에 의해 세상에 소개됨.	쓰지 사장은 NASA의 에임즈연구소에서 플라즈마화학을 연구함. 후배 벤처기업 지원에 열성적.	실리콘밸리형 경영의 선봉.
니치콘	다케다 사장은 입사 4년째에 미국에 건너가 밑바닥에서부터 시장을 개척하여 전해콘덴서 부문 점유율 1위를 획득함.	입사 4년째에 미국에 가 스스로 사업을 개척 확장함. '교토발 글로벌 스탠더드 기업'을 목표로 함.	1950년대 중반부터 연공서열제를 폐지. 정보공개를 중요시함.

옴론처럼, 극적인 체험은 없더라도 제품을 개발하는 과정에서 미국 시장과 깊은 관계가 있던 기업도 많다. 이러한 경험으로부터 개방적 시장, 경쟁주의에 대해 이해를 나타내는 것 역시 이해할 수 있는 대목이다 (표 2-3, 2-4 참조).

사내외의 관계는 개방적인 것이 기본이다. 납품처와 구매처 모두 다수와 관계를 맺고. 인사관리도 유동적으로 경쟁을 기조로 하는 경우가 많다. 이와 더불어, 고객 중심의 미국 기업, 특히 실리콘밸리 기업의 합리적인 판단, 경영스타일에 심취하게 된다.

열린 경쟁과 데이터를 기본으로 한 과학적, 논리적인 판단을 행하는 것을 합리적이다, 냉정하다, 비인간적이다라고 바라보는 경향이 있는 일본사회에서는 기업의 내부 정보가 결코 적극적으로 공개되는 일이 없을 것이다. 오히려 홍보에 있어서는 '일본식 경영을 실행하고 있다' 는 측면이 강조되는 경우도 많다. 그 편이 사회와의 알력을 피하기에 유리하기 때문이다. 그러한 외적 모순이 교토식 기업에 대한 외부 평가를 혼란시키고 있는 면도 있다. 물론 대부분의 기업이 외부의 평가에 별로 신경 쓰지 않는다.

교세라는 종교집단 같다고 부정적인 견해를 피력하는 사람도 있지만, 그것은 활성화된 사풍을 오해하는 것이다. 즉, 아직 그 전모가 공개되지 않았기 때문에, 혹은 일부만이 전달되어 밖에서 보면 도무지 영문을 알 수 없는 사풍을 가진 것처럼 보이는 것이다. 외부의 견해와는 관계없이 사원들은 매우 적극적으로 업무에 임하고 있다.

사원들은 속고 있는 것도, 강제를 당하고 있는 것도 아닌 스스로의 동

그림 2-4 외국인 보유 주식 비율의 추이

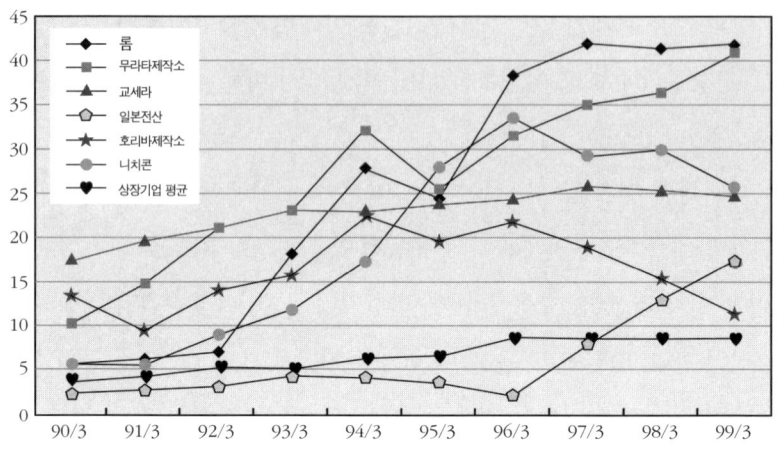

범례:
- 롬
- 무라타제작소
- 교세라
- 일본전산
- 호리바제작소
- 니치콘
- 상장기업 평균

기부여에 의해 즐겁게 일하고 있다. 외부에서는 그것을 쉽게 이해할 수 없기 때문에 편향된 평가를 내리게 된다. 그것은 사가와 택배도 마찬가지며 롬, 일본전산, 무라타제작소 등도 홍보활동에 극단적으로 소극적인 것은 잘 알려져 있다. 스스로의 업무형태에 대해 자부심을 가지되 애써 이해를 받으려 하지 않는 것이 그렇게 이상한 일만은 아닐 것이다.

그림 2-4에서 알 수 있듯, 외국인의 주식보유율이 높고 투자가를 위한 정보공개 중시 등 글로벌스탠더드 경영을 실행하고 있는 점 역시 특징으로 꼽을 수 있다. 외국인 투자가의 주주로서의 요구는 일본인의 그것보다 훨씬 더 엄격하다. 교토식 기업을 그러한 주문에 견딜 수 있는 체질을 만들어 놓았고, 그렇게 엄격한 환경에서 스스로의 능력을 보다 향상시키고자 했기 때문에 많은 외국인 투자가의 선택을 받았을 것이다.

외국인 소유주 비율이 5개 상장기업 중에서 유일하게 낮은 일본전산도 2001년 9월 27일에 뉴욕증권거래소 상장에 성공해, 그래프에서 알 수 있듯 외국인 주식보유율이 급격히 상승했다.

모듈&인터페이스 방식을 활용

교토식 기업처럼 개방적인 기업간 관계를 가지면 당연히 많은 고객을 보유하게 된다. 다수의 고객기업으로부터의 다양한 요구에 대응하기 위한 활동에는 두 가지 접근법이 있다. 하나는 개별적인 주문생산(customization)을 통한 대응이며, 다른 하나는 공통부분을 모듈로 추출하여 조합과 부분적인 주문생산을 통해 복잡한 요구에 대응하고자 하는 방식(모듈&인터페이스)이다.

계열·폐쇄적·수직인 시장에 있어서는 관계성이 고정적이고 인간관계, 특히 충성심, 순종성, 근성 등의 정신론이 중요한 기준이 되기 때문에 정성스럽게 개별 대응하는 자세가 높이 평가되는 경향이 강해진다.

한편 개방적 수평형 시장에서는 성능이나 가격이 냉철하고 합리적으로 검토되므로 모듈의 조합으로 대응하고자 하는 유인이 강해진다. 그것이 '비정한' 경쟁을 발생시켜 전문화, 특화로 이어지며 업무 효율, 납품기한, 비용 등에서 유리해지기 때문이다. 개방적인 기업간 관계를 표방하면 필연적으로 인터페이스를 설정하여 유연한 모듈의 조합으로 대응하려고 하는 사고로 이어진다. 실제로 교토식 기업은 모듈&인터페이스 방식을 잘 활용하고 있는 곳이 매우 많다.

세계의 제조업은 전반적으로 모듈화의 흐름을 가속시키고 있으며 모듈화에 따른 상호의존성도 높아지고 있다. 이대로는 교토식 기업을 제외한 일본 제조업의 경쟁력이 급속히 약화되며 글로벌 네트워크로부터 제외될 것이다.

모듈&인터페이스 방식은 마케팅 노하우의 개발을 위해서도(마케팅에서 가장 중요한 세그먼트의 개념은 모듈 그 자체이다), 그리고 현대적인 조직관리의 기본노하우를 강화하기 위해서도(조직의 책임, 역할, 권한의 명확화 역시 모듈 그 자체이다) 매우 중요하다. 모듈은 이렇게 경영노하우의 핵심을 이루는 개념이며 교토식 경영의 근간이므로, 3부에서 자세히 살펴보기로 하자.

또 다른 흥미로운 사실은 니치콘을 제외한 창업자 전원이 이공계 출신이라는 점이다. 호리바제작소와 무라타제작소처럼 2대째 대표이사가 이공계 출신인 경우도 있으며, 옴론은 창업자인 가즈마 씨와 2세 경영자인 다카오 씨가 이공계 출신이다. 경영컨설팅회사 중에는 과학적이고 논리적인 사고를 중시해 이공계열 출신을 적극적으로 채용하는 경우가 많다. 물론, 인문·사회계열 출신자는 안 된다는 의미가 아니다. 그러나 기존 일본기업에 인문·사회계열 출신이 많기 때문에 '논리는 중요하지 않다', '인간관계(즉, 의리와 정)가 중요하다'라는 생각이 뿌리 깊게 남아 있는 것도 사실이다.

유체 계측 · 제어 시스템에 특화

코플록은 '유체(流體)를 과학한다' 는 자사의 표어대로, 유체 계측제어시스 템에 특화된 기업이다. 가스의 농도를 세밀하게 조정하는 '가스농도 제어기 술', 대용량의 가스 유량에서도 언제나 정밀하게 작동하는 '매스플로우 제 어기술' 이라는 최첨단 기술력을 자랑하는 전문기업이다.

우리가 살고 있는 지구를 둘러싼 환경은 기체와 액체다. 코플록은 이 점에 착안하여 창업 때부터 기체와 액체를 고정밀도로 정확히 제어 · 계측하는 기술을 추구해 왔다. 현재의 매출은 약 36억 엔, 경상이익은 약 4억 엔이며, 종업원 수는 190명이다(2001년 3월).

유체의 제어 · 계측에 관한 연구개발을 전문으로 하는 코플록의 기술은 다 양한 분야에서 이용되고 있다. 그 기술은 이른바 요소(要素)기술이기 때문 에 코플록의 기술을 이용한 완성품을 타사 브랜드로 OEM 생산하고 있는 경우도 많아 코플록이라는 브랜드가 상품의 전면에 드러나지는 않는다. 코 플록이 취급하고 있는 분야는 과학기기용 및 일반산업용 제어 · 계측기기 에서 연료전지, 바이오, 반도체 등 첨단기술의 시스템에 이르기까지 매우 다양하다.

최근에는 고령화 사회와 환경문제 등에 대비한 상품도 개발하고 있다. 그 중 산소 농축기기는 호흡기질환 환자용이며, 다이옥신의 발생을 줄이는 쓰레기 소각로 업체 전용의 대형 산소발생장치 실험도 진행하고 있다. 고지마(小島) 사장에 의하면, '고령화가 진행되어 산소흡입이 필요한 환자는 향후 10년간 두 배 이상으로 늘어날 것이다. 시장규모는 약 1,000억 엔. 다이옥신 관련에서는 보완 및 수리가 필요한 소각로가 1,800개 곳이나 된다'며 앞으로의 포부를 밝히고 있다.

다채로운 고객과의 개방적인 거래관계

코플록의 제품을 사용하는 곳은 기업, 연구소, 대학 등 해외를 포함해 6,300사를 넘는다. 그러나 최대 고객이 매출액에서 차지하는 비율은 몇 퍼센트에 불과하다. 이것은 고지마 사장의 방침이며 특정 고객과의 거래가 전체 매출액에서 차지하는 비율이 10퍼센트를 넘으면 사장이 직접 관여한다. 고지마 사장은 그 이유를 다음과 같이 밝히고 있다. '경영의 리스크를 분산하기 위해 특정 거래처에 대한 의존은 피한다.' 소량거래를 하는 고객시장에서도 폭넓게 고객과 거래한다는 방침은 언제나 철저히 지켜진다.

이러한 방침이 생긴 것은 창업 초기의 쓰라린 경험이 있었기 때문이다. 창업 초기 코플록은 시마즈제작소(島津製作所)의 하청기업으로, 매출액의 70퍼센트를 시마즈제작소에 의존하고 있었다. 그로 인해 판매가격이나 거래량 결정 등에서 괴로움을 처절히 맛보았다. 그 때의 교훈을 살려 현재는 하청관

교토식 기업 케이스 스터디

련 업무는 모두 끊고 독립 메이커로서의 길을 걷고 있다.

도전을 중시하는 사풍

고지마 사장의 '사람들이 하지 않는 것을 하자'는 방침을 바탕으로, 대기업이 본격적으로 참가하기 힘든 유체 제어·계측 분야에서 사업을 전개해 오고 있다. 즉, 대기업이 이익을 올리기는 어렵고 영세기업이 진입하기에는 부담스러운 분야를 노려서, 레드오션을 피해 규모가 작으면서 고수익을 기대할 수 있는 니치 분야에 집중하고 있는 것이다.

틈새시장이기 때문에 거래당 매출액은 적은 편이지만, 고지마 사장은 특정 고객에 대한 의존도를 낮추기 위해 영업부에 언제나 신규고객 개척을 요구하고 있다. 그 때문에 세일즈맨은 신규고객을 찾아 새로운 시장을 개척하지 않으면 안 된다. 영업부서는 기술부서에게 새로운 기술의 개발을 요구하고, 기술부서는 그에 부응하기 위해 노력한다. 그러한 과정을 통해 다시 영업부서에 피드백되는 선순환의 구조가 확립되어 있다.

투자에도 매우 적극적이어서 신규공장 건설에 한 해 총매출액과 동일한 규모의 신규 투자를 실시한 적도 있다. 이렇게 적극적으로 리스크를 감수하는 자세가 새로운 성장을 낳아가는 것이다.

전자부품사업

1950년에 창업한 이래 전자기기용 전자부품, 특히 콘덴서 개발과 생산, 판매를 주로 하고 있다. 현재는 전자기기용 콘덴서, 회로제품, 전력기기용 콘덴서, 콘덴서 응용관련기기, 그 외 다섯 가지의 사업영역이 있다. 매출액은 단독으로 1,171억 엔, 연결결산 1,212억 엔(2001년 3월)이며 그 중 해외에서의 매출이 약 40퍼센트를 차지한다. 종업원은 1,712명(2001년 3월 3일 현재)으로 일본 내에 공장 8곳, 경영거점 16곳, 제조회사 15곳이 있으며, 해외에 제조회사 5곳과 제조판매거점 5곳을 가지고 있다. 풍부한 현금을 바탕으로 무차입 경영을 하는 것으로도 유명하다. 자사 주식 소각도 적극적으로 실시하고 있다.

특정사업에 대한 집중투자

니치콘이 보유한 특허는 옛 회사명(일본콘덴서공업)에서 알 수 있듯이 콘덴서 관련에 집중되어 있다. 1998년도부터 3년에 걸쳐 주력제품인 알루미늄 전해콘덴서의 주원료인 알루미늄 전극박(箔) 설비에 집중투자했다. 목표는 하이브리드 및 전기자동차에 사용되는 '고리플형 알루미늄 전해콘덴서'의 생산이었다. 자동차용으로 니치콘이 높은 점유율을 보이고 있는 인버터에 어컨용 콘덴서를 개량하여 종래의 제품보다 체적과 중량을 반감시킨 제품을 투입하고 있다. 업계는 물론 세계 최초의 기술을 목표로 독자적인 기술을 추구하던 중 개발하여 제2의 주력제품으로 육성하고 있는 탄탈 전해콘덴서를 생산하기 위해 니치콘시가(滋賀)주식회사를 신설했다.

'최선을 다해 적시에 최대한 빠르게 모든 것을 실행한다'(『교토라서 성공했다』)가 기본 전략으로, 앞으로도 집중분야에 더욱 큰 설비투자를 할 계획이다. 그 외에도 필름콘덴서, 하이브리드 IC, 스위칭 전원 등에 있어 세계적인 점유율을 확보하고 있다.

중흥의 시조, 다케다 잇페이 사장

당시로서는 드물게 와세다대학 출신으로 교토에 있는 니치콘에 입사한 다케다 사장은 '연공서열이 없다'는 회사 안내에 매료되어 입사를 지원했다고 한다. 그는 입사 후 4년 만에 시카고 사무소를 개설하고자 미국으로 건너갔다. 니치콘 아메리카를 설립하고 전해콘덴서의 점유율을 제로에서 넘버원으로 이끌었으며, 그를 위해 17년간 미국에서 생활했다.

다케다 사장은 미국에서의 실적뿐 아니라 후쿠이 현의 공장장 시절에 조직 개편과 인사발탁을 톱다운 방식으로 적극적으로 진행한 일화가 있다. 그러한 대담한 시도가 성공으로 이어진 경험들이 현재의 독창적인 경영스타일을 형성하는 데 도움이 되었다고 한다. 창업자는 보수적이고 건실한 경영을 했으나 다케다 사장은 과감하게 방향을 전환하여 회사의 정보를 오픈하고 스스로에게도 과제를 부가하면서 비전을 실현해가는 경영수법을 채용했다. 때로는 사원들이 '이런 데이터까지 공개해도 괜찮나?' 라며 의아해 할 정도였다고 한다.

글로벌 스탠더드 경영

기업 정보 공개와 주주에 대한 메시지를 전달하는 것도 적극적으로 실시하고 있다. 수익이 감소했던 1998년에는, 통상적으로는 주가에 악영향을 끼치는 요인이었지만 정보를 투명하게 공개해 오히려 분석가에게 호감을 주었다. '일본 국내만을 상대하고 있으면 해외에서 통용되는 글로벌 스탠더드에 걸맞은 글로벌기업으로 성장하지 못한다' 며 경쟁대상을 해외에서 적극적으로 찾고, 경영은 글로벌 스탠더드가 아니면 안 된다는 신념을 관철시키고 있다.

니치콘에서는 예전부터 연공서열이 없고 실력주의며 다케다 사장의 예에서 보여주는 것처럼 젊더라도 크게 활약할 수 있는 자리를 제공해 왔다. '경쟁 없이도 크게 될 수 있다면 좋지만, 흔하지 않은 일이다. 다른 사람이 다섯의 노력을 한다면 육, 칠의 노력을 해야한다' 라고 다케다 사장은 말한다. 최근에는 이사 및 종업원의 업무향상에 대한 의욕과 사기를 높여 국제경쟁력을 더욱 강화하는 것을 목적으로 스톡옵션 제도를 도입했다.

니치콘은 자동차업계에서 최초로 ISO9001를 취득하였고, QS-9000(미국의 3대 자동차 메이커가 제정한 독자적인 공통품질보증규격시스템) 인증도 일본 최초로 취득한 것에서 알 수 있듯, 업계에서 시스템규격의 선구자적 존재이 며 동종업계의 타사에도 영향을 끼치고 있다.

변화지향, 도전 정신, 향상심

니치콘의 강한 향상심(向上心)은 사장의 어록에서도 잘 알 수 있다. 자신을 정당화하는데 급급한 현재의 풍조에서 자신의 나약함을 끊임없이 되돌아보 고 그것을 성장의 양식으로 삼고 있다. 대기업이 되었어도 벤처기업 시절의 초심을 잃지 않고 뽐내지 않으며 작은 기업으로부터 배우는 자세를 강조하 고 있다. 항상 스스로 목표를 설정하여 그것을 전사적으로 해결해 나가는 것 을 즐기는 것 같다. 'Can Do! 기대 이상으로' 라는 슬로건을 내걸고 고객의 희망사항을 성장을 위한 귀중한 기회로 보고 있다. 이 간단한 슬로건에 일본 기업이 생각해봐야 할 근본적인 문제가 지적되어 있는 것 같다.

 교토식 경영의 본질적 특징

1부에서 살펴본 대로, 세계적인 하이테크기업의 공통적인 성공전략을 교토식 기업들은 매우 자연스럽게 취하고 있다는 것을 확인했다. 그렇다면 '일본에서는 이질적으로 여겨지는 행동'을 취하게 된 배경으로서의 교토식 기업의 본질적 특징은 무엇인가에 대해 살펴보기로 하자(그림 2-5 참조).

교토식 경영의 요건이 태어나는 배경은 '독립심 · 독창성 · 향상심 · 정신력', '비판적 사고', '합리성' 등 세 가지라고 할 수 있다. 이것들이 갖추어져 있으면 앞 절에서 말한 표층적 요건은 필연적으로 태어나게 된다. '경영합리성'이 갖추어져 있으면 합리적이고 과학적인 경영수법이 선택되는 일도 필연적인 귀결이라고 할 수 있다. 그러한 각각의 특징에 대해 순서대로 확인해 보도록 하자.

그림 2-5 교토식 경영의 구조와 구성요건

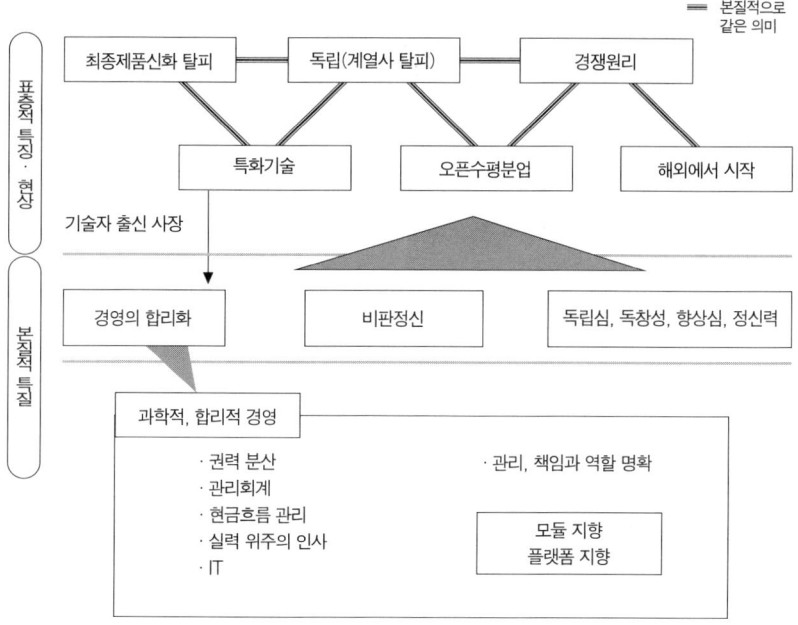

독립심, 독창성, 향상심, 정신력

'모난 돌이 정 맞는' 환경(동질화를 강제적으로 실현하는 환경)에서는 독립심은 물론, 톡톡 튀는 독창성과 다른 이들을 압도하는 발군의 노력까지도 부정당하기 쉽다. 전체를 균질화하려는 노력 즉, 근성이나 순종 등이 높이 평가받는다. 하지만 똑같은 노력이라 할지라도 방향은 완전히 다른 것이다. 따라서 독립심, 독창성, 향상심이 모두 갖추어지는 것은 일본에서는 지극히 이례적이라고 해도 좋을 것이다.

애초부터 독립심이 강했던 교토식 기업의 창업자들은 독립해 살아가는 험난한 길을 선택했다. 그것은 언제나 경쟁을 벌여 계속 이겨내는 정신력이 없다면 도저히 감당하기 힘든 것이다. 경쟁이라는 관점에서 순수하고 합리적으로 고려해 행동하지 않으면, 생존 자체도 쉬운 일이 아니다.

경쟁만을 생각하는 기업과 그 외의 목적을 추구하는 기업 간에 경쟁력의 격차가 발생하는 것은 어쩌면 당연한 일이다. 그것은 글로벌 환경에서는 당연한 일이지만 업계의 화합을 미덕으로 하는 일본에서는 금기시되어 왔다. 경쟁, 그중에서도 가격 경쟁은 많은 경우에 담합이나 유착구조로까지 발전한 '기존의 업계 질서'에 의해 방해를 받았다. 격렬한 가격 경쟁을 촉발시킨 MK택시로 대표되는 교토식 기업이 받는 중상과 비방은 이러한 배경에 기인하고 있는 경우가 많은 것으로 생각된다.

교토식 기업은 현재의 환경에서 당연히 해야할 일들을(경쟁에 필요한 합리적인 일), 독립심을 바탕으로 하는 합리성, 향상심, 독창성을 통해 당연하게 완수해왔다. 교토식 기업은 일본 기업도 글로벌경쟁에 충분히 참가할 수 있으며 또한 승리할 수 있다는 사실의 거의 완벽한 실례이다. 앞으로 가장 큰 성장이 있을 것으로 예상되는 하이테크 분야를 비롯해 다양한 영역에서 일본 기업이 새로운 발전과 성장을 이룩할 수 있는 새로운 비즈니스 모델을 여실히 보여주고 있다.

플랫폼 지향

교토의 가모가와(鴨川) 근처에 본사가 있는 MK택시는 한국 출신의 아오키 사다오(靑木定夫) 씨가 1960년에 창업했다. 교토, 도쿄, 오사카에서 저렴한 택시비, 운전사의 정중한 매너 등으로 주목을 받았으며, 나고야에서는 사업 신청이 무산되자 무료택시 운행으로 대항하는 등 화제가 끊이지 않는 회사이다. MK택시에 대해서는 찬반양론이 있지만, 적어도 규제완화에서는 큰 역할을 하고 있다.

MK택시는 3억 엔을 들여서 설치한 일본 최대 규모의 GPS장치 탑재 차량을 운영하여 고객의 요청에 따라 본사에서 위치를 확인해 개별적으로 배차하는 것이 가능하다. '모든 택시를 휴대전화로 부를 수 있게 한다' 라는 신념을 바탕으로 전략과 투자를 계속하고 있다. 무선콜 방식으로는 교토 시내에서 80퍼센트의 점유율을 획득했다는 데이터도 나와 있다.

또한 일본 최초로 주요 공항에 셔틀버스를 운행해 송영서비스를 시작했다. 그렇게 낮은 가격으로는 이윤이 남지 않을 것이라며 경쟁회사로부터 무시당했지만 현재는 MK택시의 주요수익원으로 자리 잡고 있다. 비판했던 회사들이 후발주자로 뒤를 쫓는 상황이다.

교토식 기업 케이스 스터디

그 외에도 시내버스 사업에 진입하고 할인택시와 연계해 지역교통을 모두 커버한다는 발상을 도입하고 있다. 다양하고도 편리한 서비스에 지역주민들의 기대감은 크다.

이들 사업의 공통점은 모두 '플랫폼을 활용한 전략'이다. 플랫폼을 정비하는 것(GPS의 보급과 셔틀버스의 전 지역 커버)에는 막대한 투자가 필요하지만, 한번 정비하면 압도적인 경쟁력으로 이어진다. 이것은 개방적 수평분업에 있어서의 '독점'의 발상과 상통하는 것이다. 이미 유명해진 MK택시의 '정중한 운전사 예절'은 매달 1, 2회 사내 교육의 일환으로 교토의 승려 등으로부터 인생의 교훈을 배움으로써 인해 생긴 효과이다. 이러한 인재교육도 하나의 플랫폼이라고 생각할 수 있을 것이다.

상한선 없는 성장 · 경쟁의욕

MK택시의 서비스(운전사의 정중한 언어사용과 예절, 차문의 여닫이를 운전사가 해주는 것, 청결한 차내)는 보통의 서비스에 비하면 대단히 이질적이라고도 할 수 있는데, 한번 경험한 사람에게는 선명하게 기억될 것이다. 또한 가격인하에서도 언제나 선두에 서 있다. 이와 같은 '고객 지향' 즉, '보다 좋은 서비스를 보다 낮은 가격으로'라는 자세는 일률적이고 같은 질이었던 업계에 경쟁심을 촉발시켜 일대 혼란을 야기했다. 그 때문에 감독관청에 안 좋은 인상을 주었고, 나고야에서는 사업자면허를 허가받지 못했지만 그에 대항하여 무료택시를 운행시키는 등 MK택시의 역사는 어떤 의미에서는 관청과의 싸움의 연속이었다.

MK택시는 교토식 기업 중에서도 독보적일만큼 많은 중상과 비방을 받는 기업이라고 생각한다. 또한 MK택시의 운전사로부터 자주 듣게 되는 동종 업계의 괴롭힘은 폐쇄적인 사회에서 일탈한 것에 대한 제재이며 일본 사회에서는 자주 볼 수 있는 일이다. 업계의 일률적인 호송 방식에 의한 질서 유지에 반기를 들고, 폐쇄적인 사회의 비합리적인 방식에 복종하지 않는 자세를 계속 유지하는 것은 강한 신념과 정신력 없이는 할 수 없는 일로 보여진다. MK택시의 영향으로 교토의 택시업계에서는 가격 저하는 물론 서비스에서도 경쟁의 효과가 확실하게 나타나고 있다.

독특한 컨셉

교토에서 즐거운 일상생활을 보낼 수 있게 하는 많은 것들 중에서도 FM교토의 존재는 특히 크다고 할 수 있다. 도쿄에서는 좀처럼 들을 수 없는 분위기의 토크와 음악이 풍부한 자연과 수많은 절, 심오한 문화를 자랑하는 교토의 분위기와 맞물려 세련되고 지적인 생활을 연출할 수 있도록 도와준다. 이러한 FM교토의 컨셉은 '세련된 지성' 으로, 언뜻 이상하게 들릴 수도 있지만 '안티 도쿄', '안티 대중영합주의' 라고도 할 수 있다. DJ의 토크에서도 대중에게 아부하는 듯한 자세는 보이지 않으며 간편하게 '교토식' 을 맛볼 수 있어, 교토를 방문했을 때 89.4에 주파수를 맞추어 보는 것도 나쁘지 않을 것이다.

FM교토는 1990년에 설립되었으며 교토의 여러 기업과 자치단체가 주주로 있다. FM교토가 커버하는 지역은 교토, 시가, 오사카, 나라, 효고 등으로 (주민 수는 약 1,700만 명), 해당 지역에서는 전체 방송의 40퍼센트, FM방송 중에서는 50퍼센트에 가까운 청취율을 가지고 있으며 개설 이래로 항상 톱의 자리를 지켜오고 있다.

'세련된 지성' 이라는 컨셉의 마켓은 일본에서는 아직 마이너적인 틈새

(niche)시장이지만, 앞으로 대단히 중요한 한 부분(segment)이 될 가능성이 크다. 다가올 새로운 사회는 세련되고 지적인 사람들에 의해 개척될 것이다. 교토이기 때문에 가능한 경우이기는 하나, 특정분야에 특화함으로써 그 컨셉에 맞춘 컨텐츠 제작, 편집능력, 그에 근거한 브랜드를 확립하고, 게다가 그 마켓을 확대·개발하는 것에 성공한다면 획득할 수 있는 이익은 엄청날 것이다. 이것은 스스로의 신념을 바탕으로 시장을 계속 개척해가는 벤처정신 바로 그것이다. 벤처는 돈을 벌 목적만으로 도전해서는 성공하기 어렵다. 스스로의 신념을 펼쳐가는 활동을 계속하여 마켓에 광범위하게 받아들여졌을 때 비로소 큰 성공을 거둘 수 있는 것이다.

지금과 같은 방송규제 속에서 사업을 전개하거나 전국에 보급하는 것은 쉬운 일이 아니다. 하지만 인터넷 등 새로운 미디어를 여러 방법으로 활용함으로써 라디오국도 새로운 시대에 돌입하고 있다.

전국 네트워크에서 독립

FM교토의 또 다른 독특함이라고 할 수 있는 것은 전국 네트워크에 속하지 않고 독립된 사업을 펼치고 있다는 점이다. '전국 네트워크에 속하면 컨텐츠가 제공되기 때문에 편하다. 그래서 몇 번이고 가입하고픈 유혹에 빠졌다. 그러나 수지가 맞지 않았다.'고 방송국 사장은 밝혔다. 이것은 일본의 하청구조를 여실하게 보여주고 있는 발언이라고 생각한다. 내용에 관한 고민을 하지 않아도 되는 하청의 입장은 어떤 면에서는 편할 지도 모르지만 결국은 착취를 당하는 구조에 빠진다. 고생을 하더라도 자립하는 길을 선택해야만 발전이 있고 보람이 있다.

독립된 라디오방송국으로 살아남기 위해서는 계속적으로 새롭고 독특한 아이디어에 도전해야 한다. FM교토는 그러한 개성적인 내용에 대해 '눈에 띄기 위한 방책'이라고 겸손해하지만, 일본의 어느 방송국에도 뒤지지 않는 퀄리티를 자랑한다.

FM교토의 컨셉은 이제까지의 동질사회, 폐쇄사회, 비자립사회, 의존사회에 대한 안티 테제이며, 이제 막 싹이 돋고 있는 새로운 사회의 숨결이기도 하다. 제공하는 서비스는 오락성이 강하지만 사회에 대한 영향력은 크다. 이와 같은 개성적인 벤처기업이 더 성공하게 되면 일본의 대중문화도 더욱 발전할 수 있을 것으로 생각한다.

모듈적인 발상

이와 같은 발전의 배경에는 합리적, 시스템적인 사고가 기업 내에 존재한다는 것을 자연스럽게 추측할 수 있다. IT 세계에서 일어나고 있는 컨텐츠의 모듈화 논의를 1부에서 검토해 보았지만, FM교토도 FM방송국의 컨텐츠를 모듈화하여 다양한 미디어와의 상호공급, 교환하는 체제를 이루어가고 있다. 향후 FM방송이 디지털화할수록 교토FM도 발전할 것이다.

비판정신이 모방을 거부

교토의 안티 도쿄 정신이 고유의 비판적 사고와 맞물려 도쿄적인 방식에 대해 비판적, 부정적이라는 것은 현저하게 드러나는 사실이다. 흥미로운 것은 안티 도쿄가 다양한 형태로 나타나는 것이 아니라, 모든 교토식 기업에서 하나의 방향으로 수렴되고 있다는 점이다. 여기에서 도쿄의 상징이 '공동체의 유지'이며 그것을 부정하자 '경쟁'으로 수렴되었다는 가설이 성립된다.

도쿄에 있으면 '일본식 경영을 어디까지 남기고 어디서부터 바꾸어야 하는가'라는 논의가 영원히 이어져, 끝나지 않을 것 같은 생각마저 든다. 거의 괴멸상태에 있음에도 불구하고 논의를 위한 논의만이 계속되고 있는 것처럼 보인다. 이것은 기득권의 변동이 동반되기 때문이며 '자신의 이익이 조금이라도 줄어든다면, 전체가 함께 멸망해도 상관없다'는 물귀신적인 저항도 다수 포함된 것으로 보인다.

그러나 재미있게도 교토에서 일본식 경영(즉, 도쿄식 경영)을 한번 부정해보니 방향성이 일치하는 결과가 나타났다. 하나의 벽을 돌파하면 가능성은 있다. 일본의 장래에 대해 지레 절망할 필요는 없다. 교토식 경영이 수렴되는 지점은 다음과 같다.

과학적, 합리적인 경영을 철저히 실시

독립심이 매우 강해 다른 사람들과 거리감이 있을 때, 사람은 스스로의 생각을 검증하거나 정당화하기 위해 필사적으로 생각하고 그것은 논리적, 과학적인 방향성을 가지게 된다. 그 반대로 일본 사회에서는 논리적, 합리적인 사람들이 도리어 전체로부터 괴리되는 경향도 있다.

교토식 기업은 거의 예외 없이 과학적, 논리적, 합리적인 경영을 실시하고 있다. 가장 전형적인 예가 규모가 큰 교토식 기업이 모두 채용하고 있는 '분산형 조직'과 '관리회계'라는 양대 경영관리법과 모든 교토식 기업에서 공통적으로 발견되는 '실력주의 인사', '명확한 기업 내 통치', '정확히 기능하는 정보시스템' 등이다.

분산형 조직을 통한 활성화

분산형 조직이란 사업부, 컴퍼니제, 이익중심점(profit center) 등으로 대표되는, 조직을 작은 규모로 분해하고 적절한 권한을 부여해 현장에서 신속하고 정확한 판단과 처리를 하기 위한 것이다. 많은 일본 기업들이 채용하고 있지만, 교토식 기업이 그들과 구분되는 것은 관리회계를 시행하고 있으며 그것이 회사 내부에 깊이 뿌리내리고 있다는 점이다. 두 가지를 동시에 갖춤으로써 기업은 대기업병을 피할 수 있으며, 성장과 조직의 활성화를 유지할 수 있다. 거꾸로 이러한 것들이 없으면 조직이 비대해져 기업을 정확하고 적절하게 관리할 수 없게 된다.

일본 기업의 상당수는 분산형 조직을 형식적으로 채용한 것에 불과하며 목적을 달성하고 있다고 생각하기는 어렵다. 교토식 기업이 어떻게 그러한 문제들을 해결하고 있는가에 대해 살펴보기로 하자.

1) 실패를 용서하지 않는 체질

리스크를 감수하려 하지 않는 일본인들의 체질과 그 배경에 존재하는 실패를 용서하지 않는 사회풍토는 벤처의 탄생을 가로막는 원인으로 자주 지적된다. 권한 이양은 '실패를 통해 학습시키는 것'에 진정한 의미가 있다. 이것은 인간의 자립을 위한 교육에는 필수적이지만 유아교육에서 자주 볼 수 있는 과잉보호처럼 큰 사고를 스스로 피할 수 있는 능력을 오히려 배제시키고 있다.

'실패에 의한 학습 = 자립'이 성립된다면 자립심의 결여가 실패의 가치를 발견하는 데 방해가 된다고 할 수 있다. 교토식 기업은 매우 독립심이 강하기 때문에 권한 이양의 본질을 잘 이해하고 있으며, 스스로 생각하게 하는 교육, 권한 이양과 분산형 조직이 제대로 기능하고 있는 것이다.

2) 불명확한 책임과 역할

중소기업에서 권한 이양의 실패로 인해 볼 수 있는 일반적인 풍경 중에는 다음과 같은 것이 있다. 대표이사는 이렇게 말한다. '나는 권한 이양을 했는데 부하직원들이 거기에 전혀 대처하지 못하고 있다. 나는 불행한 경영자다.' 그러나 자세히 살펴보면 부하가 열심히 생각하고 판단해 행동하면 '그런 부분까지 네게 맡긴 적은 없다'고 격노하는 모습이 눈에 띈다.

이래서는 부하직원들도 리스크를 감수하기보다는 상사의 지시를 기다리는 쪽을 선택해 버린다. 이러한 것들을 방지하려면 이양자와 인수자 간의 명확한 역할 분담이 필요하다. 어디까지 맡겼는지, 어디부터는 판단을 존중할 필요가 있는지의 선을 명확하게 정하지 않으면 권한 이양은 성공하지 못한다. 교토식 기업이 거의 예외 없이 냉정할 정도로 책임과 역할을 명확하게 하고 있다는 점은 다시 언급할 필요가 없을 것이다.

3) 불명확한 평가

권한을 이양한 이후가 더욱 중요하다. 그대로 방치해 두면 개선도 성장도 관리도 없으며 자칫 잘못하면 혼란과 파멸로 이어질 것이다. 이양자(상사)는 인수자(부하)의 성과 혹은 활동을 정확하게 평가해 관리에 활용해야 한다. 그러나 대체적으로 '성장 = 튀어나온 것'과 동일시되어 환영받지 못한다. 그 이전에 명시적으로 평가하는 것 자체를 꺼리는 경향이 있다. 그 배경에는 조직 내에서 서로의 성과를 지나치게 정확히 측정하거나 서로가 서로에 대해 평가하는 것을 싫어하는 관습이 존재하기 때문일 것이다.

긴장감이라곤 전혀 없이 거수하는 역할만 하는 이사회가 좋은 예가 될 것이다. 일본 기업의 대부분이 좋은 게 좋다는 식으로 마무리하려는 체질인 것이다. 일반적인 일본 기업에서 간접업무*에 대해 관리회계를 적용하는 사례는 거의 없으며, 관리회계 도입을 위한 프로젝트가 제안

---

* 제품의 매상에 직접 관련하는 활동을 직접업무라고 부르는 데 반해, 간접업무는 관리 업무(일반관리, 회의, 보고 등), 교육, 인사 등 직접적·단기적으로는 매출에 공헌하지 않지만 간접적·장기적으로 필수적인 업무를 가리킨다.

되어도 사내에서 강한 반발이 인다고 한다. 그에 비해 교토식 기업은 거의 예외 없이 평가가 엄격히 이루어지고 있는데, 그것은 다음에서 확인할 관리회계에서 특히 현저하게 드러난다. 교토식 기업이야말로 일본에서 가장 앞선 관리회계 시스템을 도입해 활용하고 있는 예라고 생각된다.

kyocera 교세라

교토식 기업 케이스 스터디

종합전자부품기업 교세라

교세라는 현재의 명예회장인 이나모리 가즈오(稻盛和夫) 씨가 중심이 되어 쇼후(松風)공업에서 스핀아웃을 통해 설립된 회사이다. 이나모리 회장은 가고시마대학을 졸업한 후 교토의 쇼후공업에 입사해 젊은 시절부터 회사의 중심인물로 활약했다. 그러나 회사 간부와의 거듭된 의견충돌로 독립을 결심, 이나모리 회장의 재능을 높게 평가한 당시의 상사와 부하직원들의 협력 속에 설립된 것이 교토세라믹(이후의 교세라)이다.

회사의 이름에서 알 수 있듯, 창업 당시부터 세라믹 소재를 중심으로 하는 부품의 제조·판매가 전문이며 이나모리 회장은 개발에서 판매까지 전 부문을 관리했다. 지금도 세라믹콘덴서와 반도체패키지에서 각각 60퍼센트와 50퍼센트의 시장점유율을 자랑한다.

현재는 교세라그룹 산하 KDDI의 활약에 의해 통신사업자의 이미지도 널리 확산되었다. KDDI의 모체 중 하나인 DDI의 설립에는 많은 노력이 필요했다. 1990년대 후반에 들어서야 일본정부의 규제완화로 통신사업에 진입할 길이 열렸지만 통신업계의 초거대 기업인 NTT를 상대로 경쟁을 벌이려는 기업은 좀처럼 나타나지 않았다. 그런 와중에 이나모리 회장은 '경쟁해서

통신요금이 내리면 국민들에게 이익이 된다' 며 반대하던 임원들을 설득해 통신시장의 신규 진입을 결정했다. 실패하면 1,000억 엔 규모의 손실이 날 수도 있는 상황이었다고 한다. 이나모리 회장은 당시의 심경을 '기득권이나 기존의 관념을 깨기 위해서는 혁명에 가까운 극적인 변화가 필요하다. 그러한 혁명을 완수할 수 있다면 모두에게 욕을 먹고 돌을 맞을 각오가 있었다.' (《포브스》 1999년 9월호)고 밝히고 있다. 교세라 철학의 근본이 되는 발언이었다.

그 결과, 세라믹콘덴서와 반도체의 전자부품을 제조하는 종합전자부품기업, 전자부품을 이용한 휴대전화 제조와 무선통신사업자 등의 사업을 다양하게 전개하게 되었다.

이나모리 회장의 카리스마

교토세라믹의 중심멤버였던 이나모리 회장은 창업 당시 제품제조뿐만 아니라 판매에도 많은 관심을 가지고 있었다. 그러나 현실은 그리 만만치 않아 특정기업의 계열에 속해 있지 않은 교토의 벤처기업 제품을 구입해 주는 대기업은 없었다. 이에 이나모리 회장은 오랜 꿈이기도 했던 미국행을 감행했다. 보자기 가득 세라믹콘덴서를 담아 홀로 미국으로 건너간 그는 미국 기업의 문을 계속해서 두드렸다. 그 결과 텍사스인스트루먼트라는 대기업이 교토세라믹의 제품을 채용해 단번에 세계시장을 상대로 판매망을 넓혀 갔으며 그 후 일본에 역수입되어 현재의 지위를 굳히게 되었다.

교세라의 중심인 이나모리 회장의 영향력은 지금도 매우 강해 교세라의 상징과도 같은 존재이다. 그가 만들어낸 '모든 종업원이 물심양면으로 행복을 추구함과 동시에, 인류와 사회의 진보·발전에 공헌한다'는 문장으로 시작하는 교세라 철학은, 경영이념으로서 사원들에게 깊게 뿌리내리고 있다. 조직이 거대해지면 사원들이 나아가야할 방향을 일치시키는 작업이 매우 힘들어지는데, 교세라 철학은 회사를 단결시키는 중심으로서의 역할을 수행하고 있다.

말하자면 교세라의 전사원이 공유하고 있는 '가정교육'과 같은 것이다. 사원은 교세라 철학을 이해함으로써 유행에 휩쓸리지 않고 사외의 사람이 뭐라고 하든지 스스로의 판단에 믿음을 가지고 업무를 추진할 수 있게 되었다.

아메바 경영과 교세라 회계학

교세라조직의 특징으로는 유명한 '아메바 경영'을 들 수 있다. 이것은 회사 전체를 최대 20명 이하의 소규모 조직으로 분할하여 운영하는 것이다. 조직이 커지면 그만큼 비효율을 발견하기도 어려워지는데, 조직을 소규모로 나누는 것이 각 조직의 실적을 파악·관리하기에 용이해진다. 동시에 사원의 입장에서도 경영자마인드를 지니고 행동하게 된다. 사원으로서 회사에서 일하는 것이 아니라 자신이 조직을 운영한다는 마인드를 가지고, 개개인의 능력을 보다 잘 발휘할 수 있는 조직을 목표로 하고 있다.

각 아메바는 시간당 채산성에 의해 평가를 받으므로 얼마나 많은 이익을 남기는가가 중요하다. 시간당 채산성 중시의 배경에는 '이익이란 매출에서 경비를 뺀 결과에 불과하다. 그러므로 매출을 극대화하여 경비를 극소화하기 위해 노력하는 것이 중요하며, 노력의 결과로 이익은 저절로 따라올 것'이라는 이나모리 회장의 시각이 존재한다. 이에 따라 각 아메바는 매출증가와 비용절감을 위해 노력하고 있다.

이를 통해 아메바의 멤버 전원이 어떻게 하면 비용을 절감하고 이익을 올릴 수 있을까를 고민하게 된다. 즉, '상사로부터의 지시만을 실행하는 것이 아니라 3개월 후, 1년 후에 자신의 부서를 어떤 모습으로 만들고 싶은지, 작은 공장의 사장이 되었다는 사명감으로 생각한다'(『교토-오사카 밸리』). 실제로 각각의 아메바끼리의 내부 거래도 모두 파악되어 마치 외부기업과의 거래처럼 처리되고 있으며, 감가상각비도 포함되는 등 회사경영에 가까운 업무 형태가 이루어지고 있다. 아메바의 멤버는 경리 전문가 외에는 경영의 아마추어지만 이와 같이 알기 쉬운 지표를 확립함으로써 사원들의 공감을 얻어내 각자 스스로 고민하는 것이 가능해진다.

이러한 시간당 채산성 개념과 함께 교세라 회계학의 큰 특징이라고 할 수 있는 것이 현금흐름 회계이다. 현금흐름 회계는 회계상의 이익이 아닌 얼마만큼의 현금이 수중에 남았는지를 중시한다. 회계상의 이익이 아무리 높더라도 재고정리 자산이 증가하거나 설비투자를 억제하거나 하면 의미가 없다. 최근에 들어서야 많은 기업에서 미국식의 현금흐름 회계를 도입하고 있지만 교세라는 창업 시절부터 이것을 활용해 왔다.

교세라는 원래 이나모리 회장의 후원자로부터 빌린 차입금을 바탕으로 설립되었기 때문에 그 빚을 변제하기 위해서는 당연히 현금을 소중히 해야 했다. 또한, 독립벤처이기 때문에 은행 대출이나 모기업으로부터의 지원을 기대하기 힘들므로 자연스럽게 몸에 밴 경영형태라고 할 수도 있겠다.

이와 같이, 교세라 회계학은 경영, 특히 회계에 관해 아마추어인 이나모리 회장이 기존의 방식에 대해 고민하고 문제점 해결을 위해 노력한 것들을 집대성한 것이다. 시간당 채산성 개념과 현금흐름 회계도 이나모리 회장이 회계에 관한 선입관을 가지고 있지 않았기 때문에 가능했던, 원리원칙에 입각하여 고안된 경영의 본질에 관한 문제제기라고 할 수 있을 것이다.

IT기술의 활용

아메바 경영을 뒷받침하는 또 다른 구조적 요인으로는 IT기술의 활용이 있다. 아메바는 조직을 분할하고 의도적으로 소수의 인원으로 운영하고 있기 때문에, 아메바의 수는 필연적으로 많아진다. 아메바들의 경영활동의 결과인 각종 수치들을 정확하게 파악해 공표하는데 있어 IT시스템은 빼놓을 수 없는 존재였다.

교세라 사내에서는 하루결산을 실시해 각 아메바의 정보가 다음날에는 모두 공개되는 관리회계시스템이 구축되어 있다. 그 정보는 경영자뿐만 아니라 각 아메바도 활용할 수 있어 신속한 의사결정에 유용하게 반영할 수 있다. 이 시스템을 업그레이드하여 전 세계에 있는 교세라그룹 회사들의 경영

지표를 확인할 수 있는 관리회계시스템을 구축하려는 구상도 가지고 있다. 정보시스템의 노하우를 축적한 정보시스템 부문은 현재 독립하여 교세라 커뮤니케이션시스템이라는 이름으로 정보시스템 인티그레이터, ASP서비스 프로바이더 사업에 진출해 순조롭게 발전하고 있다.

엄격한 관리회계를 철저히 활용

상법에서 표준화를 규정한 재무제표를 작성하는 회계를 재무회계라 하며 관리회계는 내부의 경영 관리를 위해 실시하는 회계업무다. 예를 들어, 사내의 거래비용계산(매출의 배당, 안배)이나 간접비용의 각 부문에 대한 할당(비용의 배당, 안배) 등이 대표적이며, 조직에서 발생하는 비용(특히, 간접업무의 비용)과 이익을 보다 상세하게 처리해 이익관리를 정확히 하는 것을 목표로 한다.

다수의 일본기업은 '주먹구구식 계산* 이라는 표현이 어울릴 정도로 비용이나 이익을 상세하게 계산하는 것에 소극적이다. 거기에 기인하는 일본 기업의 낮은 효율은 경쟁력을 저하시키는 큰 요인이 되고 있다. 불필요한 조명을 끄거나 문구류 절감 등의 표면적인 비용삭감도 중요하기는 하지만, 보다 본질적인 대처가 요구되고 있다.

특히 간접업무의 효율화는 부가가치를 낳기 위해서 재검토가 가장 필요한 과제로 여겨지고 있으며, 이것을 관리할 방법의 필요성이 매우 높아졌다. 가격경쟁이 어려운 중국기업에 대항하기 위해서는 부가가치를 붙여 차별화하는 것 외에는 방도가 없다. 1970~80년대에 일본기업의 맹렬한 추격을 받았던 미국과 유럽 기업들이 실시해 온 것이기도 하다.

제조현장의 원가관리에 대해서는, 모든 비용을 직접비용화시키는 경향이 강했다. 이 때문에 간접업무를 적극적으로 관리한다기보다는 철저

---
* 일본어 표현에서는 덮밥을 의미하는 '돈부리'에 계산, 회계 등을 의미하는 '간죠'를 합쳐 '돈부리 간죠'라고 한다. 회계처리에 있어 각종 비용을 대충대충 붙여서 계산했다는 의미로, 밥 위에 이러저러한 반찬을 대충 얹어서 먹는 덮밥에 비유한다(역주).

히 배제하는 분위기가 전면에 흐르고 있었다. 사실은 이것도 간접비용 관리에 대한 의식이 개혁되지 않았던 이유의 하나이다(이 문제는 모듈& 인터페이스 방식이 진전되지 않았다는 중요한 문제와 연결되어 있다. 3부 참조).

'같은 공동체 내부의 상호평가는 바람직하지 않다'는 금기를 극복한 교토식 기업 중에 특히 교세라는 '아메바 조직'으로 유명하다. 교세라는 자회사를 통해 그러한 조직관리법을 타사에 컨설팅하고 있을 정도다. 또한 교세라는 매수한 미타(三田)공업의 재정을 아메바 조직을 도입하여 매우 짧은 기간에 재건해냈다*. 아메바 조직이란 작고 유연하게 재편성한 조직을 말하는데, 그 배경에는 이나모리 회장이 자신이 개발한 지극히 엄격한 관리회계방식이 적용되고 있다. 무라타제작소는 2001년 12월에 동사의 관리회계방법을 상세하게 기술한 『이익이 보이면 회사가 보인다』(이즈미야 유타카)를 출판했는데, 이 책이 대학의 교과서로 채용되는 등 일약 주목을 받게 되었다. 무라타제작소의 경영관리법은 마쓰시타전기가 '무라타를 본받자'고 할 만큼 업계에서는 이미 주목 받고 있었는데, 이 책을 통해 일반인에게 널리 알려지게 되었다. 거부감을 주기 쉬운 관리회계를 무라타제작소처럼 완벽하게 도입해 활용하기 위해서는 철저한 합리성이 필요하다. 부외자가 무슨 말을 하더라도 필요한 것은 필요하다는 신념 역시 필요하며 이것은 교토식 기업에서 공통적으로 발견되는 요소이다.

_____

＊ 미타공업을 매수할 당시 엉성한 기업체질에 놀란 경영진은 아메바 조직을 통해 기업의 세부까지 이익을 추구하는 체제를 도입했다. 그로 인해 미타공업은 효율적인 기업으로 다시 태어나게 되었다.

관리회계가 적절히 이루어지면 다음과 같은 이점을 얻을 수 있다.

첫째, 객관적인 활동의 지표를 얻을 수 있으며 문제를 정량적으로 인식할 수 있다. 또한, 시책의 효과를 측정할 수 있다. 관리회계는 분산형 조직과 함께 변화를 지향하는 강한 기업문화와 밀접한 관련이 있다.

둘째, 정확한 평가와 그에 따른 고과가 가능해진다. 어디에서 얼마만큼의 매상이 있고, 어디에 어느 정도의 비용이 소요될 것인가를 파악할 수 있으면 이것은 필연적으로 개인에 대한 정확한 평가로 이어진다. 따라서 관리회계가 철저히 이루어지고 정확하게 활용되면 직원에 대한 평가와 보수지급이 용이해진다. 현재 많은 일본기업이 성과주의라는 미명하에 인사제도를 변혁하려 하고 있지만 대부분은 실패하고 있는 것처럼 보인다. 교토식 기업은 실력주의를 바탕으로 하는 인사관리의 경향이 강한데, 그 사례에 대해서는 다음 절에서 밝히기로 하자. 실력주의 인사관리의 일환으로 사내에서 '경쟁은 좋은 것' 이라는 가치관이 관철되고 있다는 점에 주목해야 할 것이다. 실력으로 평가하면 당연히 경쟁이 일어나고, 서로 경쟁하는 편이 좋은 결과로 이어지기 때문이다. 이것은 기업이념으로서의 '경쟁주의' 로 발전해 계열로부터의 독립, 차별화된 특화기술, 개방적인 기업간 관계 추구라는 전략으로 이어지고 있다.

셋째, 커뮤니케이션의 수단으로서 사내 활성화에 도움이 된다. 관리회계를 포함한 사내의 제도나 규정, 시스템은 모두 사내의 커뮤니케이션 플랫폼으로서 기능을 수행하고 있다. 부문을 초월한 공통의 언어로서 의사소통을 원활히 하기 때문이다.

넷째, 자산관리에 대한 의식이 향상되어 조직의 세부까지 현금흐름

관리가 가능하게 된다.

다섯째, 간접업무를 관리할 수 있게 된다. 즉, 간접업무의 성과를 관리할 수 있게 되어, 효과가 없는 간접업무는 삭감되고 간접업무의 효과(업무의 적절성)와 효율(업무의 효율성)이 향상되게 된다. 간접업무를 강화하는 것은 부가가치 향상과 직결되므로 결과적으로는 높은 가격을 설정할 수 있고 이익률이 상승하며, 또한 중국 등의 추격에도 충분히 대항할 수 있게 된다. 이것은 향후 일본기업이 차별성, 부가가치 등을 높여가는 데 있어 매우 중요한 시책이 될 것으로 보인다. 교토식 기업은 이미 그것을 정착시켜 효과를 내고 있다.

상황을 정확히 파악해서 그것에 맞게 평가한 후에는, 다시 그것을 기초로 해서 개선하는 프로세스에 들어가야 한다. 누구나가 알고 있는 PDS(Plan—Do—See)의 사이클이지만 통상의 일본기업은 평가하는 것을 싫어하기 때문에 PDS가 기능하는 것을 좀처럼 보기 힘들다. 실행이 되고 있어도 그것에 대한 검토 작업이 없는 경우가 많다. 교토식 기업에 대해서도 'PDS의 순환이 아직 이루어지지 않았다'는 의견도 있었지만, PDS는 기술이나 과학의 기본인 '피드백'과 같은 것이기 때문에 교토식 기업의 이공계 출신 대표이사들에게는 친숙한 개념이다. 진정한 PDS는 기업뿐만 아니라 갖가지 활동을 개선시키기 위한 기본 중의 기본이며, 반드시 일본사회 전체에 보급시키고 싶은 것이기도 하다.

村田製作所 무라타제작소

무라타제작소의 방침은 '기술을 연마하고 과학적 관리를 실천하며 독자적인 제품을 공급하고 문화발전에 공헌하며 신용축적을 위해 노력하고 회사의 발전과 협력자의 공영을 도모하여 이것을 즐거워하고 감동을 느끼는 사람들과 함께 운영한다' 이다. 특히 '기술의 연마', '과학적 관리', '독자적인 제품' 이라는 부분에 이 기업의 특징이 잘 나타나 있으므로 이 점들을 중심으로 살펴보도록 하자.

세라믹소재 부품 생산

무라타제작소는 세라믹소재의 부품을 생산하는 메이커로, 적층세라믹콘덴서의 세계시장 점유율 50퍼센트, 세라믹필터와 세라믹발진자의 세계시장 점유율 80퍼센트라는 경이적인 시장점유율을 자랑한다. 창업 초기에는 세라믹가공에 전념하고 있었지만, 조악한 소재를 매입한 결과 수개월 만에 생산라인이 멈추어 버린 경험을 한 후로는 소재 관리 역시 직접 실시하고 있다.

소재 선정 단계에서부터 관리하고 있기 때문에 최종적인 부가가치는 매우 높은 편이다. 사내에는 지금까지의 재료에 관련된 실험에서 얻은 방대한 데이터베이스가 보관되어 있어 다양한 업무에 활용되고 있다. 이것이 무라타 제작소의 경쟁력의 근원이라고도 할 수 있다. 현재 범용기기에서 주문생산 기기에 이르기까지 수만 종류의 제품을 취급하고 있다. 일시적으로 최종제품시장 진출을 고려했던 시기도 있었지만 현재는 부품메이커로서의 위치를 고수하고 있다.

매출액은 연결결산으로 5,840억 엔(2001년 3월기), 종업원 수는 단독으로 4,802명, 연결로 27,851명(2001년 3월 31일 현재)이다. 수출액도 2,658억 엔(2001년 3월기 실적)으로, 일본에서 10위 안에 들어갈 정도이다.

매트릭스 경영과 관리회계

매트릭스 경영은 조직의 책임단위를 세분화해 책임과 권한을 명확히 하고, 철저한 관리를 기조로 하는 경영을 말한다. 조직은 공정, 제품, 본사기능의 '3차원 매트릭스'에서 관리된다. 미국이나 유럽의 선진기업처럼 각 공정별 비용관리, 설비투자의 경제적 효과 계산, 설비생산성 등의 과학적인 관리법을 실천하여, '철저한 비용관리를 실시한 결과 조업도가 60퍼센트 수준에서도 이익을 낼 수 있는 시스템이 성립'(『교토 모델』)되었다고 한다.

부문간 제품의 이동에는 내부 대체가격이 적용되어 의사(擬似)적 내부시장이 형성되어 있다. 사내의 서비스 교환에 관해서도 비용이 설정되어 있다. 이것은 외부업자와의 거래에도 그대로 적용되어 있어 반드시 견적을 여러 개 뽑아 비교하라는 규정이 마련되어 있다. 자금효율에 관한 관리도 철저해

각 조직에 자산이 배분되며 금리도 부과된다. 상당히 완성도가 높은 무라타 제작소의 '매트릭스경영＋관리회계시스템' 이지만 더욱 놀랄 만한 점은 경영진은 그것을 뛰어넘는 것을 만들어내기 위해 부단한 노력을 하고 있다는 것이다.

제품, 경영에 있어서의 독자성 추구

제품뿐만 아니라 경영과 조직시스템에도 독자성을 추구하고 있다. 사내에도 '우리 길을 간다', '타사를 의식한 사업을 하지 않는다' 는 경영철학이 널리 보급되어 있어 '전자업계의 혁신가(Innovator in Electronics)' 라는 슬로건을 내걸고 있다. 창업 때부터 '타사가 흉내낼 수 없는 제품과 시스템을 만들어낸다' 를 목표로 삼아왔다. 이러한 점들을 바탕으로 무라타제작소 스스로가 독자성이라는 면에 있어서는 타사보다 한수 위라고 자부하고 있어 타사와의 협력 관계는 없는 편이다.

이런 무라타제작소의 정보시스템과 업무개혁에 마쓰시타전기를 비롯한 많은 기업들이 관심을 보이고 있다. 인사관리도 종래의 일본기업의 관행에 얽매이지 않는다. 무라타제작소의 경우, 경력사원의 채용이 많으며 자회사와 본사 간의 이동이 양방향으로 자주 있다. 자회사에 입사해 본사의 이사가 된 사람도 있다. 승진시스템에도 객관적으로 검토를 하는 승격심의회가 존재하며 사원들에게 기회를 되도록 평등하게 부여하지만 업무평가에 관련해서는 반드시 변별력을 가지도록 시행한다.

글로벌 경영

1957년에 도미한 무라타 명예회장은 스스로 미국시장을 개척했다. 이 시기는 교토식 기업 중에서도 매우 이른 편에 속한다. 특히 '수요가 존재하는 곳에서 생산한다'는 원칙 아래 해외에도 판매거점뿐만 아니라 공장도 설립했다. 현재는 수출액도 증가한 데다, 특정지역 시장에 의존하지 않는 체제가 성립되어 일부 시장의 불황에도 큰 영향을 받지 않고 가격의 안정화를 이룩하였다.

무라타 야스타카(村田泰隆) 사장은 뉴욕대학에서 수리통계학을 전공하였으며 당시 해외진출에 전력을 기울이고 있던 무라타 명예회장의 미국 방문 시에는 언제나 통역을 담당하였다. 무라타제작소는 일본뿐만 아니라, 싱가폴, 샌프란시스코 주식시장에도 상장했으며 미국과 유럽에서 기관투자가를 대상으로 설명회를 개최하고 있다.

정보 시스템의 활용

무라타제작소는 'IT는 수단이다'라는 생각을 철저히 지키고 있으며 'IT를 도입하기 전에 우선, 업무구조를 표준화하는 것이 필요하다'는 인식이 확립되어 있다. 그 때문에 IT시스템의 개발에는 업무구조를 반영하기 위한 노하우를 가진 유저가 반드시 참가한다. 도입하는 것에 그치는 것이 아니라 어떻게 잘 활용할 것인지의 문제가 중요하다는 것은 말할 필요도 없을 것이다.

이렇게 해서 완성된 무라타제작소의 시스템을 견학하기 위한 다른 기업들의 방문이 지금도 계속 이어지고 있다.

실력 위주의 인사관리

벤처 등 빠른 성장을 목표로 하는 기업들은 연공서열을 채용하지 않는 편이지만, 교토식 기업은 규모가 커져 인사제도를 정비할 단계에 들어서도 실력을 중시하는 경향이 강하게 남아 있다.

특히 사원에게 직접 현금을 건네주는 것을 동기부여의 수단으로 사용하는 기업이 많다. 롬은 매년 1월 교토 시내의 대형 호텔 연회장을 빌려 아카데미상 수상식과 같은 화려한 연출을 통해 대표이사상 수여식을 개최한다. 최고 상금은 1천만 엔으로, 1999년 1월의 수상건수는 3백건, 상금총액은 2억4천만 엔에 이르렀다(『교토-오사카 밸리』,《Forbes》1999년 9월).

옴론에서는 팀이나 조직 단위로 사내 발명에 대해 표창을 실시했지만, 1996년도부터 개인에게도 최고 3백만 엔의 표창을 실시하고 있다(『교토 모델』). 또한 특허보장제도에 의해, 특허를 받은 기술을 개발한 사원에게 최고 1억 엔의 보너스가 지급된다.

도세는 사원의 실적에 따라 현금교환권을 나누어주고, 사원은 그것을 다음 해에 주가에 상응한 금액으로 환산받을 수 있다(《주간 동양경제》1999. 11. 27).

물론 연공서열이 남아있는 기업은 전혀 없다. 롬은 연공서열급의 폐지와 관리직 연봉제를 일본의 여타 기업에 비해 30년 이상 앞서 실시했다(《Forbes》1999년 9월). 무라타제작소의 경우, 과장급이 되면 보너스에서도 2배 정도의 격차가 생기며 자회사에 입사해서도 본사의 임직원이 될 수 있다(『교토-오사카 밸리』).

M&A를 적극적으로 추진하고 있기 때문에 우수한 매니저를 육성할 필요성이 높은 일본전산에서는, '우리 회사에서는 신입사원을 곧바로 해외로 보내 25, 6세의 젊은 나이에도 우수한 인재는 현지 자회사의 매니저를 담당하고 있습니다. 30대 초반에 본사의 부장이 될 만한 우수한 리더를 기르려면 그 정도 페이스로 육성하지 않으면 늦습니다. 보수도 지위에 맞추어 연령이 젊더라도 인상하고 있습니다'(『교토-오사카 밸리』)라고 말한다.

이러한 사례를 일일이 다 적자면 끝이 없지만, 본서에서 여러 번 말했듯이 교토식 기업에서는 유능하고 열심히 일하는 사원은 높은 평가와 거기에 걸맞은 보수가 주어져 더욱 열심히 업무에 임하는 선순환이 존재한다.

명확한 기업 내 통치

일본 기업은 책임과 역할이 명확하게 규정되어 있지 않다. 그 배경에는 그것이 바람직하지 않다는 생각과 그것을 하려고 해도 철저히 이루어지지 않는 경우의 두 가지가 있으며 후자는 기업 내 통치의 결여에 영향을 받고 있다.

공동체로서의 화합을 중시하는 경우에는, 문제가 있어도 서로 지적을 하지 않고 책임을 추궁하지 않는 것이 좋다. 그러나 이것이 변질되면 '담합'과 같은 바람직하지 않은 현상을 야기시킨다.

경영컨설팅 회사가 기업에 컨설팅할 경우, 반드시라고 말해도 좋을 만큼 '책임과 역할을 명확하게'라는 조언이 있으며, 그것을 이사회에서 승인하고 실행하지만 제대로 정착했다는 사실은 거의 들어본 적이 없다. 이것이 바로 '하려고 해도 철저히 이루어지지 않는' 경우로, 최고경영책임자나 주식을 보유하고 있는 주주가 담합 상태에 있어 그 책임(기업 내 통치)을 명확히 하려고 하지 않기 때문이다. 최고경영책임자 스스로가 책임과 역할을 명확히 하지 않으면 그것을 전사적으로 전파시키는 데는 한계가 있다. 사람을 다스리려면 우선 스스로부터 다스려야 할 것이다.

교토식 기업은 통치가 지극히 명확하고 그 연장선상으로서 전사적 책임과 역할을 명확하게 하는 경향이 강하다. 통치가 확실한 것은 창업자와 2세가 경영의 결정권한을 잡고 있기 때문이기도 하지만, 대개 주식을 공개하고 있고 외국인 주주가 많아 최고경영책임자와 기업에 대해 긴장관계를 요구하고 있기 때문일 것이다.

또한 최고경영책임자의 책임을 명확히 하기 위해서는 앞 절에서 언급한 바 있는 적확한 관리회계로 상황을 파악할 것, 관리가 가능한 체제가 성립되어 있을 것 등이 필수적이다. 그러한 수단이나 권한 없이 최고경영책임자의 책임만을 추궁하기는 어려울 것이다.

확실하게 움직이는 정보시스템

1990년대 전반까지 미국과 비교해 매상이 전혀 늘지 않았던 IT업계에서 '경영자층이 IT를 이해하지 않으면 IT의 도입은 불가능하다'라는 불만의 소리가 들려왔다. 이후 국가적인 IT붐으로 인해 정보시스템이 경영에 필요하다는 인식은 대부분의 경영자층에 정착했다고 봐도 좋을 것이다. 그러나 일본기업의 경영자가 IT의 본질을 제대로 이해한 상태에서 '우리 회사도 IT화를 서둘러야 한다' 고 외치고 있는가를 생각해 보면, 불안하기 짝이 없다.

IT벤더*의 선전에 넘어가 경쟁사는 이미 도입했다는 조급함에 천편일률적으로 IT를 도입하려는 기업이 많은 것은 아닐까? 현재 일본기업의 IT투자 효율은 지극히 낮다. 경우에 따라서는, 목표 효율보다 두 자리 정도 낮은 것으로 보고 있다**. 그에 비해 교토식 기업은 예외 없이 IT가 제대로 기능하고 있다는 사실은, 경이로움마저 느끼게 한다.

흔히 정보시스템이 기능하지 않는 것과 관련해 '도구와 목적의 혼동' 즉, 정보시스템은 도구에 불과한데도 그것의 도입이 목적화되어 버리는 점을 지적할 수 있다. 정보시스템이라는 도구는 사용하는 인간의 능력 이상으로 기능할 수 없다. 그러나 많은 기업들이 정보시스템을 툴이 아니라 구세주로서 이해해, 정보시스템을 도입하기만 하면 자사의 모든 문제가 해결될 것이라는 기대감에 차 있는 것처럼 보인다. 도구는 그저 구입한 것만으로는 절대로 기능하지 않으며 다룰 수 있게 된 시점이 출발점이라는 점을 명심할 필요가 있다.

앞서 밝힌 '분산형 조직이 기능하기 위해서는 철저한 합리성에 근거한 관리회계가 기능하는 것이 전제조건 중 하나' 라는 것과 유사한 논의

---

* 벤더(vendor): 기존의 도매상들과는 달리 POS, 자동주문 시스템 등 전산화된 물류체계를 갖춰 편의점 등의 체인화된 소매업체들에게 식품, 공산품, 잡화 등 분야별로 특화된 상품들을 하루 1~2회, 또는 격일 간격으로 공급해 주는 다품종 소량도매업자(역주).

** 정보시스템이 플랫폼(인프라)인 것을 고려하면, 투자 효과는 활용하려고 하는 의식과 활용할 수 있는 능력에 의해 정해지는 것이다

이지만, 합리성에 근거한 경영관리가 이루어지지 않으면 IT라는 도구가 제대로 기능하는 것을 기대하기 힘들다.

· 전략적으로 각 부서 및 각자의 역할과 책임이 명확히 구분되어 있는가?

· 정서적인 영업이 아닌, 치밀한 숫자 계산을 통한 영업을 실시하고 있는가?

· 처리방법은 공개적인가? 공개되지 않은 방식, 사람에 따라 다른 방식이 존재하지 않는가?

· 구입할 IT의 사양이 될 전사적 표준이 확실히 설정되어 있으며 그것이 철저히 이루어지고 있는가?

· 표준, 정보시스템 사용을 철저히 하기 위한 시책이 취해지고 있는가? 그리고 평가에 반영되고 있는가?

· 예외처리 등 처리 방식이 명시적으로 준비되어 있는가?

· 정보시스템을 제대로 다루기 위한 교육을 실시하고 있는가? 그것이 평가에 반영되고 있는가?

구체적인 예를 들어보자면, 월차결산의 정보시스템 도입과 함께 기존에는 적당히 처리했던 전표의 제출기일을 매월 20일이라고 구체적으로 결정하지 않으면 안 된다. 그전까지는 다소 늦어지면 담당자를 찾아가 어떻게든 처리를 부탁할 수 있었지만, 월차마감이 필요하게 된 이상 철저히 진행하지 않으면 새로운 정보시스템은 제대로 기능하지 않는다. 이것을 운영의 문제라고 생각할지도 모르겠지만 IT를 활용하기 위해서는 하드웨어보다 조직적인 측면이 훨씬 중요하다.

위의 내용은, IT가 기능하기 위한 조건의 극히 일부이며 필요한 것들을 나열하자면 끝이 없다. 이러한 일들은 공동체적 발상에서 바라보면 '그렇게까지 냉정하게 할 필요가 있는가?' 라는 의문이 들 수도 있겠지만 합리성, 특히 명시성이 없으면 IT는 제대로 기능하지 않는다.

IT를 적절하게 활용하는 것이 기업경쟁력에 있어 (경우에 따라서는 가장) 중요한 요건이 되고 있다. 교토식 기업들은 매우 적절하게 IT가 기능하기 위한 조직적 조건을 만족시키는 시책을 시행해가고 있다. 그것에 대해 모든 교토식 기업의 실례를 상세히 확인해 볼 가치가 있지만 지면의 제한상 호리바제작소를 예로 들어, 동사가 어떻게 해서 이러한 어려운 조건을 만족시키고 있는가에 대해 호리바 아쓰시 대표이사와의 인터뷰를 통해 정리해 보았다.

IT가 제대로 기능하고 있는지 아닌지를 판단하는 것은 매우 힘든 일이지만, 호리바제작소의 상황을 살펴보면 IT가 기능할 수 있는 대부분의 요건이 갖추어져 있다는 것을 추론할 수 있다. 특히 'IT라는 툴이 충분히 활용될 수 있을 만한 환경이 갖추어져 있는가', 'IT를 습득하기 위한 구조가 준비되어 있는가' 가 중요한 요건이다. 구조가 명시화 · 표준화 · 단순화되어 있지 않고 통일성이 결여된 데다가 애매성, 복잡성까지 허용하는 기업에서는 정보시스템화가 불가능하다.

표 2-5 의 각 항목이 나타내는 것처럼, 호리바제작소의 업무개혁을 실시해 업무가 명시화 · 표준화된 후에 정보시스템화를 진행한다, 정보시스템화와 잘 맞는 모듈 지향이 강하다(모듈을 통해 업무를 간결하게 한다),

표 2-5 IT화의 조건을 갖춘 호리바제작소

	호리바제작소	일반적인 일본 기업
시스템 구축을 위한 구조	**경영구조와 시스템** 업무의 '구조'와 '시스템'을 명확히 정의하여 애매함을 배제하려는 의지가 강하다. 정보시스템부문을 '업무개혁추진부'라고 부르는 것은 일본에서 보기 힘든 예다. 사장 스스로가 CIO(정보시스템총괄책임자) 업무를 맡는다.	시스템은 '창조성을 파괴한다', '비인간적이며 냉혹하다', '조직이 굳어진다', '사원들이 기계적으로 바뀐다' 등의 오해를 하고 있어 그것을 싫어하는 경향이 강하다. 카리스마, 감정, 인간성이 풍부한가가 판단의 기준이 된다.
	표준화 업무와 제품을 표준화하려는 의지가 강하다. 예를 들어, 개발업무를 세분화하여 각각의 완성시간을 준수한다. 그러한 표준을 바탕으로 계획과 개선을 실시한다.	자신의 업무 관련을 최우선시해(즉, 부분 최적) 전체의 표준(전체 최적)에 맞추는 것이 전체와 스스로의 이익으로 이어진다는 발상이 약하다.
	모듈&컴포넌츠 제품은 '모듈', 업무는 '컴포넌츠'라고 보며 그것들을 조합하는 것을 통해 최종결과물을 만들어낸다. 일상용품, 고부가가치제품 모두 개발, 제조의 효율이 높다.	모듈&컴포넌츠 방식으로는 복잡한 요구 옵션에 대응하지 못한다고 보고 있어 그러한 방식이 배제된다. 특별주문 부품에 대한 지향이 매우 강해, 모든 것을 처음부터 만들어가려는 생각이 강하다.
	플랫폼 발상 모듈&컴포넌츠 발상과 유사하지만 플랫폼을 규정하고 그 위에 부가가치를 붙이는 업무를 행한다. 예를 들어, 특허를 취득하여 주변기기를 강화해간다.	'표준발상', '모듈&컴포넌츠 발상'이 부족해 플랫폼 발상으로 발전하는 일은 거의 찾아보기 힘들다.
시스템 실효성을 위한 문화	**오픈&페어** 일본인 사원과 외국인 사원의 구별 없이 정보는 공개하고 공정하게 대우한다. 인맥 등의 '백'이 작용하기 힘들다.	의리와 인정이 크게 작용하므로 특정 인간관계, 기존의 인간관계를 중시하여 클로즈&특별대우가 옳다는 가치관이 뿌리깊게 남아있다. 신규 진입을 배제한다.
	시스템 사고 사물을 시스템적으로 사고하는 것(세분화, 구조화, 계층화, 체계화 등)을 장려하고 있다. 이것은 동사의 경영에서 가장 중요한 '판단을 위한 플랫폼'이 된다.	사물을 논리적으로 추구하는 것을 '지나치게 파고든다'거나 '지나치게 논리를 따진다'며 거부한다. 논리구조를 가진 시스템을 구축하거나 운용하기가 어렵다.
	향상심 기존의 시스템에 안주하거나 의존하는 것을 경계하며 그것을 활용하여 언제나 향상심을 가지고 임할 것을 모든 사원들에게 요구한다.	어떤 사람이 특출나거나 뛰어나면 '모난 돌이 정 맞는다'며 일렬횡대적인 일률적인 보조를 요구한다. 따라서 향상을 위한 동기부여가 희박하다.
	파괴와 재창조 구축한 시스템이 경직되는 것을 방지하기 위해 근본적인 변혁을 추구한다. 그것을 확인하기 위한 '파괴와 재창조'라는 단어가 모든 부문에 침투해 있다.	작년과 비슷한 정도의 페이스로 이루어지는 개선을 선호한다. 따라서 근본적인 변혁은 회피되며 시스템의 단점이 자주 드러나게 된다.

기반모듈로서의 플랫폼의 중요성을 이해하고 있다, 기업풍토가 정보시스템 구축에 적합하다(심플, 개방적/공평, 구조적), 시스템이 경직되지 않는 문화를 추구하는 경향이 있다(변화·발전지향)와 같은 내용들은 정보시스템이 기능하는 데 있어 지극히 중요한 것이므로 유의해야 할 부분들이다. 또한 이것은 호리바제작소뿐만 아니라 교토식 기업의 공통적인 특징이며 롬이나 무라타제작소에서도 거의 같은 흐름을 읽을 수 있다.

그런데 지금까지 '일본기업에는 합리성이 없다'는 표현을 써 왔는데, 이것은 어디까지나 경쟁을 전제로 할 경우에 합리적이 아닐 수도 있다는 것이다. '우리 회사는 합리적인 경영을 하고 있다'는 반론을 제기할 기업이 다수 있을 것으로 생각하지만, 경쟁을 위한 합리적 경영이라는 관점에서는 대부분의 일본기업은 자유롭지 못할 것이다. 공동체로서의 조화를 중시해, 경쟁을 중시하는 사고는 '냉정, 냉혹, 비인간적'인 것으로 이해되고 있기 때문이다.

그것은 '공동체의 유지'라는 관점에서는 합리적이라고 말할 수 있을 것이다. 그러나 공동체를 유지하려고 해도 경쟁에 져서 정리해고를 당하거나 실업을 하게 되면 모든 것은 끝이다. 모든 것을 경쟁을 전제로 진행하지 않으면 승자독식을 목표로 한 치열한 경쟁 속에서 살아남기란 거의 불가능하다.

'회사는 종업원을 위한 것'이라는 과거의 공동체의식을 끌어들여 경쟁이라는, 기업에 있어 가장 중요한 목적을 애매하게 했던 것이 좋지 않았다. 종업원은 종업원일 뿐이라는 생각은 완전히 시대에 뒤떨어져있다. 종업원의 이익을 생각하는 것 같으면서도 실은 생각하지 않는 것이다. 지금은 누구라도 인터넷으로 간단하게 주식정보를 입수하여 투자가가 될 수 있는 시대이다. 창업을 하는 것이 국책으로 장려되기에 과도할 정도의 정부지원으로 누구라도 경영자가 될 수 있다. 말 그대로 자본주의의 대중화가 진행되고 있어 종업원은 자본가이며 경영자이기도 하다. 사회구성원은 각자의 입장에서 각자 맡은 바 책임을 완수해야 할 것이다. 종업원으로서 역할을 완수하여 높은 실적과 보수를 받게 되면 은행에 예금을 하거나 기업 등에 투자를 한다. 그것을 통해 유동성과 경쟁이 선순환으로 연결되어 간다. 종업원이 언제까지나 종업원일 필요는 없는 것이다.

공동체의식을 강조하기 위해서라면 회사가 아닌 다른 인간관계에서 알아보는 것이 좋을 것이다. 예를 들어, 가족과의 관계를 더욱 중요시하는 것도 좋겠고, 테니스동호회 등의 취미 활동이나 스터디그룹 혹은 문화적 커뮤니티도 좋다. 경쟁을 전제로 하는 회사에서는 산만하게 업무를 질질 끌지 않고 6시에는 깔끔하게 끝맺되 그 후에는 각자가 속해 있는 커뮤니티로 돌아가는 것이다. 그렇게 된다면 '공동체'를 위해 존재하는 지나치게 많은 술자리도 줄어들 것이며 생활은 보다 인간다워질 것이다.

물론, 자신이 맡은 업무의 기능향상에 기쁨을 느끼는 사람은 지금까지 이상의 노동을 통해 자기발전을 추구할 수 있다. 교토식 기업은 공동체로서의 조화에도 배려해가며 경쟁의 개념을 받아들여, 일반적인 일본기업이 싫어하는 의미에서의 '합리적인' 사고를 실시해 과학적, 논리적인 경영을 시행하고 있다.

堀場製作所 호리바제작소

교토식 기업 케이스 스터디

분석, 측정기술 분야의 강자

호리바제작소는 1945년 호리바 마사오(堀場雅夫) 명예회장이 창업하여 1950년 일본에서 처음으로 유리전극식 pH미터 개발에 성공했다. 지금도 pH미터는 핵심사업영역이며 일본 내 점유율은 40퍼센트에 달한다. 그 후 자동차배기가스, 수질, 대기오염 측정장치를 개발하고 있으며 특히 주력제품인 자동차배기가스 측정장치는 세계시장에서 약 80퍼센트의 점유율을 확보하고 있다. 매출은 연결로 약 779억 엔, 단독으로는 약 295억 엔, 그룹 종업원 수는 3,540명이다(2001년 3월기). 해외매출 비율은 미국과 유럽을 중심으로 약 50퍼센트다.

호리바 명예회장은 개성적인 경영자가 많은 교토식 기업 중에서도 특히 개성적이라고 할 수 있는 사람이다. 회사의 경영방침으로 '재미있고 엉뚱하게'를 내걸 정도다. 교토대학 교수였던 아버지의 영향을 받아 학자를 목표로 하였으나 일본의 패전으로 연구설비가 미국에 압수당한 것을 계기로 호리바제작소를 설립했다. 이 때문에 호리바제작소는 전후 처음으로 생긴 학생벤처라고도 불리고 있다. 호리바 명예회장은 현재 경영일선에서 물러나 벤처육성 활동과 저작 활동에 전념하고 있다.

호리바제작소의 경영은 장남인 아쓰시 씨가 계승했다. 호리바 아쓰시 사장은 대학졸업 후 미국의 자회사인 올슨호리바에 입사하여 캘리포니아대학 공학부에 편입, 전자공학 석사를 취득했다. 그는 '실패를 감점의 대상으로 보지 않고 도전하는 자세를 높이 평가하는 미국의 가점주의가 신선했다'라고 당시를 떠올린다.

'서로 자유롭게 아이디어를 내어 활발히 논의하는 문화를 가꾸어 가고 싶다'라고 그는 밝히고 있다. 통상적으로는 기업이 2대째에 들어서면 창업자의 카리스마에 압도되어 같은 방식을 답습하게 되는 경우가 많다. 창업자는 주변사람도 자신과 같은 카리스마를 가지길 기대하지만, 그에 응답하지 못하는 경우가 대부분이기 때문이다. 창업자가 카리스마를 가지고 있기 때문에 성공하게 된 것이며 그것이 상속되는 경우란 일반적이지 않다고 보는 것이 타당하다. 더욱이 기업이 상속되는 시기에는 조직이 이미 커져 있고 창업자 개인에 의존하는 경영관리체제 자체가 한계에 도달해 있는 경우도 많다. 이와 같은 모순점을 극복하여 2대째가 자신다움을 확립해 가는 것은 대단히 어려운 일이다. 아쓰시 사장은 그런 문제를 어떻게 극복해 온 것일까? 바로 시스템경영이었다.

고부가가치를 가진 측정장치에 특화

호리바 사장은 '물건 만들기의 부가가치는 본래 유저 중심의 소프트웨어에 있다'라며, 기술력만으로 승부하기보다는 '시장의 니즈를 다른 어떤 곳보다

빨리 흡수하여 상품화하는 리서치 기능, 성장시장을 꿰뚫어보는 힘이 승패를 가른다'고 생각한다. 실제로 이전부터 관계가 깊었던 히타치계열의 닛세이산업(현, 히타치하이테크놀러지)와의 판매관계를 약화시켰고, 서비스와 정보수집을 위해 고객과의 직접적인 관계를 맺기 위해 노력하고 있다. '현재, 매출의 8퍼센트를 개발부문에 투자하고 있다. 충분한 연구비가 없으면 고부가가치를 지닌 제품생산은 힘들다'고 밝히고 있으며, 이는 물론 차별성이 있는 연구개발능력이 있기 때문에 시장정보를 활용할 수 있는 것이다.

호리바제작소의 주력제품은 고객별로 커스터마이즈할 필요가 있는, 수주부터 납품까지 일년 이상 걸리는 것들도 있다. 이전에는 시간이 걸리고 납기가 늦어지더라도 새로운 기능 등 많은 기능이 부가되었다. 현재와 같은 스피드 시대에는 품질보다 납기 단축이 더 중요하며 필요한 기능만으로 축소하여 짧은 납기에 출하할 수 있는 제품공급체제를 고객이 원하게 되었다. 특히 계측장치에서 중요한 분석회로의 하나인 프린트 기판은 모두 내재화하여 유저별로 서로 다른 기능이나 급한 발주에 대응하고 있다.

설계와 제조 분야의 업무 개혁

'납품에 걸리는 시간을 되도록 짧게'라는 고객의 니즈에 대응하기 위한 업무개혁이 "블랙잭"이라고 불리는 프로젝트다. 수주부터 납품까지의 기간을 극적으로, 또한 계속적으로 단축하여 '울트라 퀵 서플라이어(ultra quick supplier, 초단기 납품기업)'를 목표로 하고 있다. 구체적으로는 개발, 생산,

영업과 같은 각 부문에서 시간단위로 생산성을 향상시키는 것이다. 각 부문의 업무내용을 분석하여 생산성의 개선을 꾀하고자 했지만 분석 결과, 특히 설계부문을 중심으로 본래의 업무와 관계없는 부분이 너무나도 많았다. 이에 대한 해결책으로 업무에만 집중하는 집중시간을 설정하자 그것만으로도 생산성은 비약적으로 향상되었다.

그와 더불어 기술자 개별 업무의 진척상황에 대해서도 정확하게 관리하도록 하였다. 기술자가 각자 일주일 간의 예정을 '선언'함으로써 자신의 업무를 정리하고 스스로 생각하도록 하였다. 다른 멤버들도 그 선언을 전제로 자신의 일을 진행시킨다. 그 결과, 자신의 일에 대한 책임을 인식하고 업무의 전체적인 흐름을 파악하게 되어 긴장감을 가지고 일을 진행할 수 있게 된다. 이와 같이 기술자 전원의 예정이 명시됨으로써 각 팀의 책임자는 서로의 팀에 대해 상황을 파악하고, 업무 간 유연한 협력도 가능하게 되었다.

이와 더불어, 설계 시 각 기술을 컴포넌트화하여 그에 따라 개발 계획의 정밀도를 높여 개발의 단기간화와 저비용화를 실현했다. 또한 프랑스에서 매수한 기업의 독특한 기술을 일본에 가져와 활용하고, 그 반대로도 행하는 등 컴포넌트로서의 기술을 상호교환하게 되었다. 제조 부문에서도 공통적으로 필요한 핵심부분을 일본에서 대량으로 만들고 현지에서 그것을 짜 맞추어 그 단계에서 부가가치를 창출하고 있다. 이와 같은 발상이 원리원칙이 되어 기업에 정착하고 있는 것이다.

호리바제작소의 특징을 한마디로 말하자면 연구개발과 마케팅, 제조와 설계의 밸런스가 뛰어나다는 것이다. 높은 기술력을 바탕으로 유저의 요구에도 부응하고 납기, 코스트 부문에서도 타사를 앞서고 있다. 높은 시장점유율도 어떻게 보면 자연스러운 결과라 할 수 있다. 중요한 것은 서로 배반되는 요구, 특히 '고부가가치성, 로컬성 vs 저가격, 표준품' 이라는 모순을 어떻게 해결해 나갈 것인가 하는 점인데, 이것을 호리바 사장이 전사 혁신을 통해 실현한 시스템경영으로 구체화시키고 있다.

원리원칙으로서의 시스템

호리바제작소의 시스템에 대한 철학을 설명하기 위해 호리바제작소의 '현장주의'에 대해 살펴보기로 하자. 시스템이라는 것은 중앙이 전체의 최적화를 추구하는 결정을 진행해 가는 것이다. 각각의 상황에서 부분최적화를 꾀하는 현장에 전체최적화의 필요성을 이해시키지 못하면 시스템이 제대로 기능하지 못한다. 각각의 현장에서 전체최적화를 고려한다는 것은 있을 수 없는 일이기 때문에 중앙이 현장의 상황을 충분히 이해한 후 전체적으로 최적화된 시스템을 책정할 필요가 있다. 그러나 이것은 현장의 상황과 맞지 않는 일이기도 해서 경우에 따라서는 현장의 반대나 반발이 일어나기도 한다. 이것을 호리바제작소는 '현장주의'라는 말을 써서 개선을 호소하고 있다.
이것은 통상적으로 일본 기업이 말하는 '현장의 판단이 제일'이라는 것과는 완전히 반대되는 개념이다. '데이터베이스 등 IT를 구사해서 중앙이 전체의 최적화를 위해 계획을 책정하고 현장이 그것에 맞춘다'와 '현장의 실태가 가장 중요하므로 현장의 판단에 맡기고 계획(IT로부터의 데이터)은 단지 전시용일 뿐이다' 와 같이, 발상의 출발점이 180도 다르다. 이것은 전자가 표준품 및 범용품을 제작할 때 적합하고, 후자는 특주품 및 복잡사양 등에 적합하기 때문에 전략의 차이에 따른 것으로 볼 수 있다. 전자의 '모듈형 제조방식' 은 글로벌 전개에 적합하나, IT에 의해 급속하게 기술이 발전되고 있기 때문에 어느 한쪽에 일방적으로 치우치는 것보다는 유연하게 양쪽 모두를 채용하는 것이 필요하다. 따라서 호리바제작소는 애초부터 이들 양쪽을 능숙하게 사용하고자 하는 도전정신이 대단히 강했다고 할 수 있다.

게다가 이러한 구조적이고 건전한 충돌에 대한 대응이 회사 내부의 시스템과 문화로 정착해 있다는 것이 호리바제작소의 특징이다. 그것의 정착에는 표 2-5에서 확인한 것과 같은 풍토와 문화, 시책이 필요하다.

적극적으로 M&A를 활용

호리바제작소는 적극적으로 해외기업을 매수하고 확대를 꾀하고 있다. M&A는 시간을 줄이기 위해서 하는 것이며, 사업은 기본적으로 사내에서 육성하는 것이 이상적이지만 스피드가 떨어지기 때문이다. 그 결과 3,500명 정도의 사원의 절반이 외국인이다. 또한 '세계화(globalization)는 곧 지역화(localization)' 라고 말한 대로 해외 자회사에 일본식을 강요하지 않고 개성과 다양성을 이해하는 것이 중요하다고 보고 있다.

인사에서도 오픈&공정의 원칙 하에서 일본인 사원과 외국인 사원을 동급으로 취급하고 같은 업무를 행한다. 따라서 사원은 물론 회사 전체가 글로벌 경영을 지향하게 된다. 해외기업을 매수했을 때 일본에서의 평균적인 사원 교육을 실시하는 등 종래의 관리 방법을 답습하는 방식과 보편적인 설득력을 가진 합리적인 경영 방법을 찾는 경우로 나뉘는데, 종래의 일본 회사에서는 전자의 방식을 채용했으나 호리바제작소는 후자의 글로벌 경영을 지향하고 있다.

정보시스템의 활용

'제조업에서의 IT활용은 매우 중요하다'(《교토신문》, 이하 모두 동일 출처)며 호리바제작소에서는 정보시스템 부문을 업무개혁추진부라 부르며, 호리바 사장의 직속기구로 운영하고 있다. 따라서 프로젝트 리뷰도 사장이 본다. 업무개혁과 정보시스템의 일체화가 필요하다고 생각하고 있기 때문이다. 'IT화로 인한 생산성향상은 지금까지의 기술혁신의 2할, 3할 정도가 아니라, 2배, 3배 정도로 비약적이다. 그렇기 때문에 개발비의 절반 정도를 IT투자로 돌리고 있다'고 할 정도다. 사내에서는 기술 데이터베이스나 마케팅 데이터베이스를 구축하여 정보공유를 실시하고 있으며, '도면을 가지고 회의를 하는 것도 지금까지는 반나절이 걸리는 일이었지만, 현재는 전자메일로 커뮤니케이션하고 있다.' 또한 프린트 기판 생산에 독자적인 생산시점정보(POP)시스템을 도입했다. 그를 통해 부문재고와 공장인원 등의 정보에서 생산체제의 변경방법, 완성예상시간까지 산출해내어, 프린트 기판은 최저

5장까지의 긴급주문에 대응할 수 있다고 한다. 제 아무리 잘 만들어진 시스템이라 할지라도 인간이 능숙하게 쓸 수 없으면 의미가 없다. 따라서 관리직을 포함한 사원의 정보교육을 철저히 실시하고 있다. 전자메일의 도입도 IT에 가장 서투른 관리직부터 시작해 톱다운 형식으로 추진되었다.

교토의 애매성과 개성적인 인재 배출

교토의 '애매성'의 배경

　무슨 이유로 교토에 애매성이 나타나고 정착하게 됐는가? 또한 이 특성이 어떻게 일본에서 보기 힘든 개성적인 인재의 육성으로 연결되었는가? 이것 또한 다른 지역에서 교토식 기업을 육성하기 위해서는 필수적인 분석이므로 애매성에 대해 좀더 깊이 논의해보고 교토식 경영을 한층 더 발전·확장시키는 것의 토대로 삼기로 하자.

　애매성이 존재하는 원인을 역사적인 배경에서 찾아보는 것이 자연스러운 발상일 것이다. 교토대학의 요시다 가즈오 교수는 그러한 교토의 특징은 귀족·상인문화에 기인한다고 말한다. 교토의 1,200년 역사는 권력자들에게 농락당한 역사이기도 했다. 헤이케, 겐지, 호죠, 노부나가, 히데요시, 이에야스, 메이지유신 등 권력자가 바뀔 때마다 그들의 흥망성쇠에 함께하면서도 지위를 지킬 필요가 있었다. 이에 교토는 권력자에게 순종의 자세를 보이면서도 다른 사람들에게도 잘 보여 두어야 했다. 그러한 역사적 상황이 계속되어 자기의견이나 입장을 분명하게 밝히지 않는 습관이 생긴 것으로 보인다.

격조 높은 분위기, 심원한 교토의 문화, 높은 자존심 등 '교토사람들의 자부심은 차분하고도 과묵한 문화와 이어져 있다'는 의견도 존재한다(『교토가 부활한다』 후타바 구니히코). 근래에 와서 교토가 관광과 학생의 도시로 변모한 후로는 외부인을 적극적으로 받아들여 가치관에 맞고 안 맞고를 따지지 않게 되었다. 학생과 관광객 등 외부인에 의해 성립되는 사회이기 때문에 적어도 표면적으로는 그러한 규범을 강제할 수 없게 된 것이다. 단기간의 생활뿐이라면 진짜 동료가 되기 위한 방법을 마스터할 필요는 없다.

교토대학 히오키 고이치로 교수는 오랜 기간 일본의 중심도시로서 '도시적 훈련'을 역사적으로 받아 온 교토사람에 대해 지적한다. 서로 모르는 체하며 지나치게 간섭하지 않는 것이 도시에서는 중요하다. 예를 들어 일본사람은 서양의 다양한 문화 중 특히 파티에 약하다. 파티에서는 낯선 사람과 적당히 대화를 나누지 못하면 설 자리가 없다. 일본사람들의 파티에서는 여기저기에 집단이 형성되어 파티 본래의 의미를 살리기 힘들다. 또한 많은 사람들 속에서 몸이 접촉했을 경우에는 '실례했습니다'라는 말과 함께 양보하는 것도 도시적 관습이다. 표면적으로는 친밀하게 보이지만 깊은 부분에서는 서로 간섭하지 않는 것이 도시생활의 중요한 요소이기 때문이다.

동질화 압력의 차이

그림 2-6에서 확인할 수 있듯, 도쿄와 일본 전국에서는 동질화 압력,
즉 친구를 동질화하려는 힘이 강하게 작용하기 때문에 개성적인 인재,
화합에 영향을 미치면서까지 자신의 독자성을 유지하려고 하는 인재는
거의 도태되게 된다.

이에 비해 교토는 당사자 앞에서는 비난도 공격도 하지 않는 애매한

그림 2-6 동질화 압력의 차이에 의한 개성적 인재의 생존

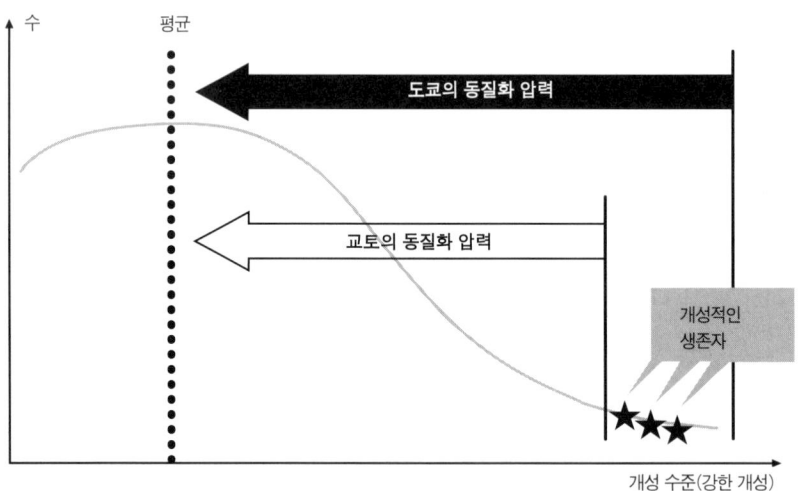

태도를 보이기 때문에 동질화 압력이 결과적으로 도쿄보다는 약해진다. 많은 인재들이 도쿄에서처럼 그러한 압력에 굴복하게 되지만* 일부는 살아남는다. 그것도 매우 뛰어난 개성파 인재로 살아남아 그들이 개성파 인재로 불리는 교토식 기업의 최고경영책임자가 되는 것이다.

이것은 매우 중요한 메시지를 포함하고 있다. 현재 '개성화'를 외치는 이들이 늘고 있지만, 전 국민이 기존에 가지고 있던 평균지향적(비개성적인) 성격을 극적으로 바꾸는 것은 어렵다고 본다. 일부분이 개성적 인재가 됨으로써 효과적으로 사회의 구조개혁을 진행시키는 것이 가능할 지도 모른다. 즉, 대부분의 몰개성적인 인재가 걸러져 정말 남아야 할 뛰어난 능력과 정신력을 모두 갖춘 인재만이 살아남는, 벤처기업에는 반드시 필요한 선택이 자연스럽게 이루어지게 된다는 것이다.

미국처럼, 혹은 한때의 비트밸리**처럼 누구라도 벤처기업을 시작할 수 있는 사회분위기는 옥석이 혼재되어 전체적인 질의 저하, 사회적 여과장치의 복잡화와 비효율화를 가져온다. 따라서 사회가 사전에 스크리닝을 실시해 나중의 프로세스를 용이하게 진행하는 것이 효율적일지도 모른다.

일본사회의 동질화 압력은 개선시켜야겠지만 그것이 조금씩이나마 약해져 교토 정도의 레벨이 되면 개성적이며 능력 있는 기업가나 개혁

---

* 굴복한다는 말 대신 동질화를 실현하는 데 성공한다는 표현도 좋겠지만, 벤처기업 연구에서는 다양성을 존중하므로 '압력에 굴복해 동질화된다'는 표현을 사용하기로 한다.
** 도쿄 시부야(澁谷)의 인터넷 관련기업이 밀집해 있는 지역을 가리킨다. 澁(떫을 삽)을 영어로 bitter, 谷를 valley로 나타낼 수 있는 것과 지역적 특징을 나타내는 말을 복합적으로 고려해 Bit Valley라고 부르고 있다(역주).

가가 전국적으로 나타나기를 기대할 수 있다.

어쨌건 벤처육성을 지향하는 도시라면 교토 정도의 다양성을 인정하는 문화를 목표로 시작하는 것은 어떨까? '서로의 개성을 존중하자' 혹은 좀 더 구체적으로 '자신과 다른 사람들을 존중하자', '색다른 일을 시작하자' 등의 캠페인이 유효할 수도 있겠다. 물론 대학이나 일부 열정적인 학생이 모여 있는 고등학교 등 교육현장에 개혁의 흐름을 전파할 수 있다면 보다 효과적일 것이다.

작동하기 시작한 교토식 기업의 재생산 메커니즘

교토식 기업의 성공이 역사적 배경에만 기인하는 것은 아니다. 이미 앞선 세대의 성공을 보고 그들의 뒤를 따르려는 2세대가 나타나기 시작하고 있다. 게임소프트웨어 개발회사인 도세가 그러한 예가 될 수 있을 것이다.

'넘버원이 되고 싶었다. 유행이 매우 빠르게 바뀌는 게임소프트웨어 업계에서는 히트작을 만들어낸 크리에이터가 곧바로 제작회사를 차려 독립한다. 하지만 안정된 지위를 쌓아 올리기는 어렵다. (중략) 그때 사이토 사장의 눈에 들어온 것은 교토의 벤처기업 선배들의 모습이었다. 롬, 무라타제작소 등의 부품메이커는 그들이 만든 제품이 소비자들의 생활과 직접적인 접점을 가지지는 않지만 생활산업 분야에서 확고부동한 지위를 쌓아 올리고 있었다.

제작회사를 운영해서는 넘버원이 될 수 없다. 그래서 틈새시장에서 넘버원이 되기로 결심했다. 어떤 크리에이터도 히트를 연발할 수는 없다. 규모 확대에 서두른 나머지 자금융통에 힘들어하는 회사도 수없이 보았다. 그래서 나는 모든 게임기종과 관련을 맺어 모든 소프트웨어의 수탁개발을 실시하는 회사, 제작회사의 요구에 끝까지 부응할 수 있는 그러한 회사를 만들어 가기로 방침을 전환했다.' (아사히신문의 〈경영자 열전〉 중에서)

NASA의 연구원을 그만두고 건물 주차장에서 창업하여 세계 톱클래스의 반도체 박막제조장치 메이커로서 2001년 5월 장외시장에 등록한 삼코인터내셔널의 쓰지 사토시 사장도 '교토의 선배경영자들의 성공과 활약에 영향을 받았다' 고 말한다.

쓰지 사장은 실리콘밸리에서 체류한 경험이 있어 현지의 기업사정에 밝은데, 후배육성을 위해 스스로를 교과서로 활용하여 교토대학과 산학제휴하거나 기업가를 위한 다양한 강연회 등에 적극적으로 참가하고 있다. 이러한 예는 교토식 기업의 재생산 메커니즘이 작동하기 시작한 사례로 평가할 수 있을 것이다. 이외에도 교토에는 많은 기술계열 벤처가 존재하고 있어 제3세대 교토식 기업으로 성장하기 위해 부단히 노력하고 있다.

교토대학도 이러한 움직임에 조직적이며 적극적으로 관여하기 시작했다. 교토대학은 전통적으로 기업과는 어느 정도 거리를 두는 학풍을 가지고 있지만, 현재는 산학제휴의 모범으로 거듭나기 위해 많은 산·학·관(産學官) 제휴프로젝트를 시작하여 가까운 시일 내에 두드러진 성과가 나타날 것으로 보인다. 필자도 교토대학 경제학대학원의 '사업창성과정'이라는 프로그램을 통해 벤처기업의 육성, 대기업과의 협동과 제휴 등에 대해 실천적인 연구와 교육활동을 실시하고 있으며 이 책을 계기로 활동이 더욱 활성화되기를 기대하고 있다.

교토대학 '국제창조융합센터'에서는 교토대학 내의 기술의 데이터 베이스화를 진행 중이며 구체적인 산학제휴 안건을 육성하기 시작하였 다. 이 작업에는 교토부, 교토시 등 지방자치단체도 적극적인 관심을 보 이고 있으며, 교토 근방의 여러 대학과의 제휴도 순조롭게 진행이다. 클 러스터링 즉, 각각의 시스템을 연결해서 대학, 대기업, 벤처, 지방자치 체, 학생, 자원봉사단체 등이 실리콘밸리 수준의 창조적인 협조활동을 벌일 수 있다면 무척 바람직할 것이다. 이것을 실현하기 위해서는 과제 와 장애물도 많지만 해결과 실현을 위한 구체적 방향성으로서 모듈&인 터페이스 전략을 채용하는 방법에 대해 3부에서 살펴보기로 하자. 이것 은 교토식 경영을 확장시키기 위한 제안이기도 하다.

반도체 박막형성 장치

삼코인터내셔널연구소(이하, 삼코)는 1979년 교토 후시미(伏見)의 차고에서 단 두 명의 창업멤버로 시작되었다. 처음에는 반도체 박막형성 장치를 중심으로 제조·판매했지만, 현재는 연구용에서 일반용까지 드라이에칭장치와 드라이세정장치 등 반도체 제조장치 부문에 폭넓은 제품군을 갖추고 있다. 발전을 위해서 환경보전과 리사이클 분야의 진출도 계획 중이다.

현재 매출액은 약 41억 엔(2001년), 종업원은 104명(2001년 현재)이며 2001년 5월에는 장외시장등록에 성공했다. 생산거점은 교토지만 주요부문 외에는 아웃소싱을 활용해 종업원은 대부분 신제품 연구·개발에 힘을 쏟고 있다.

'연구개발비를 많을 때는 매출의 10퍼센트, 적을 때도 8퍼센트 이상은 쓰고 있습니다'(《기념지》중에서)라는 말에서 알 수 있듯, 연구개발에 많은 투자를 하고 있다. 경영방침으로는 ① 개성과 독창성을 중시한다 ② 철저한 능력주의를 실시한다 ③ 활력 있는 경영을 실시한다 등 세 가지를 내걸고 있다. 쓰지 사장 자신도 '경영의 기본은 차별화이며 다른 사람들이 하지 않는 것, 타사와는 다른 것을 어떻게 진행하는가가 중요하다'고 말한다.

창업하기 전 쓰지 사장은 정밀기기제작기업에 취직한 후 교토대학에서 플라즈마 연구를 진행하고 있었다. 그 후 발표한 논문이 주목을 받아 NASA의 에임즈연구소로 옮겨 플라즈마 연구를 계속했다. 3년 후 일본에 귀국했는데, '처음에는 창업할 생각이 없었다. 하지만 전기전자 관련 대기업에 근무하는 친구로부터 아몰퍼스실리콘 박막형성설비에 관한 상담의뢰를 받았고, 그 장치를 만들기 위해 차고에서 창업했'고 한다. 그 후 이 제품이 널리 알려져 회사를 설립했다. 일단 회사를 설립한 후에는 곧바로 교토에서 박막관련 기술자 회의를 주최할 만큼 행동적인 일면도 가지고 있다.

현재는 교토지역의 대학을 중심으로 강의도 하고 있으며, 다양한 위원회에도 참가한다. 특히 벤처기업의 육성에 열성적이며 외부와의 교류에도 적극적이다. '기초연구와 실제 비즈니스는 다릅니다. 너무 앞서 달리면 아무도 상대해 주지 않습니다. 혼자서는 정보가 제한적이므로 여러 사람들과 교류하면서 이야기를 듣거나 정보를 얻고 있습니다'라며 타인의 의견에 귀를 기울이는 일도 게을리 하지 않는다.

고부가가치 제품을 지향

반도체 제조장치를 중심으로 '최첨단이면서도 틈새시장에 특화하며, 유행을 좇지 않고, 기존제품과의 차별화를 추구한 제품'(《주간 동양경제》 1999년 9월)을 개발해, 현재 한 대당 수천만 엔에서 수억 엔까지 하는 장치를 연간 백 수십여 대 판매하고 있다. '교토는 땅값이 비싸기 때문에 비용경쟁으로 이어지는 프로세스형 제조업에는 적합하지 않다. 경쟁력을 유지하기 위해서는 고부가가치 제품을 제조하지 않으면 안 된다' 며 연구개발형 제조업을 목표로 하고 있다.

삼코가 제조하는 반도체 박막장치의 하드웨어 부분은 아시아권 국가에서도 제조할 수 있다. 이 제품이 고부가가치인 것은 재료의 배합, 온도, 압력 등의 노하우가 결집된 소프트웨어 부분이며 타사에 정보가 누출되기 어렵게 '블랙박스화' 되어 있다는 점이다. 이러한 노하우를 축적하기 위해서는 '이론과 실증의 밸런스, 가설과 검증이 매우 중요하다' 고 한다.

창업 이래로 신제품을 잇달아 개발해 왔지만 1990년경부터 성장이 정체되었다. 경영적으로도 넓은 영역에서 개발을 진행하는 것보다는 특정분야에 특화하는 게 유리할 것으로 보고, '우리가 연구개발이든 마케팅이든 이러저러한 분야에 동시적으로 사업을 전개하는 것은 힘들 것으로 생각합니다. 그 대신 특정분야에서 세계 1위가 되겠다는 생각에 글로벌 틈새시장을 목표로 하고 있습니다' 라며 생산기종을 지금까지의 절반(약 20종)으로 줄였다. 이러한 전략이 주효해 현재의 발전으로 연결되었다고 말할 수 있다.

해외와의 관계

삼코는 높은 수준의 기술을 보유하고 있었지만 영업에서 많은 고생을 했다. 삼코가 생산하는 장치는 최첨단기술을 이용한 것으로 일본의 대기업과 거래한 실적이 없기 때문에 계약이 곤란하다며 대부분 거절당했던 것이다. 일본에서는 일반적으로 납품실적이 없으면 계열 외부 기업이 거래를 성공시키는 것은 매우 어렵다. 그러나 '미국은 공평하다. 회사의 규모나 창업햇수와 같은 것을 문제 삼지 않는다. 좋은 것은 좋다고 인정해 주고 실제로 우리 회사의 1호 제품도 미국기업이 구입해 주었다'고 한다. 또한 '범용 반도체 제조장치의 제조를 시작한 것까지는 좋았지만 일본의 대기업과는 거래를 성사시키지 못해 곤란해 하던 차에 미국 기업으로부터 전화가 걸려와 주문을 받은 경우도 있다. 바로 미국으로 건너가자 선금까지 받았으며 그 후로는 납품실적을 알게 된 일본 기업으로부터도 주문을 받게 되었다'고 한다. 삼코는 그 후로 신제품을 개발했을 때는 판매실적을 묻지 않는 해외 기업에 우선적으로 구입의사를 타진했다.

1987년 2월에는 일본의 벤처기업으로는 처음으로 실리콘밸리에 연구소를 설립하였고 NASA 시절의 동료들도 채용했다. 쓰지 사장은 지금도 연간 4~5회 정도 시찰을 겸해 실리콘밸리를 방문하고 있다. 최근에는 영국 캠브리지대학에도 거점을 설립하여 일본, 미국, 유럽에서 연구개발을 진행하고 있다.

3부

정보화시대의 모듈&인터페이스 전략

네트워크 외부성 활용을 향한 '확장'

모듈&인터페이스 전략이란

플랫폼이란 하나의 모듈 혹은 인터페이스며 모듈&인터페이스 방식에 있어서 가장 단순하고 동시에 중요한 부분집합이다. 그것은 '가장 기본적이며 사용빈도가 높은 인프라, 또는 베이스가 되는 기능을 제공하는 모듈'을 가리킨다. 가장 기본적이고 사용빈도가 높은 부분이 플랫폼이며 그 다음에 기본적인 부분을 추출하여 두 번째 층의 개별 모듈군으로서 축적하여 그것들의 선택·조합을 통해 니즈를 만족시킨다. 이것을 되풀이하여 복잡성에 대응해가는 것이 모듈&인터페이스 방식이다.

교토식 경영의 전략적 자유도 확장

　　지금까지 교토식 기업이 세계시장에서 개방적 수평분업화의 움직임에 적절히 대응하고 있다는 점에 대해 살펴보았다. 세계분업체제 속에서 가치가 있는 모듈을 찾아내고 특화함으로써 글로벌 경쟁에서 살아남은데다가 자사만의 고유한 가치를 제공하여 높은 가격을 설정하는 일들을 실현시킨 것이다.

　　또한 우리는 2부까지의 내용에서 플랫폼이라는 단어를 사용하여 수직에서 수평으로의 구조전환에 대해 살펴보았다. 중요한 것은 플랫폼을 '모듈 & 인터페이스 방식'의 일부로 이해함으로써 전략적 자유도를 크게 확장시킬 수 있다는 것, 또한 이것이야말로 세계적인 하이테크기업과 교토식 기업의 성공을 이해하는데 있어 가장 중요한 열쇠라는 것이다. 개방적 수평분업에 있어서 플랫폼이란, 플랫폼 모듈(플랫폼 기능을 제공하는 모듈)이라고 바꿔 말할 수 있다.

　플랫폼은 모듈 중에서도 가장 중요한 기능을 제공한다. 고쿠료 지로 교수는 모듈&인터페이스 전략을 오픈아키텍처 전략이라 부르고, '본래 복잡한 기능을 가진 제품이나 비즈니스 프로세스를 어떠한 설계사상(architecture)에 입각하여 독립성이 높은 단위(모듈)로 분해한다. 그런 후 모듈을 사회적으로 공유된 개방적인 인터페이스로 연결함으로써 범용성이란 성격을 부여하여 다양한 주체가 발신하는 정보를 결합시켜 가치증대를 꾀하는 기업전략'으로 정의하고 있다.

　1부에서 살펴본 플랫폼 전략은 모듈&인터페이스 전략으로 확장시켜서 경쟁력을 좀 더 높일 수 있다. 개방적인 거래 속에서 '독점'을 실현하기 위해서는 여러 고객기업이 가지고 있는 다양한 니즈에 대해 모듈&인터페이스 방식으로 대응할 수 있는 능력이 꼭 필요하게 된다. 그럼 이번 장에서는 이러한 모듈&인터페이스 방식과 전략에 대한 적용에 관해 살펴보기로 하자.

　교토식 기업 중에는 이미 높은 수준까지 세련화시켜 활용하고 있는 기업과 아직 발전단계에 있는 기업이 혼재하고 있다. 교토식 경영의 향후 발전방향은 이 장에서 어느 정도 정형화시킬 수 있을 것으로 본다.

# 모듈&인터페이스 방식이란

　　　　일반적으로 신규 개발과 제조 부문에서는 매번 새로운 방식으로 대응하고 개별적으로 처리한다. 이에 비해 복수의 소형화된 조형물을 준비해두고 조합하는 방식을 취해 그때그때의 맞춤생산(customization)을 최소화하려는 것이 모듈&인터페이스 방식이다. 그림에서 확인할 수 있듯 모듈&인터페이스 방식에서도 통상적인 개별품목당 신규대응과 전품목 개별대응이 가능하다.

　　'플랫폼'이란 하나의 모듈 혹은 인터페이스며 모듈&인터페이스 방식에 있어서 가장 단순하고 동시에 중요한 부분집합이다. 그것은 '가장 기본적이며 사용빈도가 높은 인프라, 또는 베이스가 되는 기능을 제공하는 모듈'을 가리킨다. 혹은 '다양한 접속방식의 베이스가 되는, 연결의 표준 인터페이스'가 플랫폼으로서 기능하는 것이다. 가장 기본적이

그림 3-1 모듈&인터페이스 방식과 통상적인 방식의 비교

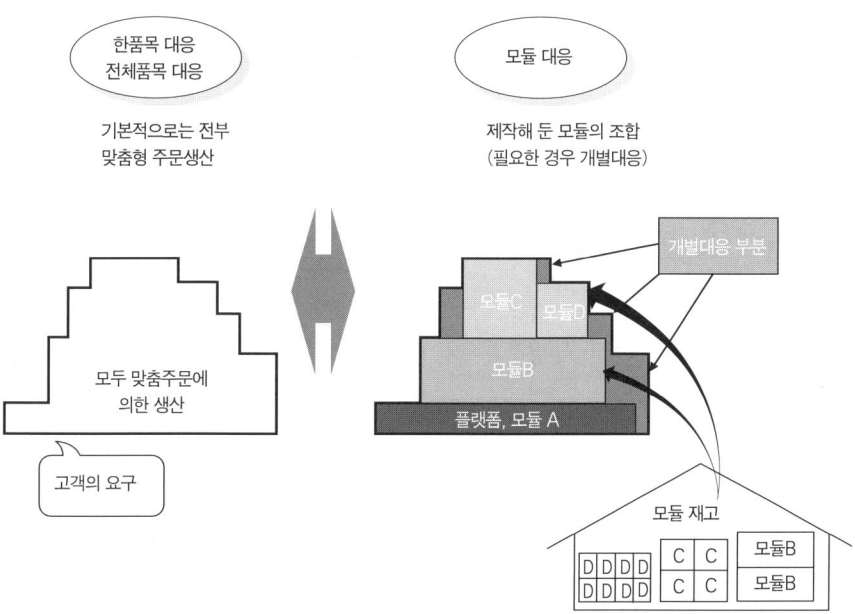

고 사용빈도가 높은 부분이 플랫폼이며 그 다음에 기본적인 부분을 추출하여 두 번째 층의 개별 모듈군으로서 축적하여 그것들의 선택과 조합을 통해 니즈를 만족시킨다. 이것을 되풀이하여 복잡성에 대응해가는 것이 모듈&인터페이스 방식이다.

모듈&인터페이스 방식이 주문에 의한 맞춤형 생산을 부정하는 것은 아니다. 단위비용을 낮추기 위해 모듈의 사용빈도를 높일 필요가 있다. 이를 위해 과도한 커스터마이제이션은 피하고 준비된 모듈을 사용하여 단위당 비용을 낮추는 노력이 필요하다. 그러나 최저한의 커스터마이제

이션은 가능하며 고객만족을 실현하기 위해서는 반드시 필요한 사항이기도 하다.

통상적인 방식에서는 전체가 커스터마이제이션인데 비해 모듈&인터페이스 방식에서는 반드시 '모듈을 사용하는 것'과 '커스터마이제이션으로 실행하는 것' 중에서 어느 쪽이 좋은지에 대한 선택을 고객만족의 관점 즉, 비용, 납기, 품질 등에서 종합적으로 평가·판단해야 한다. 다시 말해 다차원의 판단 프로세스가 필요하다.

정확하게 판단하여 실행하는 것이 모듈&인터페이스의 성공에 필요한 키포인트 중 하나이며 그것을 정확하게 할 수 없을 경우 모듈&인터페이스 방식의 도입은 역효과가 된다. 판단에 있어서는 '기존의 것을 응용하는 사고'가 필수적이다. 또한 모듈과 인터페이스의 설계가 정확하지 않으면 모듈&인터페이스 방식의 효과는 나타나지 않는다.

모듈과 인터페이스의 설계 기술이 중요해지고, 모듈&인터페이스 방식의 사고 형태로서 사물을 단순화하여 정리·분류하는 능력이 필요하게 된다. 이것들은 모두 일본사회에서는 지금까지 가볍게 생각되어 온 것들이다. 즉, 모듈&인터페이스 방식의 도입은 결코 쉬운 것이 아니며 막대한 스킬의 축적이 있어야 비로소 성공하는 전략인 것을 인식할 필요가 있다.

인터페이스 설계기술은 모듈&인터페이스 방식을 자사 내부에서 끝내지 않고, 타사의 자원 활용을 전제로 할 경우에는 더욱 어려우며 더욱 중요해진다. 플랫폼 전략의 성패는 이것에도 크게 의존한다.

사실 모듈&인터페이스 방식은 우리들의 생활 속에 어느 정도 침투해 있다. 가장 간단한 예는 회사 조직이다. 개발부, 제작부, 영업부와 같이 역할을 규정하고 부문 간의 연계활동을 제도나 규칙에 의해 조정하는 것이야말로 모듈&인터페이스 방식 그 자체다.

경영, 조직운영이라는 지극히 복잡한 현상을 처리할 때 정도의 차이는 있겠지만 누구나 모듈&인터페이스 방식을 도입하고 있는 것은 틀림없는 사실이다. 기업 내에서 책임과 권한, 인사제도, 규정, 시스템, 매뉴얼, 직무기술서(job discription) 등은 모두 인터페이스이며 플랫폼 모듈이다. 단순 공통부분을 통일하여 공유함으로써 복잡한 업무가 부분적으로 단순화되며 좀더 복잡한 업무를 처리할 수 있게 된다.

예를 들어, 직원이 4명에 불과한 기업이라면 과도하게 역할분담을 고집하기보다는 전원이 여러 부문에서 유연하게 대응하는 편이 효율적이다. 그러나 1만 명 규모의 기업에서 역할분담을 하지 않는 것은 있을 수 없는 일이다. 마케팅에서는 시장을 세그먼트화하여 공통된 특징을 가지는 모듈로서 대응하여 공통된 대응책을 취하는 것이 좋다. 개발, 제조, 영업 등과 같이 기능별, 혹은 A사업, B사업, C사업과 같이 사업별로 분류하지 않으면 지나치게 복잡해져서 대응할 수 없게 된다.

이것은 개인에게도 마찬가지다. 방대한 양의 정보는 프로젝트 단위, 고객별 단위 등의 모듈로 분류하여 관리해야 한다. 이것을 실행하지 못하고 있다면, 적어도 정보관리의 측면에서는 실격이다. 사실, 복잡한 것에 대처하고자 할 때에는 거의 예외 없이, 넓은 의미에서의 '모듈&인터페이스 방식'이 적용되어 있다고 할 수 있다.

누구라도 의식적이든 무의식적이든 실시하고 있는 모듈&인터페이스 방식을 좀 더 세련되게 만듦으로써 경쟁력을 강화할 수 있으며 기업의 기본적인 경쟁력으로 사용할 수 있게 된다. 오래되고도 새로운 개념인 모듈&인터페이스 방식에 대해 좀 더 깊이 이해하기 위해서 '장점과 목적', '단점(demerit)과 과제', '성공의 열쇠'의 순서로 살펴보자.

3 모듈&인터페이스의 장점과 목적

인터페이스의 명시화에 따라 만들어진 모듈을 활용하는 것의 이점은 다음과 같다.

1) 독립된 각 부문의 활동과 성과를 연결·통합하는 것에 따른 전체 작업의 효율화

· 완성품의 처리시간 단축: 사전에 개발, 제조된 모듈을 조합할 뿐(커스터마이제이션은 최소한)이므로 완성품에 사용되는 처리시간이 단축된다.

· 완성품 처리의 단순화: 모듈의 조합작업이 단순화되기 때문에 필요한 기능과 인건비가 낮아진다.

· 작업의 평준화: 사전제작·보관이 가능하므로 작업의 평준화가 달

성된다.

· 리스크·비용의 분산: 분업체제이므로 기획에 참여한 기업에 의해 비용·리스크의 분산이 가능해진다.

2) 인프라스트럭쳐 등 공통 부문을 공유해 단위비용이 절감된다: 모듈(특히, 플랫폼 모듈)은 공통적으로 사용되므로 단위비용이 대폭 절감된다. 한계비용이 절감되므로 승자독식에서 발생하는 규모의 확대에 대응하기 쉽다.

3) 이상의 각 부문의 독립성 강화에 따른 경쟁촉진(단, 기업간 관계와 사양의 오픈화가 전제임): 하나의 모듈을 만드는데 복수의 기업이 경쟁하기 때문에 비용이나 품질, 납기가 개선된다.

4) 경쟁의 격화에 따라 특화·전문화(기능분산), 저가격화, 고기능화 되며 희소자원 활용: 2)에 따라 사용빈도가 낮고 매우 고가이며 통상적으로 사용할 수 없는 특수한 것도 모듈로 취급함에 따라 활용이 가능해지는 것 등이다.

이와 같이 모듈&인터페이스 방식을 채용하면 개발·제조능력을 강화할 수 있다. 1부에서 설명한 플랫폼의 이점과 기본적으로는 같은 구조이며, 사용이 확장되는 과정에서 더욱 더 많은 이점들이 발생한다.

즉, 모듈&인터페이스 방식이란 플랫폼과 개별 모듈을 활용하여 '공통된 기반으로서의 플랫폼 모듈로 개별요구에 맞추어 다양하게 분화된 개별 모듈을 조합시켜 개별 커스터마이제이션은 최소화하고, 효율이 높은 완성품의 작성 및 처리를 신속하게 실행하고자 하는 것'이다. 시장의 빠른 움직임에 대응하고 사업활동의 신속성이 절실히 요구되고 있는 오늘날 대단히 중요한 부분이다. 일본 기업은 부분최적화에 강하다는 인식이 있지만 모듈&인터페이스 방식을 사용함으로써 부분최적화의 총합을 전체최적화로 간주하는 것이 가능해진다.

플랫폼 모듈 혹은 인터페이스로 공통화·공유화시키면 상호 간의 신속하고 효율적인 연계동작이 보증되어 개별 모듈은 고도의 기능으로 특화되어 간다. 그것들은 개별적인 상황에 따라 정확하고 동시에 유연하게 선택되어 특수한 경우에도 신속하게 저비용으로 대응하게 된다. 플랫폼과 개별 모듈은 2층(1층이 플랫폼, 2층이 모듈의 조합)뿐만 아니라, 3층 이상으로 전개되는 것도 가능하다. 그것은 더욱 큰 결과로 이어지는, 한층 더 고도의 형태라고 할 수 있을 것이다.

납기준수와 비용절감에 대한 요구는 계속 강도가 높아지고 있어, 최근의 경쟁 환경에서 이에 부응하는 것의 중요성이 강조되고 있다. 물론, 고도의 노하우가 축적되면 복잡한 요구에도 대응할 수 있게 된다. 다르게 표현하자면 이러한 노하우는 교토식 기업을 포함한 세계의 선진기업에서도 막 시작한 단계에 지나지 않는다. 특히 2층 이상의 구성에 의한 플랫폼과 모듈은 아직 도입단계에 지나지 않아 고도로 발전시켜 나갈 여지를 남기고 있다.

이러한 작업의 이점은, 네트워크의 효과·목적의 세 가지 요소인 '자원공유', '기능분산', '부하(負荷)분산'으로 표현할 수 있다.

· 자원공유: 네트워크 참가요소(참가자, 참가기업, 접속시스템 등)들이 하나의 자원(소프트웨어, 데이터, 제조 능, 특수기능 등)을 공유한다. 따

라서 단위비용이 대폭 저하된다.

· 기능분산: 네트워크 참가요소들이 기능을 나누어 담당한다. 부하가 집중됨으로써 각 기능의 비용이 떨어지고 능률이 향상된다. 특수한 기능을 보유 · 활용할 수 있게 된다.

· 부하분산: 네트워크의 참가요소들이 부하를 분산시키고 평준화시킨다. 가동률이 향상되고 자원효율이 높아진다.

이와 같이 네트워크의 목적인 '세분화된 개별요소를 신속하고 효율적으로 연계, 작동시킨다'는 모듈&인터페이스 방식이 추구하는 것과 완전히 동일한 것이다.

여기서 정보시스템 네트워크란 프로토콜 등의 인터페이스가 프로그래밍된 통신기기 플랫폼을 말한다. 통상적으로 네트워크를 사용하는 참가자는 자기자신이라는 모듈을 네트워크라는 플랫폼 인터페이스를 매개로 다른 모듈과 연계하여 작동시킨다.

모듈&인터페이스 방식이 특히 IT관련 업계에서 선구적으로 진행되고 있는 것은 우연이 아니다. IT분야에서 네트워크 활용은 이미 중요한 테마가 되었으며 외부성 활용을 강화하려는 시도가 자연스럽게 이루어지고 있기 때문이다. 이러한 상황에서라면 모듈&인터페이스 방식을 적용하고자 하는 시도는 당연한 것이다.

전품목 개별대응과 특별주문은 고객의 니즈를 충족시키기 위해 노력하고 있다는 것을 고객에게 어필할 수는 있지만, 장기적으로는 비용, 납기, 품질 등의 면에서 비약적인 향상을 도모하기 힘들다. 반면 모듈&인터페이스 방식은 지나치게 자신의 효율만을 중시한 작업처럼 보일지도 모르지만, 장기적으로는 고객의 니즈를 만족시키게 된다.

오픈화와 결합시 시너지 효과

'모듈&인터페이스 방식 = 외부성을 활용하기 위한 수단' 이라는 관점에서 보면, 모듈&인터페이스 방식은 필연적으로 관계의 오픈화를 수반해야 한다. 오픈화에 의해 참가자가 늘어나고 외부성이 증대됨에 따라 모듈&인터페이스 방식이 더 큰 효과를 발휘하기 때문이다.

· 각 독립 부문의 활동 · 성과를 연결 · 통합하는 것에 의한 작업의 효율화
· 인프라스트럭쳐 등 공통 부문의 공유에 의한 단위비용(한계비용) 절감
· 각 부문의 독립성 강화에 의한 경쟁촉진
· 경쟁 촉진에 의한 특화 및 전문화, 저가격화, 고기능화의 진전

위의 것들은 모두 기업간 관계의 오픈화에 의해 효과가 배가된다. 따라서 '오픈화'와 '모듈&인터페이스 방식'은 반드시 서로를 고려하면서 실행해야 할 것이다.

일본의 한 자동차메이커는 자사 내부에서만 모듈화를 진행시키고자 하는 움직임을 보이고 있는데, 설사 그것이 성사된다고 하더라도 충분한 성과를 얻기 힘들 것이다. 사외에 모듈&인터페이스 방식을 적용하더라도 확실하게 실시될 수 없는 경우와 그룹 내에서 확실하게 실현할 경우를 비교해 볼 때 후자가 전자를 넘어서는 효과를 올릴 수 있다. 그러나 이론적·장기적으로 볼 때 기업간 관계의 오픈화를 동시에 진행하는 것이 효과가 더욱 크다. 많은 멤버가 참가함에 따라 인터페이스 결정에 비용이 든다는 불이익은 존재하지만, 그것도 기술적으로 해결할 수 있기 때문이다.

한편 고쿠료 교수는 모듈&인터페이스 방식의 중요성을 주장할 때 모듈의 인터페이스가 사회적으로 공개된 것을 오픈아키텍처(open architecture)로 정의하고, 공개되지 않은(폐쇄적인) 것은 제외했다.

5 모듈&인터페이스 방식의 단점과 과제

모듈&인터페이스 방식의 결점으로는 1) 제품의 통합도가 떨어진다(예를 들어 제품의 사이즈를 최소화할 수 없는 등 최적화를 위한 전체 조정이 불가능하다), 2) 복잡한 요구에는 대응할 수 없다, 3) 모듈&인터페이스 방식은 소프트웨어에 적용되는 것이며 하드웨어에는 적용할 수 없다, 4) 인터페이스의 고정화 · 경직화에 따라 기술혁신을 도입할 수 없게 된다, 라는 지적을 자주 받는다. 그럼 이러한 지적들에 대해 검토해보도록 하자.

1) 제품의 통합도가 낮아짐

모듈간의 통합은 인터페이스라는 단순하고 범용성을 가지는 규약에 따라 이루어지기 때문에 제품에 따른 최적화가 가능하다. 이를 '제품에 있어서의 통합도의 저하'라는 개념으로 도쿄대학의 후지모토 교수가 지적했다(『제품개발능력: 미국·일본·유럽의 20개 자동차회사의 상세조사』 후지모토 다카히로, 킴 B. 클락).

인터페이스 설계에서 전체를 통합할 때 마이너스적인 영향을 주지 않는 모듈을 추출하는 것은 매우 중요하다. 구체적으로는, 어떻게 하면 기초적이고 공통적인 니즈를 가지는 요소를 추출하여 모듈로 할 것인가, 즉 플랫폼 지향을 언제나 중요하게 인식해야 한다는 것이다.

유틸리티라고 불리는 기본자원(전력, 수도, 가스 등)은 통합된 조직에 의한 공급이 다수 기업에 의한 개별적 공급보다 사회적 효용이 훨씬 크다. 제품의 사양에 전혀 영향을 받지 않기 때문이다. 가전제품이나 컴퓨터제품, 자동차부품 등도 전압은 표준화되어 있다.

조금 전문적인 설명이 되겠지만 인터넷의 예를 들어보겠다. 인터넷에서는 IP, HTTP 등의 통신프로토콜이 사용되고 있다. 하지만 그것이 관리회계시스템 구축에는 전혀 영향을 끼치지 않는다. 인터넷은 경제, 정치, 과학 등 대부분의 영역에서 폭발적인 혁신을 불러왔는데 이는 공통의 플랫폼이라는 모듈로서 보편적으로 제공되었기 때문이다.

모듈&인터페이스의 설계는 가장 기본적인 공통기능에서부터 단계적으로 모듈화시켜 나가야 한다. 플랫폼 모듈의 보급에 따라 전체의 부가가치가 향상되면 공통적인 기본기능을 더 많이 추출할 수 있을 것이다. 이러한 작업을 되풀이함으로써 모듈은 전체의 품질에 거의 영향을 주지 않으면서 장점만을 제공하는 것이 가능하며, 그렇지 않으면 효과가 발휘되지 않는다.

그러한 성공사례로는 리눅스를 들 수 있다. 컴퓨터의 OS는 처리속도가 대단히 중요하기 때문에 제품의 통합도가 중요하지만, 동시에 어떤 하드웨어에서도 작동하는 이식성(즉, 공통부분을 늘리고 커스터마이즈한 부분은 최소화하는 것)도 충족시켜야 한다. 리눅스는 이것을 정확히 실현했기 때문에 성공한 것이다. 이렇게 통합도와 범용성이라는 상반되는 조건을 만족시켜야만 하는 것은 OS뿐만이 아니며, 제품개발에 있어 이 두 가지를 균형 있게 실현시키는 것은 매우 중요하다.

　　'모듈방식에서는 소형화가 불가능하다' 는 지적에 관해서는 특정한 모듈을 공통화해서 대량생산함으로써 고가라서 사용하기 힘든 소형부품을 전체의 소형화를 위해 사용할 수 있게 된다. 따라서 모듈&인터페이스 방식을 잘 적용하면 소형화가 가능한 케이스도 있다.

　　통합도가 높아 인터페이스가 명확하지 않은 것은 제품뿐 아니라 일본형 조직에서도 발견된다. 역할분담이 불명확하고 의사결정에 수많은 관계자가 참가하는 특징을 가진 일본형 조직에는, 분명히 문제가 있다. 일본 기업과 교류하는 외국의 비즈니스맨은 '일본 기업은 의사결정에 시간이 많이 걸린다. 하지만 한번 결정되면 전원이 문제없이 잘 실행한다' 고 그 특징에 대해 설명한다.

　　그러나 수많은 의사결정 참가자에게서 한번 결정된 사안을 번복하거나, 중지하는데 필요한 합의를 끌어내기란 불가능에 가까운 일이다. 종종 의미 없는 프로젝트가 습관적으로 계속 진행되는 케이스를 보게 되는데 그것은 밀도 높은 상호관계성에 기인하는 것이다. 이런 조직은 안정적인 고도성장기에는 문제가 없었지만 장래가 불확실한 성숙기로 이행하는 시점에서 중요한 문제로 드러나고 있다.

　종래의 일본 기업의 특기이기도 했던 밀도가 높은 인간관계는 IT의 진화에 의해 데이터베이스(SCM, CRM, ERP, PDM 등)와 네트워크(메일링 리스트, 전자게시판 등)에 의해 보다 완벽한 지원을 받고 있다. 이것들을 능숙하게 사용하고 있는 실리콘밸리에서는 만나본 적 없는 사람들과 전략논의, 제품개발의 아이디어 논의에서부터 사원식당의 메뉴결정까지 폭넓은 합의형성을 유연하고 신속하게 진행하고 있다.

2) 복잡한 사양에 대한 대응이 어려움

　복잡성에 대응하지 못한다는 의견은 모듈&인터페이스 방식에 대한 오해가 그 배경에 존재하는 것으로 보인다. 일본사회에서는 표준화, 표준품의 대표로 햄버거를 연상하는데, 품질이 나쁘다, 비인간적인 관리를 한다는 단편적인 이미지가 선행하는 경향이 있다. '고객의 제멋대로인 요구에도 응하는 것이 서비스다' 라는 발상도 뿌리 깊다. 물론, 고급 호텔을 이용하는 등 가격을 중시하지 않는 고객층에서는 그런 생각이 통하겠지만, 그런 생각이 모든 부문에 지나치게 침투해 있다는 점이 일본의 '오버퀄리티 현상' 과 '고비용 체질' 의 근간이 되었다고 생각한다.

　예를 들어, 특장차업계의 규격과 옵션은 종류가 너무나 다양하여 제조라인 대부분이 분화되지 않은 채 수작업을 부가하는 생산방식을 가지고 있다. '고객의 요구라면 어떤 것이라도 모두 들어주는 것이 좋은 영업사원이고 좋은 회사다' 라는 신앙이 업계 전체에 있어, 모든 개별대응에 응하려고 하기 때문이다. 불과 몇백만 엔의 차이로 노동생산성이 크게 달라진다는 사고방식도 존재하지만, 이와 같은 문제는 트럭 생산과 정뿐만 아니라 물류의 모든 과정과 관련되어 있으므로 비용의 증가는 무시할 수 없는 금액으로 환산된다(참고로, 전일본트럭협회는 이러한 과도한 오버퀄러티 현상에 대해 부품표준화로 전환할 것을 호소하고 있다).

교토식 기업의 하나로 '더 슈퍼 수트 스토어(the super suit store)' 라는 브랜드를 소유한 온리(only)는 유니클로와 같은 SPA(제조소매)방식을 1990년대 전반부터 채용하여 비즈니스정장 영역에 가격파괴를 가져왔다. 수많은 경쟁사가 온리를 모방하여 같은 가격과 진열방법으로 잇따라 신규 진입하였지만, 2002년 3월 현재에도 업계 선두를 유지하며 약진 중이다.

로드사이드형 비즈니스정장 양판점의 염가 판매방식은 이전부터 존재했지만 온리의 차별점을 한마디로 표현하자면 철저한 모듈&인터페이스 방식이라는 것이다. 바겐세일을 싫어하는 나카니시 고이치(中西浩一) 사장이 수트업계의 가격구조가 불투명한 것을 개선하고자 자사제품의 가격을 '투프라이스(19,000엔과 28,000엔)' 만으로 표시해 판매한 것이다. 온리가 말하는 표준품, 비용구조 공개, 고객에 대한 공평성이라는 컨셉은 심플(simple), 오픈(open), 페어(fair)로, 교토식 경영 그 자체다(온리에서는 심플, 정직, 동료를 사훈으로 삼고 있다). 그중에서도 '멋진 센스' 즉, 품질을 철저하게 추구하고 있다.

소비자가 가지는 '표준품=조잡함(싼 게 비지떡)' 이라는 이미지에 정면으로 대항하여 발상의 전환을 가져온 획기적인 사건이었다. '유니클로 신드롬' (유니클로 신드롬에 대해서는 소비행동의 구조적인 변화가 아니며 일본 특유의 유행이라는 견해도 있다. 붐은 가라앉았지만 '다양한 시간과 장소에, 거기에 걸맞은 옷'이라는 가치관은 확산되었다고 보아도 좋을 것이다)을 불러일으킨 패스트 리테일링(Fast retailing)은 '저렴하지만 좋은 품질'이라는 이미지로 시장과 사회를 석권했는데 이러한 현상 내부에 존재하는 '표준'이라는 이미지는 모습을 드러내지 않았다.

종래의 로드사이드형 비즈니스정장 점포가 교외의 단카이세대* 즉, 패션에는 그다지 신경을 쓰지 않는 연령층을 대상으로 하던 것에 비해, 온리는 20대라는 패션에 관심이 많은 연령층를 주요 고객층으로 삼고 있다. 패션이라는 영역에서 더슈퍼수트스토어는 가격과 진열을 포함해 판매의 전 영역에서 '표준'이라는 이미지를 강하게 내세우고 있다.

즉, 일본에서 처음으로 '표준품이어도 좋은 것은 좋다'라는 개념을 메시지로서 전달하고 있으며 그것이 고객에게 받아들여진 것이다. 표준이나 모듈이라도 인터페이스를 잘 설계함에 따라 충분히 좋은 품질이 실현된다는 것을 온리는 보여주었다.

온리는 '바겐세일 없는 투프라이스', '표준사이즈'라는 표준을 설정하여 그것을 판단의 근거로 하여 재료조달, 제조, 재고관리, 판매 등을 일관성 있게 전개했다. 즉, 가격과 사이즈라는 표준인터페이스가 먼저 설정되고, 거기에 공급망(supply chain)의 모든 모듈이 조화를 이루며 작동한 것이다.

또한 획기적인 가격파괴를 이룩한 종래의 SPA(Speciality store retailer of

---

* 1947년~1949년 사이에 태어난 일본의 베이비붐 세대로 학생운동, 노동운동 등의 단체활동의 중심세대다(역주).

Private label Apparel) 방식과 함께 모듈&인터페이스 방식을 철저히 실시함에 따라 비용을 크게 삭감할 수 있었다. 절감된 비용을 소재와 제조라는 품질결정 요소에 중점적으로 배분하여 가격을 내렸고 좋은 품질 역시 실현하였다.

인터페이스를 기초로 사내 · 외가 함께 움직일 수 있기 때문에 납기가 단축된다. 패션처럼 변화가 심한 시장에서, 이것은 재고 감소에 큰 효과가 있으며 무엇보다도 최첨단의 유행을 생산하고 소비자의 만족도를 높이는 것이 가능해진다.

유니클로는 중간 정도의 품질이라도 싼 가격의 제품을 원하는 소비자를 대상으로 선택의 폭을 넓혀 주었다. 여기에 더해 더슈퍼수트스토어는 저가격이라도 높은 품질을 실현할 수 있다는 것을 소비자, 그것도 품질에 까다로운 고객층에게 보여주어 호평을 얻었다. 비용절감에 따른 부분을 모두 가격에 반영시키는 것이 아니라, 품질을 결정하는 가장 중요한 요소에 중점적으로 배분하는 새로운 표준화 전략을 일본사회에 제기한 것이다.

이것은 매우 획기적인 사건이다. 이러한 경영수법을 실시하면 가격을 고정시키더라도 규모가 커질수록 품질향상이 가능하다. 일본시장의 디플레이션 환경과 소비자의 성숙도를 고려해보면, 의류사업 뿐만 아니라 일본 전체에 크게 파급될 가능성이 있다.

이와 같이 모듈&인터페이스 방식의 결점이라고 지적되는 것들은 적용의 한계성에 관한 것들이며 본질적인 결함이 아니다. 게다가 아직 개발 중에 있는 기술이 많으므로, 설계기술의 향상과 함께 해결할 수 있는 범위는 넓다. 현재 상태에서는 적용에 한계가 있다는 것을 인식할 필요가 있지만 모듈&인터페이스 방식을 전면적으로 부정하지 않는 것, 큰 효과를 낳고 있는 영역이 있다는 사실을 인식하는 것 등이 중요할 것이다. 모듈&인터페이스 방식의 노하우는 실패를 반복하면서 서서히 개발·축적되어 가는 것이다. 모듈 방식은 고객의 니즈를 만족시킬 수 없다며 도중에 포기하고, 원래의 개별대응으로 돌아가 버리는 것은 간단한 일일지도 모르지만, 성공을 위해서는 끊임없는 도전과 계속적인 노력이 필수적이라고 할 수 있겠다.

only 온리

교토식 기업 케이스 스터디

투프라이스 정장(two price suit)으로 급성장하여 시장을 석권

온리는 1999년 10월에 투프라이스 정장을 무기로 시장에 진입했다. 이후 거의 모든 경쟁회사가 유사한 매장, 동일한 가격패턴으로 그 뒤를 따라왔다. 매장은 표준과 심플을 의식한 디자인이다. 온리가 165센티, 170센티, 175센티, 180센티, 185센티의 다섯 가지 사이즈와 마른/중간/통통한 체형으로 구별하여 진열한 것은 동종업계에서 획기적인 수법이었다. 유니클로(1989년, 히로시마에 제1호점) 다음으로 제조소매(SPA)방식을 도입하여(1996년), 복잡한 기성복 유통에 일대 혁신을 가져왔다. 정장업계의 유니클로라고도 불리웠으나, 그보다 좀더 진화한 모델이며 기존에 존재했던 로드사이드형의 비즈니스정장 점포와도 구별된다.

온리는 교토의 패션거리로 알려져 있는 기타야마 지역의 개발을 주도했으며 성공에 힘입어 1999년도 매출액 24억 엔에서 2001년도에는 48억 엔으로 급성장했다. 현재 사원수는 약 80명이다.

온리의 나카니시 사장은 재단(裁斷)업체에 고용되어 일하다 독립하여 사업가의 길을 걷게 되었는데, 사업을 시작할 때부터 세계를 지향했고 버블시대에는 이탈리아 등 유럽과의 관계도 돈독히 해나갔다. 그후로도 부동산투기 등에 말려들지 않고 착실히 활동을 계속하고 있다.

유니클로로 알려진 제조소매방식은, 당시 업계의 높은 비용구조에 칼을 대는 것이었고, 구조 개혁만으로도 상당한 비용절감이 실현되었다. 그것은 종래의 업계가 비정상적인 판매를 위한 비용(할인판매→재고를 헐값으로 판매→이렇게 해도 남은 양은 개발도상국 시장으로 매도)을 지불하고 있었으며 반품제, 메이커 홍보협력비 등을 지불하고 있었기 때문이었다. 또한 백화점과 같은 대형소매업체에 대한 종속적인 관계에서 발생하는 각종 조정, 절충, 접대에도 엄청난 시간과 비용을 지불하고 있었다.

업계의 구조가 복잡한 이권공동체를 형성하고 있기 때문에 하루아침에 구조적 비용을 삭감하기란 쉽지 않았다. 이것을 계기로 발전한 것이 제조와 소매를 일관체제로 구성하는, 유니클로와 로드사이드 정장 점포다. 더슈퍼수트스토어는 그 2세대에 해당하며 좀 더 세련된 경영수법을 통해 새로운 흐름을 전개했다고 할 수 있다.

심플, 정직, 동료

아래와 같은 온리의 이념은 일반 소비자를 향한 팜플렛에 매우 명확하게 기술되어 있다.

· 심플: 단 두 가지 가격대를 설정한 것에서 알 수 있듯이 모든 것을 단순화하여 소비자에게 진정한 만족을 주고자 한다. 기존의 복잡한 기성복 유통에 대한 안티 테제라고 할 수 있다.

· 정직: 기존 기성복업계의 공급망에서는 비용 등의 정보를 상호 은폐하는 습관이 있어 과도한 생산이나 결함품, 지나치게 긴 납기 등 악순환으로 이어졌다. 정보를 동료와 소비자에게 완전히 오픈함으로써 상호신뢰관계, 협조관계를 추구한다.

· 동료: 공급라인에서 정보를 감추지 않고 전체를 위한 상생관계를 구축한다. 결과적으로 소비자에게 많은 것이 환원되게 된다.

도전과 실패, 권한이양과 명확한 평가

온리는 100불 정장이라는 새로운 비즈니스모델에 도전 중인데, 성공이 확정되지 않은 현 상황에서 해외진출 또한 시도하고 있다. 무모하다고도 할 수 있지만 그것은 사원에게 실패할 수 있는 기회, 학습과 성장의 기회를 주기 위한 도전이라고도 할 수 있다. 일본에서는 좀처럼 실현되기 어렵겠지만, 이것은 교육의 기본이라고도 할 수 있겠다. 이러한 이념 아래, 권한이양과 명확한 평가라는 시책이 뒤를 이어 채용되었다.

이념에 기초한 판단

온리는 데이터 공유는 '정보를 감추지 않고 서로 공개하여 검토하면 제조와 판매에서 서로 잘 해보자는 분위기가 조성된다', 권한이양은 '인간은 실패를 통해 학습한다' 등 극히 단순하고 명쾌한 경영이념을 가지고 있다. IT가 기능하기 위해 대단히 중요한 조건을 이미 파악하고 있다고 볼 수 있다.

더슈퍼수트스토어는 일본 사회에 대한 반발에서 태어났고 스스로의 신념을 바탕으로 하는 경영이념으로 시장에 과감하게 도전하여, 실패를 통해 배우고 성장해 가려는 기개가 넘치는 기업이다. 그 배경에는 독자성을 추구하는 자세가 있다. 교토식 기업의 경영방식에서 중요한 것은 결과가 아니라 어디까지나 과정이라는 것을 아주 잘 보여주고 있다.

온리는 수직통합기업이 아니다

온리는 SPA를 채용하여 기성복을 제조에서 판매까지 확실하게 관리해 큰 변혁을 일으켰기 때문에, 수직통합형의 기업이며 교토식 기업이 아니라고 생각할 수도 있을 것이다. 하지만 온리는 모듈 방식을 도입해서 비효율적이었던 공급망 전체에 효율을 가져온 기업이다. 재료 조달을 맡은 이탈리아 기업이나 봉제를 담당하는 중국 기업의 독립성이 확보되어 있지만 동시에, 다른 기업으로의 전환도 언제든지 가능하다는 전제가 성립하므로 수직통합형보다는 개방적 수평분업에 가깝다고 할 수 있다.

미국의 수직통합에서는 SCM(supply chain management, 공급사슬관리)의 침투로 기능 간의 연결이 명시화, 표준화, 오픈화되었다. 따라서 최고의 기능부터 아웃소싱을 실시함에 따라, 공급망 전체의 성과를 높이는 것이 가능해졌다.

한편, 오래된 업계(기성복, 식품, 서적, 잡지 등)에는 분업화된 유통구조에 비효율적인 부분이 많아 수직통합화를 통한 개선의 여지가 남아 있다. 비명시적이고 복잡한 업무프로세스는 남기는 수직통합을 실시하더라도 그 나름의 효과는 있다. 그러나 온리는 비효율적인 분업체제를 수직통합 없이 단숨에 개방적 수평분업의 레벨까지 끌어올려 시장과 업계에 커다란 반향과 변화를 가져왔다고 평가할 수 있다.

참고문헌: 『정장이 1,000불에 팔리는 이유』 마쓰아미 아쓰시

교토식 기업 케이스 스터디

3) 모듈&인터페이스 방식은 소프트웨어에 적용되는 것이라, 하드웨어에는 적용이 어려움

네트워크 외부성을 활용하는 동시에 지리적·시간적 제약을 초월하는 소프트웨어는 외부와의 연계가 매우 용이하다. 하드웨어의 경우, 다른 사람의 활동결과를 얻으려면 지리적·시간적 제약을 받기 때문에 곤란하다. 재생산하거나 하자가 없는지 확인할 때 상대적으로 비용이 들기 때문에 외부성을 활용하는데 있어 커다란 저해요인이 된다. 따라서 하드웨어에 있어서는 모듈&인터페이스 방식을 적용하기 어렵다는 지적은 옳았다.

이렇게 '옳았다' 라고 과거형을 사용한 것은 모든 영역에서 소위 '소프트웨어' 의 중요성이 늘어나고 있다는 점, '소프트웨어' 가 '하드웨어' 로 바뀌어 부가가치의 원천이 되고 있는 커다란 흐름이 생기고 있기 때문이다. 예전에는 통신교환기가 하드웨어 그 자체였는데, 현재는 컴퓨터와 다름없는 하드웨어가 되었고, 소프트웨어가 차지하던 부가가치의 비율이 압도적으로 커지고 있다.

그림 3-2에 나타낸 것처럼 하드웨어 제품 안에는 많은 전자센서가 들어가 있으며 CPU에 의해 계산·처리되게 되어 있다. 예를 들어, 자동차 브레이크의 관내 압력은 정밀하게 측정되어 쾌적성과 안전성을 높이는 복잡한 조치가 취해진다. 또한 엔진 관리를 EFI(전자분사장치)에 의존하는 정도는 더욱 높아지고 있다.

이러한 기기에서 개별 상태는 집중감시되고, 전체의 통합성이 계산된 후에 조치가 이루어진다. 그 때문에 앞으로는 차량탑재장치가 확산될

그림 3-2 하드웨어에서 소프트웨어로 이행되는 부가가치

하드웨어에 의한 부가가치

소프트웨어에 의한 부가가치

부가가치의 소프트웨어 부분으로의 이행
· 하드웨어 부품의 소프트웨어화(EFI, 고도의 브레이크 제어를 위한 센서, CPU 사용 등)
· 전체의 통합화(차량 내부 LAN 등)
· 공업 기계의 네트워크화
· 하드웨어 개발환경의 정보화
　(3D 개발소프트웨어＋시뮬레이션 등)
· 제품 개발 프로세스 관리소프트웨어의 발전에 의한 개발작업의 데이터베이스화, 네트워크화

것이다. 카네비게이션의 교통정보, 차내에서 인터넷 정보 제공, ITS에 의한 자동운전제어 등 앞으로 증대할 차량 외부와의 통신은 모두 전자부품이 담당하게 될 것이다. 물론 가전제품의 전산화와 네트워크화는 자동차의 그것보다 훨씬 앞서 있다.

제조장치의 전자화, 네트워크화도 상당히 진전되고 있다. 공장 내부의 모든 기계류가 네트워크로 연계되어 작동되고 있으며 집중제어형 컴퓨터, 각 부문의 기계에 맞춘 컴퓨터의 중요성이 증대되고 있다.

설계 · 개발 프로세스에서도 소프트웨어화가 급속히 진행되고 있다. 기존에는 종이에 설계한 후 찰흙모델이나 나무모형 등을 만들어 설계작업의 결과를 확인해 왔다. 현재는 3D CAD로 설계하므로 데이터를 바로 체크할 수 있으며 CAE로 구조계산을 하므로 래피드 프로토타이핑(rapid prototyping; 특수한 액체수지에 레이저광선을 쏘아 고체화시켜서 컴퓨터 데이

터를 그대로 하드웨어화할 수 있는 레이저조형시스템)으로 시제품을 만들어 금형을 만든다. 즉, 한번 입력한 데이터는 몇 번이고 부문을 초월하여 활용되고 있다. 이것을 컨커런트 엔지니어링(concurrent engineering)이라고 한다. 네트워크를 통해 많은 과정(기본설계, 상세설계, 의장설계, 금형설계, 제조설계 등)을 동시에 설계해서 생산 리드타임을 획기적으로 단축시키는 기법으로, 제품개발의 효율이 이전과 비교도 안 될 정도로 높아진다.

컴퓨터 시뮬레이션을 통해 확인작업을 상당수 실시할 수 있게 되어 '하드웨어'라고 불리던 가공작업은 급속히 소멸하고 있다. 가공작업은 장인적인 기능을 필요로 하며 3D작업이라고 불릴 만큼 쉽지 않아 기능 전승이 곤란해진 점, 설계시간의 단축에 대한 요구로 설계작업의 전자화가 진행되고 있는 점 등의 이유가 있다. 대부분 실물을 만들지 않고 소프트웨어 상에서 설계·개발의 작업이 끝나버리는 시대가 실현되고 있는 것이다.

몇몇 기업들이 작업을 분산처리하기 위한 조치도 급속히 진행되고 있다는 점은 이미 살펴보았다. 하드웨어에서도 해당 작업의 중요한 부가가치는 급속하게 소프트웨어화되고 있으며 더 많은 작업들이 소프트웨어 상에서 완결되면서 이런 경향은 가속화되고 있다.

게다가 컴퓨터 상의 데이터가 몇 번이고 활용되면 그것을 축적해 두었다가 장래에 활용하는 발상이 생기는 것은 당연한 흐름일 것이다 (데이터베이스화는 과거에서 미래로의 외부성의 활용이라는 것을 3부 2장 '정보시스템에 있어서의 일반론'에서 살펴보기로 한다). 하드웨어 부문에서 모듈&

인터페이스 방식이 급속하게 진전되는 것을 부정할 이유는 없다.

4) 인터페이스의 고정화·경직화에 의해 기술혁신을 반영하기 어려움

이것은 인터페이스보다는 플랫폼의 문제로 생각하는 편이 이해하기 쉬울 것이다. 플랫폼이 크고 낡게 되면, 변경이 어려워지고 기술혁신이 저해되는데 이것이 사회에 있어 불이익은 아닌가, 즉 플랫폼 자체가 사회의 후생을 저해하지 않을까라는 우려다(이것은 정보시스템 전반에서 자주 듣게 되는 우려의 목소리이기도 하다).

경직성은 플랫폼의 숙명이며 받아들이지 않을 수 없다. 플랫폼은 '보급'에 의해 편리성으로 이어지지만 '보급' 자체가 진보에 대한 경직성이라는 사회적 불이익의 원인이 되기도 하기 때문이다.

그것을 막기 위해 설계자는 오랜 기간 유효한 최고의 플랫폼을 설계하고자 노력한다. 그러한 의식이 희박한 경우도 많아서 '일본에는 웅대한 비전이 없다'는 말을 종종 듣게 된다.

플랫폼에 100퍼센트 완전함이라는 것은 있을 수 없지만, 예를 들어 도쿄의 도로망이 불편하다는 것은 누구나가 실감하는 사실일 것이다. 플랫폼은 한번 만들어지면 장기간 변경이 불가능하므로 기존의 플랫폼을 뒤엎는 크나큰 기술혁신이 일어날 때까지는 부적합한 설계로 인한 불편함은 계속 생긴다. 도쿄에 완전히 새로운 도로교통시스템이 도입될 때까지 기존의 불편은 계속되는 것이다. 플랫폼은 이처럼 우리 생활에 중대한 의미를 갖는다.

모듈&인터페이스 방식 성공의 열쇠

지금까지 결점에 관한 논의들을 검토해 보았고, 이제는 성공의 열쇠에 대해서 정리해 보도록 하자. 모듈&인터페이스 방식의 성공의 열쇠는 다음 네 가지 사항으로 정리할 수 있다.

1) 모듈&인터페이스의 정확한 설계

모듈&인터페이스 방식은 비용·납기상의 장점이 확실히 있지만, 유효성이자 결점으로 들 수 있는 '전체 사양에 대한 문제(통합도와 복잡성에 대한 대응)'는 인터페이스가 정확하게 설계되어 있는가 아닌가에 따라 크게 달라진다. 장기적인 발전성(Grand Vision)을 고려하는 동시에 모듈 간의 관계성을 최저한으로 하는 현실성까지 만족시키는, 치밀하고 정교한 설계가 중요하다. 이러한 기술 향상에는 특별한 발상이 필요하며 발상의 체계화와 강화는 매우 중요하다.

2) 부가가치서비스 제공을 통한 전체 가치의 향상

모듈&인터페이스 방식은 무수히 존재하는 모듈 가운데 정확하게 선택하고 조합시켜 고객의 니즈를 만족시키고자 하는 것이지만, 부가가치를 더욱 향상시키는 서비스(통합, 컨설팅, 유지관리 등)를 제공하는 것이 특히 효과적이다.

모듈은 그러한 서비스의 존재를 전제로 해 실행되기 쉽도록 설계될 필요가 있다. 당연한 일이지만 전체 가치가 증대되면 통합에 다소 문제가 있었다고 하더라도 그것을 보충하고도 남을만한 만족을 고객에게 제공할 수 있기 때문이다. 커스터마이제이션은 제품에 의한 것이 아니라 부가가치서비스 제공업자가 실시하는 편이 더욱 적절하게 이루어질 것이다.

3) 기본적인 부분의 모듈화를 실시

전체의 사양과 통합에 영향을 주지 않는 가장 기본적인 부분을 추출하여 모듈화해, 그 부분의 장점을 최대한 누리는 것이 필요하다. 그에 따른 부가가치서비스를 활성화시켜 그 다음 기본 부분을 모듈화하는 단계로 들어가는 것을 반복한다.

4) 기업 컨셉으로서의 모듈&인터페이스 방식의 도입

모듈의 정의로 '최종제품이 소수의 복합부품의 조립으로 완성되는 것' 이라는 표현을 자주 볼 수 있는데 일반적으로 모듈화라면 제품의 제조 혹은 설계면에서의 논의가 중심이다. 그러나 모듈&인터페이스 방식은 경영의 모든 면에서 응용해야 하며 경영의 전체 컨셉으로 채용해야만 효과가 계속 높아진다. 다음에는 이에 대해 살펴보도록 하자.

그림 3-3 모듈&인터페이스 방식의 성공의 열쇠

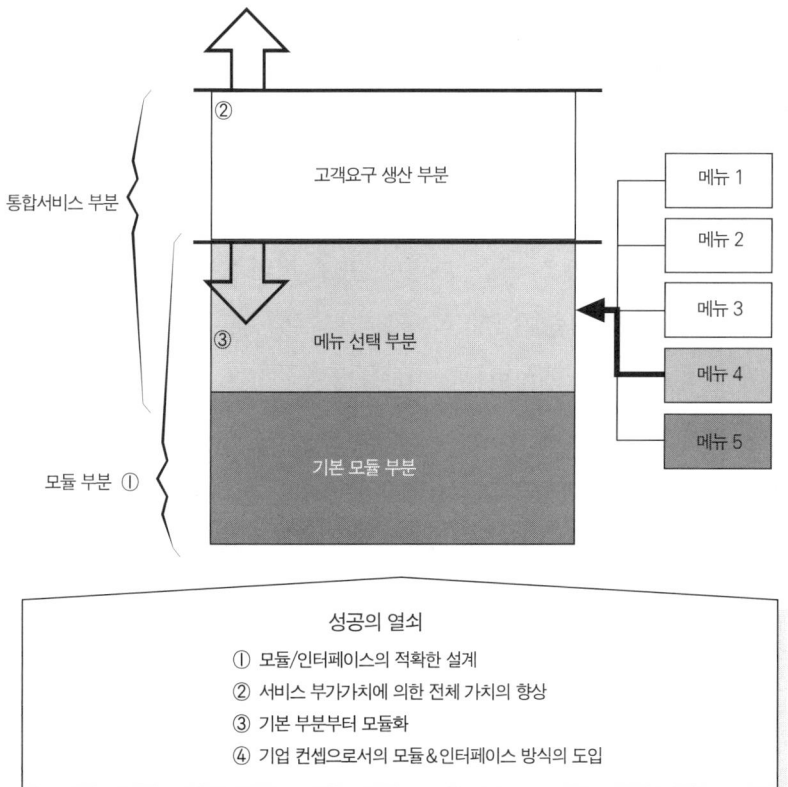

예를 들어, 판매는 공통의 구매특성을 지닌 고객그룹에게 특정제품을 같은 프로모션으로 판매한다. 이것은 판매활동이 하나의 모듈로서 취급되는 예이다. 일반적으로 이것은 '사업부'라는 모듈이 담당한다. 물론 특정한 제품모듈에 대해 특정한 생산모듈을 대응시킴으로써 더욱 효율적으로 제조할 수 있다. 판매와 제조, 제품개발을 인터페이스로 통합하면 전체적인 업무프로세스의 효율화가 실현된다.

이 같은 예는 수없이 많다. 조달에서도 특정한 모듈에 대응하는 부품을 대량으로 구입함으로써 비용절감이 가능해진다. 배송 역시 특정한 모듈에 맞춘 포장이나 배송설비의 선택이 가능하다. 또한 각 부문이 모듈로 독립한 상태에서도 인터페이스에 기반을 두고 개별적으로 개선할 수 있다.

즉, 개발, 조달, 제조, 물류, 마케팅, 판매, 서비스 등의 전체 업무프로세스가 공통의 모듈을 기초로 한 방식으로 통일·통합됨에 따라 전체에 대한 효율과 효과가 배가되는 것이다.

이렇게 기업 전체에 관련되는 모듈화 경험은 전품목을 개별대응하는 기업에서는 결코 축적되지 않는 매우 중요한 기업 노하우다. 시장이 성숙하고 경쟁이 격화되며 비용·납기에 대한 요구가 더욱 엄격해지고 있는 현재 상황을 고려해보면 모듈을 통한 근본적인 대응능력을 서둘러 개발·강화해야만 한다.

모듈화의 효과는 오픈소스 활동에서도 보고되고 있다. 리눅스의 개발을 주도했던 리누스 토르발스는 제품과 개발체제에 모듈을 채용한 것은 우연이었지만 대단히 효과가 좋았다고 말하고 있다. 오픈소스에 대해서는 이후에 자세히 살펴보도록 하자.

종래의 일본사회에는 하청업자는 원청기업의 어떤 요구라도 응하지 않으면 안 된다는 생각이 있었다. 그것이 종속적 지배관계의 배경으로 존재했다. 최근의 '컨설팅 등의 부가가치서비스는 유료로 한다', '계약에 의해, 제공하는 업무는 명시화한다'는 방향으로 사회가 바뀌는 것은 좋은 일이라고 할 수 있다.

부가가치서비스가 무료일 경우 그 기능이 향상되리라 기대하기는 어렵다. 여기에서도 '가격에 포함되는 부분'과 '부가적으로 개별 요구에 따르는 부분'으로 나누는 발상이 필요하다. 그로 인해 효율화가 진행되고 전체의 비용은 크게 절감될 것이다.

하지만 이런 부분은 일본 기업이 여전히 약하다. 정보시스템은 가장 기본적인 기능 부분을 추출하여 기계화해야 한다는 인식이 과연 얼마나 확산되어 있을까? 데이터베이스는 필요한 데이터를 축적해 두고 그것을 필요할 때에 꺼내어 필요한 로직으로 조합시키거나 분석하기 위해 존재하는 플랫폼 모듈이다. 대부분의 일본 기업에서는 여전히 '개별품목당 신규대응', '전품목 개별대응'이라는 발상 하에, 개별시스템에서 개별용도로 데이터베이스를 사용하는 경우가 많다. 이런 경우 데이터베이스도 데이터도 플랫폼으로서 공유되지 않으므로 단위당 막대한 비용이 발생되어 도입한 의미를 거의 잃게 된다.

또한, 성공의 열쇠 이전의 문제로서 '기본적인 공통 부분을 추출하여 공유화한다'는 발상이 없다면 모듈&인터페이스 방식의 도입은 어려울 것이다.

모듈&인터페이스 방식과 표준의 차이

본문에서는 '모듈'을 기업의 '표준'과 같은 의미로 사용해 왔지만, 여기에서 그 차이에 대해 살펴보기로 하자.

표준이란 '활동이나 판단의 근거로서의 규정'이며 표준으로 제정된 인터페이스를 가지는 것이 '모듈'이다. 모듈은 통상적으로 상품에 적용되며 표준작업, 표준공정, 표준시간, 표준원가와 같이 활동이나 비용에는 사용되지 않는다. 그러나 최근 모듈이라는 용어가 일반화됨에 따라 활동이나 작업에도 사용되는 경우가 많아졌다. 용어, 코드, 의미와 같은 데이터들의 보유형태를 통일함에 따라 업무는 모듈화된다. 즉, 이것들은 표준의 인터페이스라고 생각할 수 있다.

7장

폐쇄적인 관계에서는 사물을 명시적으로 표현하는 능력이 없어도 긴 시간을 들여 '호흡이 잘 맞는 관계를 만들어 내는 것으로 충분했다. 그러나 새로운 거래처, 지구 반대편의 기업과 교류하기 위해서는 모든 것을 명확히 하고 합리적인 판단으로 서로의 이익에 맞는 합의에 도달하지 않으면 안 된다. 교토식 기업은 그러한 것들을 이미 달성했다는 것을 보여주고 있다. 일본다움을 간직한 교토에서 가능했다면 다른 일본기업들에게도 충분히 가능한 일이다.

 사업 · 제품 전략에서의 응용

제품 라이프사이클과의 관련

　개방적 네트워크인 인터넷의 발전에 따라 모듈&인터페이스 방식의 유효성이 급속히 증가하고 있다. 네트워크 참가자가 급증한 데 따른 단위비용의 절감, 경쟁촉진 등으로 자원공유, 기능분산, 부하분산의 효과가 강하게 작용하기 때문이다. 인터넷이 빠른 속도로 전 세계에 보급됨에 따라 모듈&인터페이스 방식은 더욱 빠른 속도로 발전해 갈 것으로 생각된다.

　미국의 정보통신기기 제조업은 모듈&인터페이스 방식을 도입하고 부분적으로는 중국 등의 저렴한 노동력을 활용해 다양한 영역에서 성공을 거두었다. 앞으로 이런 방식은 일상화된 영역을 중심으로 다방면에 걸쳐 확산될 것으로 생각된다. 교토식 기업의 하나인 온리는 이 방식을

그림 3-4 제품의 라이프사이클에서 기업간 관계, 부가가치 배분의 변화

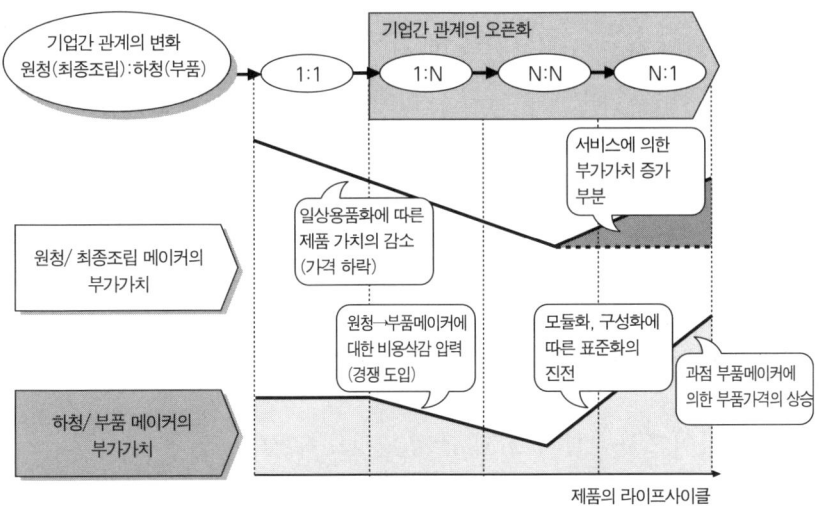

그림 3-5 제품의 라이프사이클에서 기업간 관계, 부가가치 배분의 변화: 기업사례

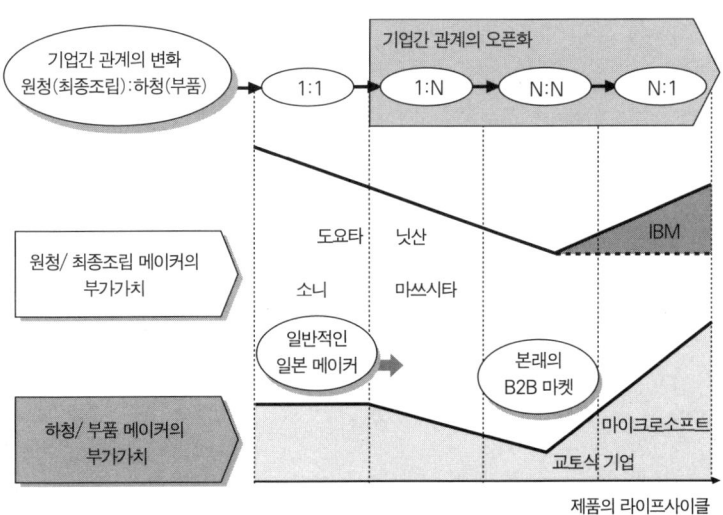

통해 의류산업에서 성공을 거두었다.

그림 3-4를 참조해 제품의 라이프사이클에 따라 어떻게 하면 업계 내부관계가 바뀌어 갈 것인가, 어떻게 하면 모듈&인터페이스 방식이 업계에 침투하여 구조를 바꾸어 갈 것인가에 대해 생각해 보자. 모듈&인터페이스 방식은 제품의 라이프사이클과 가치의 원천을 근본적으로 바꿀 가능성을 가지고 있기 때문에, 구조적인 저해요인을 포함하고 있다고도 생각할 수 있다. 그럼에도 불구하고 교토식 기업은 이미 우월한 위치를 차지하고 있다.

1) 라이프사이클의 초기 단계(원청1: 하청1)

제품 자체가 아직 새롭고 차별성이 존재하므로 제조·공급하는 것만으로도 가치가 발생하는 단계다. 하청 부품메이커는 최종제품 조립메이커와 긴밀하게 연계한다. 해묵은 신뢰관계와 노하우의 공유가 중요시된다. 정확히는 1:1이 아니지만, 1:1로 기호화하여 폐쇄적 관계를 강조하였다.

일본 기업의 대부분은 여기에 위치한다. 이 단계의 대표적 성공모델인 소니는 가전이라는 포화상태의 시장에서도 항상 새로운 축을 내세우고, 그것을 부품 수준에서 새로운 설계를 도입·실현하여 차별성을 만들어왔으며 브랜드이미지에 새로움을 결부시켜 현재의 지위를 확립했다.

1:1의 폐쇄적인 기업간 관계에 있어서는 권력의 역학관계 때문에 최종제품 조립메이커의 영향력이 크기 때문에 관계에 변화를 가져오는 구

성부품 · 모듈은 진행되기 어렵다. 이것은 계열사간 밀접도, 최종조립 메이커의 영향력과 지배력이 강한 일본에서 특히 두드러지는 현상인데, 이들 둘이 만족되면 다른 국가들에서도 같은 현상이 일어날 수 있다.

2) 라이프사이클의 2단계(원청1: 하청N)

신규진입기업이 늘어나고 시장도 성숙하며 제품 자체가 일상용품화한 단계다. 서서히 납품 가격과 납기가 중요해진다. 필연적으로 부품메이커에 대한 비용절감 압력이 강해지고 계열 내부 거래를 오픈화하여 계열외 기업을 참가시켜 부품메이커끼리의 경쟁을 촉진하는 방향으로 움직인다.

일본에서는 1:N형의 B2B 마켓이 형성되어, 새로운 기업을 하청그룹으로 끌어들여 이전의 그룹과 경쟁시키는 경향이 강해지고 있다. 마쓰시타, 도시바, 히타치 등이 그 예다. 이러한 B2B 마켓이 1:N형인데, 계열내부 거래가 주목적이며 미국과 유럽에 많은 N:N형과는 다른 것임에 주의할 필요가 있다.

3) 라이프사이클의 3단계(원청N: 하청N)

원청 · 하청 관계가 오픈되면 경쟁력이 있는 부품메이커는 그 기회를 활용하여 다수의 원청기업과 거래하기 시작한다. 즉, N:N형의 기업간 관계, 개방적인 관계가 시작된다.

부품메이커는 가격, 납기, 품질에 있어 다른 곳과 차별화를 도모하기 위해 모듈지향, 구성부품지향을 도입하는 것이 유효하다는 것을 알아차

리게 된다. 그것이 새로운 경쟁에 대응하기 위한 열쇠라는 것을 깨닫고 행동에 옮긴 부품메이커는 타사에 비해 우위를 점하게 돼 거의 모든 원청기업과 거래할 수 있게 된다.

네트워크-모듈&인터페이스의 관점에서 말하자면 1:1의 관계가 N:N이 되어 관계의 수(참가자 수, 거래의 수)가 증가하고 자원공유, 기능분산, 부하분산의 효과가 강하게 작용하게 되면, 모듈&인터페이스 방식이 기능하기 때문에 기민하게 활용하는 참가자가 나오게 된다는 것이다.

경쟁력을 높이고 싶은 완성품메이커는 모듈&인터페이스 방식을 적극적으로 도입하려 한다(최근 자동차업계에서 볼 수 있듯, 모듈화를 진행시키는 완성차메이커는 부품메이커에 대해 모듈화를 위한 기획마저 요구하는 상황이 전개되고 있다).

그렇게 되면 어떤 부품에 대해서는 특정 부품메이커에 발주가 집중되고, 해당 부품의 시장독점화가 진행된다. 모듈화는 완성품메이커의 제품개발력·제조력의 강화로 연결되지만 동시에 설계개발 및 제조의 상당 부분이 완성품메이커에서 부품메이커로 이행된다.

이 단계부터 양자의 입장이 역전되기 시작한다. 완성품메이커는 방대한 구성부품의 개발과 설계를 조정하고 효율적인 공급체제를 구축하여 피라미드의 정점에 서서 최대의 이익을 누려 왔다. 그러나 지금까지 종속관계에 있던 부품메이커의 자립이 진행되고 거의 완전하다고 생각된 구조가 무너지기 시작한다.

4) 라이프사이클의 4단계 (원청N:하청1)

부품의 독점화가 진행되면 그것은 플랫폼이 되고, 비용 및 정보에 있어서 규모의 경제가 이루어지는 구조적 우위성으로 부품메이커의 경쟁력을 향상시키는 순환에 들어간다. 즉, 다수의 완성품메이커가 일개 부품메이커에 집중하는 관계로까지 역전하는 (1:N→N:1) 결과가 된다.

독점에 접어든 단계에서 부품의 가치가 급격히 높아지고 가격은 상승하며 원청과 하청의 기업간 역학관계도 역전된다. 교토식 기업의 대부분은 이미 이 단계에 들어와 있기 때문에 높은 이익률을 자랑하고 있는 것이다.

여기에서 최종 조립프로세스의 부가가치는 감소하므로 완성품메이커는 새로운 부가가치 창출의 기회를 모색하지 않으면 안 된다. 전형적인 사례로는 명예로운 자사완비주의를 관철하면서 시장을 완전히 독점하고 독점금지법의 대상이 되었던 IBM이 있다. 부품메이커 중 하나였던 MS에 독점금지법의 피고석을 물려주고 한때는 기업의 존속여부마저 걱정되는 상태에 빠졌다가 시스템통합과 컨설팅을 무기로 훌륭하게 다시 태어났다. 현재 IBM의 서비스 분야 매출비율은 60퍼센트가 넘는다.

이 같은 변화는 과거 컴퓨터 메이커였던 다수의 회사에서 일어나고 있다. 부품메이커로서는 인텔사도 마찬가지다. 컴퓨터, 통신기기 제조공장을 EMS 기업에 매각하고 최종조립프로세스조차 보유하지 않고 있다. 인텔의 이익률은 대폭 향상되었다.

IBM을 포함한 컴퓨터 제조회사는 당초 제품기획, 브랜드 등 마케팅을 강화했지만 컴퓨터가 점점 일상용품이 되어가면서 컨설팅을 통한 부가가치 창출쪽으로 방향성을 강화하고 있다.

이러한 구조변화는 '스마일커브'로 익히 알려져 있다. 이것은 아래 그림에서 볼 수 있듯 제조프로세스를 부품에서 모듈(복합부품), 조립, 소프트웨어·애프터서비스, 솔루션·컨설팅의 프로세스로 나누면 각 프로세스별 부가가치(즉, 이익)는 양쪽 끝이 높고 조립에서 가장 낮아지는 현상을 나타낸 것이다. 현재는 컴퓨터를 많이 사용하는 제품에서 현저히 드러나는 현상이지만, 향후 하드웨어를 포함한 모든 영역으로 확산될 것으로 보인다.

일본의 산업구조는 최종조립메이커를 정점으로 그 회사의 지배하에 부품메이커가 모이고 총합으로서의 최종제품의 가치를 제공해왔다. 솔루션이나 컨설팅 등의 부가가치 서비스는 최종제품을 판매하기 위한 무

그림 3-6 스마일커브

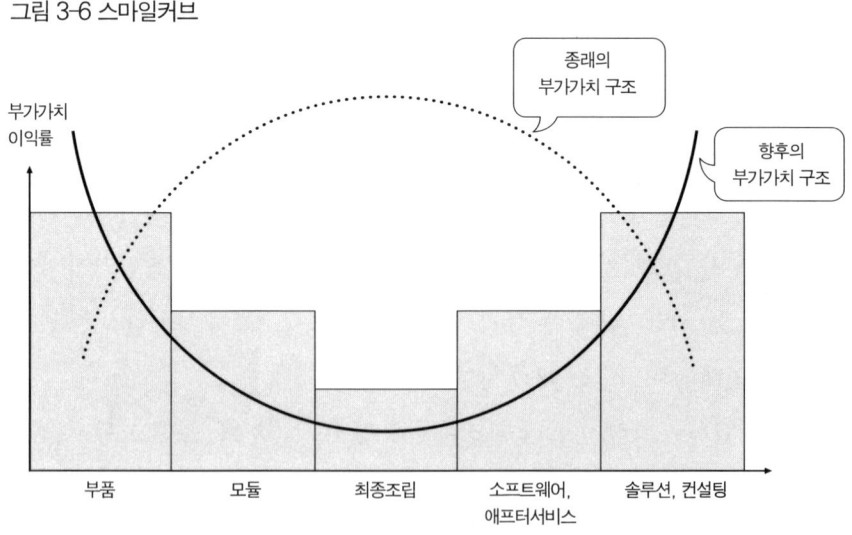

료봉사에 지나지 않았다. 부가가치가 발생해야 할 곳을 억누르고 부가 가치가 없는 곳에서 무리하게 이익을 발생시키려 하는 뒤틀린 구조로 존재했다고도 할 수 있다. 그것은 사회 전체의 경쟁력을 저하시키고 지 속적인 타격을 주는 보디블로우와 같은 역할을 해 왔다. 결국 눈에 보이 는 형태로 나타난 것이 최종제품메이커의 쇠락이며 인정하든 하지 않든 일본 산업의 후퇴는 현재진행중이다.

자동차업계의 모듈화

모듈&인터페이스 방식을 도입하기 가장 어렵다고 여겨지던 자동차 업계에도 영향을 미치고 있다. 자동차 제조는 일체성형(一體成型), 즉 '승차감'이라는 전체로서의 감각적 조화가 지극히 중요하며 요소 간의 관계성이 강하기 때문에 모듈로 분해하는 것은 어렵다고 여겨졌다. 그 러나 자동차업계 전체에서 모듈화가 급속히 진행되고 있다.

그러한 동향 묘사의 대표적인 예로 《닛케이산업신문》 2001년 2월 15 일자 기사를 살펴보자.

국내에 모듈화의 물결
- 복수의 부품을 조합하여 조립시간 단축

부품메이커가 복수의 부품을 조합하여 유닛(unit)의 형태로 완성차메이커에 공급하는 '모듈화' 움직임이 국내 자동차업계에서도 가속화되고 있다. 완성차메이커로서는 조립시간 단축이나 부품 재고의 감소가 가능하고 유닛 전체의 설계에 관여하기 때문에 종래에 불가능했던 비용절감이나 소형·경량화가 가능해졌으며 부가가치도 높일 수 있게 되었다. 미국과 유럽에서 선행된 모듈화 움직임에 처음에는 회의적이었던 일본 기업들도 국제적인 경쟁이 격화되는 상황 속에서 그것을 좌시할 수 없게 되었다.

(중략)

미국의 GM이나 독일의 폴크스바겐 등은 자동차를 프론트엔드(front end), 운전석, 타이어 주변 등 6~7개 주요 모듈로 나누어 그 생산을 부품메이커에 전면적으로 맡기는 등 대담한 모듈화를 진행시켜 왔다. GM은 지난 7월 브라질에서 모듈화를 최대한 활용한 최신 공장을 가동시켰다. 새 공장의 주변에는 프랑스의 바레오(valeo)나 미국의 굿이어(Goodyear) 등의 부품업체의 공장이 입지하여 완성차의 생산페이스에 맞추어 모듈을 공급한다. 이에 따라 GM이 취급하는 부품수는 종래의 반으로 감소했다고 한다.

(중략)

세계의 자동차부품업계는 완성차메이커와 같이 커다란 재편의 흐름 속에 있다. 생산효율을 크게 개선할 수 있는 모듈화가 세계적인 흐름이 되고 있는 가운데, 경합하며 발전해 온 도요타그룹의 기업들은 여러 단계에서 중복이 많아 단일부품의 대량생산에 적합한 시프트에서 완전히 탈출하지 못한 상태다. 무분별한 투자도 눈에 띈다. '개발이나 조달면에서 주도권을 부품메이커에게 넘겨줄 지도 모른다'며 당초는 신중했던 일본 업체들도 이러한 흐름을 무시할 수 없게 되었다. 완성차메이커와 부품메이커의 관계도 극적으로 바뀌게 될 지도 모르겠다.

'자동차'와 '모듈'을 키워드로 기사를 검색하면 미국과 유럽 메이커를 중심으로 일본의 부품메이커, 닛산자동차, 마쓰다 등의 기사가 많이 실려있다. 일본의 자동차메이커들도 해외공장에서는 모듈화에 열심인 것으로 보인다.

르노와 닛산의 합병 목적은 차체를 비롯한 기본부품의 공통화에 있다고도 이야기되고 있으며, 이스즈(isuzu)는 디젤엔진을 GM, 르노, 혼다에 공급하는 등 종래의 수직형 구조가 개방적 수평형으로 변해가는 조짐도 이미 나타나고 있다.

고쿠료 교수는 '일본의 제조업계는 모듈을 부정하며 발전해왔다'는 점과 '모듈화에 적합하지 않은 영역이 어느 정도 남을 것인가'에 관련된 논의에서 모듈화에 대한 반대론의 존재를 자신의 저서『오픈아키텍처 전략』에서 다음과 같이 지적하고 있다.

"일본의 주특기인 기계산업 등에는 모듈화가 진행되지 않을 것이라는 견해와 그 업계에서도 모듈화는 진행될 것이라는 견해가 있다. 또한 자동차회사에서 인터뷰를 실시한 결과, 전혀 상반된 의견이 나온 적도 있다."

이 책이 출간된 1999년 11월 당시에는 자동차업계에서 모듈화에 대한 회의론이 일었던 것도 사실이지만, 최근의 움직임을 보면 대세는 고쿠료 교수가 예측한대로 결정되었다고 봐도 좋을 것 같다.

앞으로 자동차산업에서 모듈&인터페이스 방식이 진행되고 기업이 이를 적확하게 도입한다면, 경우에 따라서는 다양한 자동차가 전체시스템으로서 제공될 가능성도 있다. 예를 들면 ITS(고속도로교통시스템)전용차, 택시전용차, 고객기업에 맞춘 영업차, GPS 등의 장비가 있는 렌터카 전용차, 인원수와 공간배분이 자유롭게 결정되는 승용차, 특수공간이 부속된 승용차, 전기구동장치가 딸린 승용차 등이 그것이다.

현재의 자동차들은 지나치게 획일적이다. 어째서 엔진의 공회전 방지용의 엔진시동기를 옵션으로 간단하게 선택할 수 없는 것일까? 이러한 사양을 유저가 자유롭게 결정할 수 있는 시대가 올 지도 모른다. 앞으로 자동차를 구매하려는 유저에게 있어 고려대상은 가격만이 아닐 것이다.

자동차의 모듈화 성공여부는 향후의 동향을 주시할 필요가 있으나, 이론적으로는 어떤 복잡한 대상도 모듈로 대응하는 것은 가능하므로 가까운 장래에 효과를 드러낼 가능성이 높다. 전자부품의 비중이 급속히 높아지는 가운데 모듈이 채용될 영역은 넓어지고 있다. ITS의 수요가 발생하고 전자부품시장의 쇠락에 따라 교세라, 무라타제작소, TDK, 일본 CMK, 다이요유덴, SMK 등 많은 전자부품 회사가 3조 엔 규모의 일본 자동차 전자부품시장에 뛰어들고 있다.

교토식 경영에서의 적용 사례

교토식 기업의 대부분은 모듈&인터페이스 방식이 이미 상당히 진행되어 있다. 이하의 내용은 공개된 정보가 아니며 필자가 추정한 것을 바탕으로 집필되었다.

1) 롬의 모듈화 대응에 의한 설계기법

롬은 창업의 발단이 된 저항기에서 IC로, LSI, 하이브리드 IC, 반도체 레이저, 액정모듈 등으로 사업 영역을 확장해 왔으며, 제품개발의 다각성을 높게 평가받는 기업으로 주문생산에 특화하고 있다. '주문생산지향'을 기본전략으로 내걸고 유저에 대한 섬세하고 치밀한 대응이 기업경쟁력의 원천이 되고 있다.

통상적으로 IC의 주문설계는 고객이 설계한 회로를 기초로 하여 IC 상의 패턴 설계부터 시작하는데, 고객의 요구를 받아들이기 위해 몇 번씩 수정할 필요가 있어 생산수량이 적은 편치고는 대단히 손이 많이 가는 업무다. 따라서 대부분의 대기업 반도체메이커는 대응이 불가능하다. '경쟁상대는, 어째서 우리가 이 정도로 코스트 다운이 가능한지 신기해하고 있다'(《Forbes》 2000년 9월)고 할 정도의 수준을 실현하고 있는 것이다.

'반도체메이커는 단일 칩을 제조하기 위해 몇천억 엔을 들여 공장을 건설하고 있다. 그 결과 제품메이커의 니즈보다도 공장의 가동율을 높이는 것을 우선한다. 이에 비해 롬은 먼저 제품메이커를 찾아가 그들의 니즈를 듣고 니즈에 호응하는 칩을 설계하여 주문생산을 실시한다'(《Forbes》 2000년 9월). 이 말에 나타나 있듯이 대기업메이커와는 뚜렷한 전략 차이가 존재한다.

이러한 체제는 어떻게 실현되는가?

'대기업이 방치하고 버린 기술을 주워 와서 그것을 조합시키고, 타사가 귀찮아하는 유저의 특별주문 요구에 응한다(《Forbes》 2000년 9월).' 이것이야말로 조합 과정의 절묘함이다.

'반도체 설계는 이공계 대학을 나온 엔지니어가 아니면 할 수 없다. 이것이 소위 말하는 사회의 상식일 것이다. 그렇지만 롬의 교토 디자인 시스템개발부에는 영문과 등 인문계열 출신의 젊은 여성사원들이 주문형 IC의 레이아웃 제작에 여념이 없다. (중략) 이공계 대학을 졸업한 엔지니어가 기본설계를 끝마치고 세부 레이아웃은 치밀한 작업에 강한 여성을 활용한다. 여기에서 고수익을 내고 있는 롬의 기술력의 단면을 볼 수 있다'(《닛케이 비즈니스》 2000년 10월 30일자). 이미 완성되어 있는 모듈이 데이터베이스화되어 있으며 전문기술자가 아니어도 간단히 쓸 수 있는 시스템으로서 완성되어 있기에 가능한 일이다.

타사의 니즈를 파악하고 제품을 개발·생산하기 위해서는 설계와 생산의 연계가 대단히 중요한데, 그것도 이미 축적된 설계모듈로 실현되어 있을 것이며 당연히 영업활동도 링크되어 있을 것이다.

롬의 모듈지향이 기능할 수 있는 배경에는, 롬의 특징으로 자주 거론되는 중앙집권적 조직과 문화에 주목해야 할 것이다.

'전사원의 책임이 명확하게 구분되어 있다', '업무와 기본시스템이 있어야 정보시스템이 성립한다', '업무표준화의 다양한 장점을 모든 사원이 이해하고 있다'는 코멘트와 같이 표준(즉, 모듈)의 개념이 매우 잘 정착되어 있는 것을 알 수 있다.

업무는 철저하게 표준화되어 있으며, '시스템은 업무를 표준화하기 위한 툴이다'라는 의식이 뿌리내려 있다. 표준화의 진행에 대하여 반발이나 거부감은 거의 발견되지 않는다. 표준, 그리고 모듈&인터페이스 방식의 다음과 같은 장점을 충분히 이해하고 있기 때문이다.

· 비용절감이 가능하다.
· 해외공장의 작업과 판매회사의 활동 모두 국내의 표준을 적용하고 있어 문제가 일어났을 때의 대처방법이 같아 본사가 컨트롤하기 쉽다.
· 본사 공장의 방식을 표준화해서 해외공장 등 다른 공장으로 전파한다(이를 위한 표준의 중요성이 전사적으로 철저히 이해되어 있다).

이러한 조직풍토가 모듈에 의한 효율적인 설계와 생산 체제를 가능하게 하고, '타사가 롬을 이해하는 것이 불가능하다'고 할 만큼의 비용절감과 철저한 납기일 준수, 고객대응력 등을 낳고 있는 것이다.

ROHM 롬

세계최고 점유율의 전자부품 보유

1958년에 설립된 롬은 주문형IC, 반도체소자와 같은 전자부품의 생산에 특화된 기업이다. 현재는 IC, LSI 등의 집적회로(매출구성비 43퍼센트), 트랜지스터, 발광다이오드 등의 반도체소자(39퍼센트), 저항기, 콘덴서 등의 수동부품(10퍼센트), 액정, LED디스플레이(8퍼센트) 등, 크게 네 가지 사업으로 구성되어 있다(괄호 안은 2001년3월기). 그 중에서 소신호트랜지스터는 44퍼센트, 반도체레이저는 30퍼센트로 각각 세계 최고를 점하고 있다(《닛케이비즈니스》). 연결결산의 매출액은 4,093억엔 (2001년 3월기), 종업원 수는 15,163명(2001년 3월)이며, 제품의 단가는 수십 엔에 불과한 것도 있지만, 하루에 수억 개의 부품을 생산, 판매해 매우 큰 이익을 창출하고 있다.

대기업과의 정면대결은 현명하지 못하다고 판단해 대기업이 다루지 않는 분야와 포기한 기술을 활용하여 주문형 부품에 특화하고 있는 것이 특징이라고 할 수 있다.

최종제품 신화에서 벗어나기

사토 겐이치로(佐藤研一郎) 사장을 중심으로 롬은 부품사업에 대해 독자적

교토식 기업 케이스 스터디

인 철학을 가지고 있는데 그 배경에는 '판매망 구축에는 리스크가 따른다', '텔레비전, 비디오, 휴대전화와 같은 최종제품은 시대에 따라 판매량이 변할 수 있지만, 전자부품은 최종제품이 무엇이건 간에 사용할 수 있다'는 생각이 존재하고 있다. 특정한 기술에 차별화요인을 더해 그것을 철저히 갈고 닦아 다양한 최종제품메이커에 판매한다는 기본자세 때문이다. 다양한 최종제품메이커와 협력하면서도 그 분야에 진출하면 고객기업과 경합하게 되기 때문에, 최종제품 조립사업에는 진출하지 않는 방침을 보이고 있는 것으로 해석할 수 있다.

개성적인 대표이사

사토 사장은 괴짜가 많은 교토식 기업의 대표이사 중에서도 특히 개성적인 인물로 유명하다. 그런 취향이 거꾸로 부품메이커로서의 중립성을 만들어 다수의 최종제품 메이커로부터 신뢰성을 높이는 선순환으로 작용하고 있다. 그의 행동은 매우 독특해 '사원 앞에는 거의 얼굴을 보이지 않는다. 은행이나 거래업체와의 교류는 거의 없고, 일주일에 이틀은 4시 반에 퇴근하여 곧바로 집으로 돌아간다. 기자회견을 싫어하여 주식시장 상장을 떨떠름하게 여긴 적도 있다'(《Forbes》 1999년 9월). 친척의 관혼상제에도 가지 않으며 경영자에게 요구되는 재계 활동도 모두 거절하고 있다.

중앙집권적 경영

그러한 사토 사장에 의한 톱다운 경영이 롬의 특징이다. 조직의 톱인 사토 사장의 방침은 정확하고 신속하게 사원들에게 전달된다. 일본 내의 공장도 현장에 관리를 맡기지 않고 본사에서 컨트롤하는 경향이 강하다. 마더공장이라고 부르는 본사공장의 업무방식을 표준화하여 해외공장 등 다른 공장에 적용시키고 있다. 발주에서도 여타 일본 기업과는 다르다. 미국 제조업체는 동남아시아에 있는 공장에 발주해도 미국 본사에서 사람이 오며 전 세계적으로 링크되어 있다. 일본기업은 각 공장에서 독자적으로 판단하는 경향이 강한데, 롬의 방식은 미국 제조업에 가깝다.

'관리하려는 성향이 강하다'는 것과 '무리한 것을 강요'하는 것은 다르다. 사토 사장의 지도는 '각각의 부서가 왜 존재하는가를 다시 한번 묻는 근본적인 것'으로, '사토라면 어떻게 생각할 것인가를 자기 나름대로 생각해 보라'고 사원들 스스로가 생각하고 판단하게끔 독려하고 있다(『교토-오사카 밸리』). 사토 사장은 사비를 들여 사원들과 자주 술을 마신다. 중앙집권적으로 관리를 확실하게 실행하면서도 사원에게 생각할 수 있는 기회, 성장할 수 있는 기회를 제공하고 있다. 이러한 점들은 시스템을 활용함에 있어서 매우 중요한 포인트다.

합리적인 경영스타일

롬의 경영스타일은 철저하고 합리적이다. 사토 사장은 경영자의 세습제를 부정적으로 생각해 2세에게 회사를 물려줄 생각이 없다고 단언하고 있다. 철저한 실력주의를 시행하고 있어, 한번에 이사들의 절반을 해임한 적도 있다. 이사나 관리직에 빈 자리가 생기더라도 주위의 동의를 얻지 못한 경우에는 승진을 연기시킨다. 30년 전부터 연공서열제를 폐지하였고, 관리직에게는 연봉제가 적용되고 있다. 책임소재 또한 철저하고 명확히 밝히고 있어 사원들은 긴장감을 가지고 일한다. 예를 들어, 판매분석보고서를 작성할 때도 반드시 담당자의 이름을 넣어 필요한 행동을 곧바로 취할 수 있도록 되어 있다. 일반사원에게도 자신이 회사에 어느 정도 공헌했는가를 보고하게 한다. 공헌도가 큰 사원에게는 특별상도 제정해두고 있다. 사장상은 총액 2억 5천만 엔, 최고 천만 엔이며 호텔에서 화려한 증정식과 함께 당사자에게 현금으로 직접 수여된다. 롬을 거쳐간 관리직 경험자들의 모임을 결성하는가 하면 '다시 한번 롬에 들어오지 않겠는가'라고 묻는 등 롬을 그만둔 사외의 인재에게도 지속적인 관심을 가지는 따뜻한 면도 가지고 있다.

또한 변화에 대한 위기감이 회사 전체의 긴장감과 성장의욕을 높이고 있다. '회사는 매일 변해 간다, 변하지 않으면 사원이 존재할 의미가 없다는 교육을 철저히 실시하고 있다'(『교토-오사카 밸리』).

정보 시스템의 활용

정보시스템 도입을 경험한 사원들에게서 'IT는 도구다', 'IT시스템이 중심이 아니다', '컴퓨터는 만능이 아니다'라는 말을 자주 듣게 된다. 정보시스템이 모든 것을 해결해 주는 만능해결사가 아니라 업무와 처리시스템이 견고하게 정비된 후에야 정보시스템이 성립하기 때문일 것이다. 정보시스템을 블랙박스로 생각하는 것이 아니라, 능숙하게 사용할 도구라고 생각할 필요가 있다.

'경영자는 IT 벤더의 전략을 꿰뚫어보고 있기 때문에 유행에 속지 않는다'고 사원들은 평가한다. 즉, '본 시스템을 도입하면 귀사의 모든 문제를 해결할 수 있습니다'라는 판매자의 말에 냉정하게 대응·판단하고 있으며 정보시스템의 진정한 효과를 이미 알고 있는 것이다. 사장이 정보시스템에 대한 판단을 정확하게 할 수 있다는 점이 정보시스템을 활용하는 데 있어 가장 중요한 부분일지도 모르겠다.

2) 옴론의 모듈 경영

옴론은 FA시스템기기, 전자부품, ATM, 자동개찰기, 자동매표기, 일반소비자 대상의 건강기기와 같은 매우 폭넓은 제품라인을 가지는 점이 회사에 이익과 불이익을 동시에 주고 있다. 이익은 시스템 관련시장에서 폭넓게 사업을 행하고 있기 때문에 전체적인 동향을 파악하는데 유리하다는 점이며, 불이익은 여러 분야에 분산되어 있기 때문에 전체적으로 통합되기 어렵다는 점을 들 수 있다. 그러나 이러한 불이익을 타파하여 기업통합을 실현하기 위해 계속해서 사업변혁을 시도하는 등, 옴론은 개혁기에 있다고 할 수 있다.

옴론은 원래 제어계통 부품으로 사업을 시작했는데, 이것을 제어시스템, 사회시스템(자판기, ATM) 등의 최종제품으로 확대해 갔다. 컴퓨터에서 일어난 구조변화와 같이 모듈화의 조류가 ATM, POS, 자판기 등에서 진행되면서 최종제품 조립사업의 이익률이 급속히 악화되어 현재는 부품사업과 부가가치서비스(솔루션)에 집중하겠다는, 즉 스마일커브의 양쪽으로 이행한다는 사업 도메인 재구축 방침을 세웠다.

원래 변화에 대한 유연성을 가지고 있었으며 다른 완성품메이커에 비해 역사도 짧고 시장지위도 확립되지 않았다는 점이 결과적으로는 좋은 점으로 작용했다고 보여진다.

옴론은 현재 모듈화, 플랫폼화 등을 키워드로 사업부 내의 개발 · 설계 · 제조의 통합을 진행하고 있는데, 이러한 모듈화, 플랫폼화의 컨셉으로 컴퍼니 간의 연계와 통합을 모색하여 실현을 서두르고 있다. 즉, 사업부 내, 사업부 간의 양쪽에서 연계 · 통합을 실시하려는 것이다. 옴론은 사업부제, 컴퍼니제를 재빠르게 도입한 기업으로 알려져 있는데, 컴퍼니 간 통합이 실현되면 기업경쟁력이 훨씬 더 강화될 것으로 예상된다. 그렇게 되면 가까운 장래에 교토식 기업 중에서도 톱클래스로 다시 자리매김할 것으로 기대된다.

· IT에 있어서의 플랫폼

옴론의 사내 IT시스템은 세 가지로 구성되어 있다(①과 ②가 IT 플랫폼이다).

① 인프라스트럭처 부분: 네트워크, 보안, 그룹웨어, PC는 IT부문으로 분류되어 전사적으로 표준화되어 있다.

② 어플리케이션 인터페이스 부분: 부품코드, 부품표(BOM), 마스터파일(master file)의 통일 등 전체 활동의 동기화를 위한 최저한을 공통화하고 있다.

③ 어플리케이션 부분: 비즈니스에 따라 다르기 때문에, 각 컴퍼니의 재량에 맡기고 있다. 인사, 경리 등 공통화할 수 있는 부분은 적극적으로 공통화하는 방향으로 모색하고 있다.

· 의사결정 플랫폼

정책과 철학이 통일되고 명문화되어 있어 의사결정의 플랫폼으로서 기능하고 있다. 부품과 제품은 물론 경영시스템, 매니지먼트의 구조에서도 모듈과 플랫폼을 활용하고 있다.

· 부품의 모듈화

POS, ATM의 기술대응에 관해서는 부품을 모듈화하여 조합하고 있다. 개발 · 설계 · 제조의 통합화가 모듈화, 플랫폼화를 기초로 진행되어 있다. PC, POS, ATM의 순서로 시장의 오픈화가 진행되고 있어 그에 대응하는 것으로 볼 수 있다.

계열에 의존하지 않는 체질

옴론주식회사는 1933년에 다테이시 가즈마 씨가 창업했다. 기술자 출신이었던 가즈마 씨는 경영에 합리성과 과학적 수법을 도입했다. 1979년에는 가즈마 씨의 장남이며 기술계열 출신인 다카오 씨가 2대 사장으로 경영을 계승했다. 현재 사장인 3대째의 요시오 씨는 경제학부 출신이며 1987년에 사장으로 취임했다.

옴론의 2001년 3월기의 매출액은 연결결산으로 약 6,000억 엔이며 그 중 해외 매출이 약 30퍼센트를 차지한다. 제어시스템 부문에서는 일본시장의 40퍼센트를 점유하고 있으며, 종업원은 25,039명이다(2001년 3월 20일 현재).

창업 초기에는 오사카에 본사를 두었다. 그러나 전쟁의 영향으로 1945년에 교토 공장을 본사로 결정했다. 이것이 옴론에게 커다란 계기가 되었다. '만약 그대로 오사카에 있었다면 전후 급성장한 마쓰시타전기, 샤프, 산요전기 등 가전메이커의 하청회사로 끝났을지도 모른다'(《주간 이코노미스트》 2001년 7월 24일자). 교토로 본사를 옮긴 후로는 계열관계에 얽매이지 않고 다수의 기업과 거래하고 있다. 물론 '앞으로도 계열에 편입할 생각은 없다'고 한다.

멈추지 않는 경영개혁

옴론은 경영개혁에 가장 적극적인 기업으로 알려져 있는데, 그 중 하나가 컴퍼니제다. 컴퍼니제는 1999년 4월에 도입되어 분권화가 계속 추진되고 있다. 다테이시 사장에 의하면 '벤처기업의 강점은 스피드와 이노베이션이며 대기업의 강점은 인재, 자금력 등의 경영자원이다. 그러한 양자의 강점을 잘 조합하여 중소기업의 입장에 맞게끔 접목시키기 위해 컴퍼니제를 도입했다'고 한다(『21세기에 비약하는 교토의 기업』). 현재는 다섯 개의 컴퍼니로 구성되어 있는데, FA시스템기기를 취급하는 산업 자동화기기(40퍼센트), 전자부품의 엘렉트로닉스 콘포넌츠(20퍼센트), ATM, 자동개찰기, 자동매표기를 중심으로 하는 소셜시스템즈(social systems, 24퍼센트), 건강기기의 헬스케어(7퍼센트), 그리고 그 외(9퍼센트)다(숫자는 2001년 3월기의 매출 구성비율). 1999년 7월에는 집행임원제를 도입하여 이사를 30명에서 7명으로 줄였으며, 이사는 전사적인 의사결정, 집행임원은 사업운영으로 각각의 역할을 명확히 정했다. 1999년 10월에는 사외의 전문가 다섯 명으로 구성된 고문위원회를 설치했다.

또한 사업의 선택과 집중을 위해 PC 기기를 판매하는 자회사 등 3개의 영업부문을 매각했다. '시장의 성장성을 분석하여 자사제품의 시장점유율을 일본 2위 이내, 글로벌 5위 이내에 들도록 한다'는 구체적인 목표를 세웠다.

2001년부터 시작된 구조개혁 〈그랜드 디자인 2010〉은 본서에서 설명한 옴론의 회사이념을 실현하기 위해 현재 진행중이다.

사업의 선택과 집중의 과정에서 옴론의 사업도메인을 어떻게 재구축하는가도 장기적으로 중요한 과제이다.

합리적인 경영

사풍은 정치적인 움직임이 적고 합리성이 강한 시책을 실시하며 제대로 기능하고 있다고 말할 수 있다. 부품이나 제품, IT, 경영시스템, 매니지먼트의 구조, 판단기준으로서의 기업정책 등에 있어서는 모듈화와 플랫폼이 활용되고 있다. 그것을 베이스로 사업 내의 설계 · 개발 · 제조의 통합 및 모든 컴퍼니의 통합을 실시하고 있다. 컴퍼니제를 기능시키기 위한 관리회계도 도입되어 있다.

각 컴퍼니에는 손익계산서 관리와 함께 자산이 배분된다. 단, 현재 제도에서는 현금이동은 없으며 어디까지나 업무계산을 베이스로 한 것이어서 불완전하다. 앞으로 2년간 사내 자본금제도를 정비해 자금도 각 컴퍼니에서 관리하게 할 예정이다. 이와 함께 각 컴퍼니에게 자금계획표도 제출하도록 정해놓았다.

실적평가도 각 컴퍼니의 이익, 현금흐름, 성장성을 가지고 평가한다. 그것만으로는 불완전하며 진정한 실적평가를 위해서는 업무과정도 체크할 필요가 있기 때문에, 균형성과표(balance score card)의 도입을 검토 중에 있다.

그렇게 상세하게 실적을 파악할 수 있게 되면 실적평가를 하기 전에 자율적인 개선이 이루어지는 것을 기대할 수 있을 것이다.

옴론은 IT를 단순한 기술이 아니라 경영의 중요한 요소라고 인식하고 있다. 옴론의 IT부문 리더는 IT 개발자나 기술자가 아니고 비즈니스부문 경험자다. 이런 정책은 IT가 전략과 동조해 움직이기 위해서 대단히 중요하다고 할 수 있다. 상당히 이른 시기부터 관리직 사원들에게 PC 사용을 장려해 그룹웨어나 인트라넷을 유용하게 사용하고 있다.

이러한 옴론의 사풍은 변화에 매우 강하다고 말할 수 있다. 변화를 추구하며 변화에 대한 대응 역시 빠르다. 예를 들어, 신임부장에게 그룹 전체의 중대 과제를 자주 맡기곤 한다. 사내에 도전을 장려하는 풍토가 존재하며, 변화를 추구하는 가치관이 중시되고 있기 때문이다. '70퍼센트의 가능성이 있다면 30퍼센트의 리스크는 감수한다'는 말에서도 알 수 있듯, 리스크가 있는 것에도 저항감이 없다. 하고 싶은 일을 할 수 있고, 하고 싶은 일이 맡겨지는 토양이 마련돼 있다. 결재권한도 대부분의 임원에게 부여되어 있다. 또한, 성과에 대한 보상도 중시하여 슈퍼 특허보장제도를 통해 특허기술을 개발한 사원에게 최고 1억 엔의 보너스를 지급한다. 이러한 사풍은 창업자인 가즈마 씨 이래로 계속 이어져오고 있다.

3) 무라타제작소의 과학적 경영의 기반

무라타제작소의 우수한 경영시스템에 대해서는 이즈미타니 히로시 부사장의 저서 『이익이 보이면 회사가 보인다』(니혼게이자이신문사)에 자세히 나와 있으므로 이 책을 인용하는 형식으로 설명을 진행하겠다.

무라타제작소의 관리회계를 중심으로 하는 제조·판매·사내관리 등의 시스템은 창업자인 무라타 명예회장의 경험에 따른 것이다. '창업자는 외근영업으로 바빠서 견적을 작성하지 못해 난처한 경험이 많았습니다. 당시의 상식으로는 견적 작성은 감과 경험이 없으면 불가능하고, 아마추어에게는 힘들다는 인식이었습니다.' 이런 경험을 한 뒤, 아마추어라도 견적을 낼 수 있는 시스템을 만들겠다는 것이 출발점이었다.

이것은 롬의 설계체제와 대단히 비슷하다. 아마추어라도 할 수 있는 간단하고 단순한 작업이 준비되어 있어, 컴퓨터처럼 메뉴를 선택하면 계산결과를 얻을 수 있는 형태로 되어 있다. 이것은 모듈&인터페이스 방식 그 자체이며 설립 초기부터 지향되어 왔던 것이다.

그 후 창업자는 '업무는 통일돼야 한다' 는 결론을 내렸고, 현 경영자 층에도 널리 정착·계승되었다. 시스템의 표준화, 구조의 표준화를 목표로 '표준화', '부품화', '모듈화' 라는 키워드가 정착되었다. 그것은 단지 사내에만 머무르지 않았고, 무라타 현 사장은 '업계를 리드한다. 선두를 달린다' 는 표어 아래 리더십을 발휘하여 업계단체(전자정보기술산업협회)에서도 글로벌 표준화를 선도하고 있다.

이런 성향이 정착한 배경에는 연평균 10퍼센트라는 엄격한 비용절감 요구에 계속해서 대응하지 않으면 안 되었던 업계의 상황이 있었다. '현재 상황에 머무르는 것은 경쟁에서 뒤쳐지는 것을 의미' 하는 환경에서 철저하게 가격, 납기, 품질의 향상으로 대응해 온 것이다.

주력제품인 적층콘덴서는 종류만 해도 20만 가지나 되는 다품종 소량 생산 부품이다. 그렇게 힘든 환경 속에서 '표준화', '부품화', '모듈화'는 필수적인 요소로 탄생했으며 정착해 갔다.

『이익이 보이면 회사가 보인다』는 주로 무라타제작소의 관리회계에 대하여 밝히고 있다. 사실 '관리' 회계보다 '사고 · 판단' 회계 쪽에 가깝다. 즉, '주먹구구식 회계에서는 달성감을 느낄 수 없다', '문제점이 어디에 있는가, 성과는 누구의 것인가를 밝히기 위해', '사원들이 경영활동을 수행할 때의 판단재료로서 활용할 수 있도록 하는 것을 염두에 두고' 만들어지고 있어, 사내의 각 모듈이 독자적으로 활동할 때의 판단의 근거이자 행동을 연결시키기 위한 인터페이스이기도 한 것이다.

관리회계시스템은 표준적인 조건(표준생산량, 표준리드타임 등)의 데이터를 전제로 구성되므로 관리회계시스템은 공통의 인터페이스 상에서 성립된다고 할 수도 있다.

기업 내부에서는 사전에 제정된 표준을 기초로, '표준에 어떻게 맞추었는가', '표준수치를 장기적으로 어떻게 향상시켰는가' 라는 두 가지 관점에서 실적이 평가된다. 물론 용어, 코드, 데이터의 형태 등은 그룹 전체에서 모두 통일 · 표준화되어 있으며 그것들을 기반으로 관리회계를 포함한 다양한 구조와 시스템이 구축되어 있다.

실례를 들자면, 판매부문은 제조부문으로부터 사내거래가격으로 사들이게 되는데, 실제 판매가격과 사내거래가격의 차이가 그 판매부문의

'영업 이익'이 된다. 거기에서 본사의 공통비용인 일반관리비용이나 연구개발비에 대한 분담금을 뺀 것이 부문이익이 된다. 사내의 거래가격은 공통의 방식으로 결정하므로 이것도 하나의 인터페이스다. 앞에서 이야기한 '아마추어라도 가능한 견적시스템'은 이러한 치밀한 숫자의 존재를 전제로 하여 그것을 조합시키는 것을 통해 가능해진다.

순수하게 숫자만으로 활동이 파악되면 서로 일치하지 않는 부분도 생긴다. 예를 들어, 판매부문에서는 전략적으로 판매를 촉진시키는 제품이나 공장의 조업도를 무시한 영업이 전개되기도 하는 것이다. 이를 위해 전략성이나 사내효율 등도 부문평가에 반영되도록 시스템이 정비되어 있다.

즉, 관리 '회계'라고는 해도 실제로는 부문의 생산성 향상이나 불량률 개선, 타 부문에 대한 공헌도, 전사적인 공헌도 등 회계수치 이외의 판단자료도 수집되는 것이다. 다방면에서의 활동평가는 균형성과표 (balance score card)라고 불린다. 미국과 유럽의 기업에서는 경쟁이 치열한 업계를 중심으로 일반적으로 보급되어 있는 것으로, 무라타제작소는 그것을 독자적인 경험과 연구로 새롭게 만들어냈다.

이러한 방식에 의해 모든 부문이 독립채산방식에 의해 판단하고 행동할 수 있게 되어 있다. 종업원 수가 단독으로 4,802명, 연결로 27,851명인 기업에서 약 3천 개의 관리단위가 형성되어 있는 것이다.

무라타제작소에서는 '과학적 경영'을 경영이념의 제일로 꼽고 있는데, 모듈&인터페이스 방식에 따른 결과 각자가 독자적으로 판단·행동하고 과학적으로 사고하는 것이 가능해졌다고 할 수 있다. 모든 사원에게는 항상 데이터에 의한 판단과 논리적인 사고가 요구되고 있다.

단, 이 관리시스템을 도입하면 본사, 자회사에서 스태프가 늘어나는 문제가 발생한다. 무라타제작소에서는 스태프들이 중복작업을 하지 않도록 전체의 역할을 세부까지 명확히 하여 연계작업을 통해 움직이도록 하고 있다. 조직의 역할을 명확히 하는 것 역시 모듈&인터페이스 방식의 일부라는 것은 새삼 지적할 필요가 없을 것이다.

4) 도세의 흑자전략

도세는 대다수 게임메이커의 하청기업으로서 게임소프트웨어를 제조하고 있는데, 어째서 수많은 메이커 기업이 이 회사에만 발주를 하는지 이해하기란 쉬운 일이 아니다. 그 요인 중 하나로, 고객기업들보다 훨씬 뛰어난 납기 준수와 비용관리가 이루어지는 점을 들 수 있다.

도세는 특정 영역에서 다수의 게임메이커로부터 많은 양의 업무를 수주하여 '모듈'을 도입함으로써 고도의 효율화를 실현하고 있다. 즉, 공통부분(음악이나 그래픽 등 범용적으로 사용하는 부분, 혹은 개발에서 공통적으로 사용하는 툴 및 사원교육 등)은 사전에 축적해두어 개별 수주업무의 효율을 높이는 것이다. 업무영역에 노하우의 축적과 숙달이 이루어져 있으면 스케줄을 관리하기도 쉬울 것이다. 물론 프로젝트관리에 관한 노하우도 인터페이스로서 정비되어 있다.

도세가 이러한 방식을 보다 심화시킴으로써 여러 영역에서 흑자전략을 활용할 수 있게 되므로 다양한 사업을 펼쳐나갈 수 있을 것이다. 또한 그것은 중국으로 이전할 때에도 강력한 기반이 될 것이다.

산업구조개혁-모듈화의 금기를 깨뜨리다

그림 3-5(p.317)에서 말한, 제품의 라이프사이클 1단계를 추구하는 소니형 전략은 충분히 성립 가능하지만, 그것은 대단히 한정된 수의 기업에서만 가능한, 특수한 전략이다.

이 전략의 성공조건은 높은 가격설정이 가능한 새로운 기종을 계속해서 내세우는 것이다. 소니의 워크맨은 성숙단계의 가전업계에 새로운 부가가치를 창조한 사례로서 인정받고 있는데, 지금도 IT를 활용함으로써 그 가능성은 확대되고 있다(세트메이커 가운데 2001년도 당기이익이 흑자인 곳은 소니 뿐이다).

그러나 소니 역시 워크맨 이후에는 큰 히트상품이 없다는 평가를 받고 있다. 성숙한 시장에서 획기적인 신제품을 계속해서 만드는 것은 궁극적인 기업전략이라고 할 수 있다. 그러나 구조적으로 쉽지 않기 때문에 획기적인 아이디어로 기존의 구조를 전복하는 젊은 파워에 기대가 모이고 있는 것이다.

한편, 도요타형의 '가장 균질한 니즈를 가지는 세그먼트를 선택하여 효율적으로 대량생산하는 모델' 도 몇 개사 정도는 존속할 수 있을지 모른다. 그러나 그것은 히트상품을 모방하여 낮은 제조비용으로 대응하는 중국 등의 신흥제조국에 적합한 전략이다.

과거 일본 기업의 모방전략은 많은 비판을 받았지만, 그 전략을 중국 등에서 따라하는 것을 피할 수 없을 것이다(많은 일본 기업이 아시아 각 국의 모방 전략에 고통을 받고 있다). 그러므로 도요타형의 비즈니스모델이 일본 제조업의 대표 모델이라고는 생각하기 어렵다.

1단계에서 성공기업이 되는 것은 매우 한정된 기업에게만 가능할 것이다. 마쓰시타가 '엡손, 롬, 무라타제작소를 재생의 모델로 삼는다' 고 한 것처럼, 적어도 세트메이커나 '종합' 이라는 수식어가 붙는 대기업들이 목표로 해야 하는 것은 구태의연한 일본의 성공모델이 아닌 새로운 성공모델이다. 하물며 1단계의 산업구조를 사회가 지향하는 한, 벤처는 태어날 수 없다. 갓 태어난 벤처가 이미 확립된 초일류기업의 고정적이고 폐쇄적인 거래관계를 뚫는다는 것은 지극히 어려운 일이다.

한편, 4단계에서는 대단히 많은 독점기업이 발생할 수 있다는 것을 1부에서 살펴보았다. 통상의 기업, 그리고 일본의 산업구조를 고려해보면 일본 기업은 이제 4단계를 목표로 해야 한다고 생각한다.

앞서 밝힌 대로 모듈&인터페이스 방식에는 끈질기게 반대하는 세력이 존재한다. '모듈지향이 앞으로의 방향성이라고 생각하는 사람이 많은데, 그것을 공공연히 사내에서 말하는 것은 위험하다' 고 모 대기업의 설계기술자는 익명을 요구하며 코멘트했다. 이렇게까지 금기시되는 이유는 무엇일까?

도요타자동차 등의 일본 메이커는 생산의 주도권이 부품메이커 쪽으로 옮겨가는 것을 싫어하여 모듈생산방식에는 신중을 기해왔다' (《니혼게이자이신문》 2001년 1월 7일자). 도요타자동차는 유럽의 자동차 회사들이 진행하고 있는 모듈생산에 대한 코멘트에서 '부품메이커에서 운반해 오는 모듈부품이 대형화되면 수송 효율이 나빠진다. 만약 모듈생산을 하고자 한다면 (부품회사의 생산거점을 한군데로 모은) 서플라이어파크를 만들 필요가 있다고 본다. 모듈화와 지금까지의 수법을 비교하면서 효율이 더 좋은 체제를 선택하겠다. 2005년 가동 예정인 푸조–시트로엥 그룹(PSA)과의 합병공장에서도 모듈생산이 최선인가 아닌가를 고려해 보겠다'(도요타 슈헤이 상무, 《닛케이산업신문》 2001년 10월 18일자)라며 부정적인 자세를 보이고 있다.

도요타와 혼다는 자사 및 그룹 내에서 모듈화를 진척시키고 있으나 개방적 수평분업형이 아니라는 점이 다른 곳과의 차이점이다.

두 회사의 시장점유율이 높으며 지방계열사와의 긴밀한 관계, 원청·하청 관계 등을 바탕으로 경쟁력을 쌓아 온 전후사정이 있기 때문에 계열의 붕괴는 쉽게 이루어지지 않을 것이다. 그러나 닛산과 마쓰다 등 약소 메이커에서부터 모듈화의 움직임이 진행되기 시작했다.

닛산과 마쓰다 등의 경쟁사가 오픈화를 진행시킬 때 도요타와 혼다는 자사계열의 부품메이커가 경쟁사에 부품을 공급하더라도 막을 수 없을 것이다. 부품의 오픈화가 진행되면 진행될수록 모듈&인터페이스 방식의 효과는 높아지고 부품메이커의 독점현상은 일어나기 쉬워질 것이다.

이렇게 일본의 대표적 기업들이 모듈&인터페이스 방식에 소극적인 배경에 대해서는 다음과 같은 추론이 가능할 것이다.

① 모듈&인터페이스 방식을 도입함으로써 자사가 이룩해 온 기업간 관계를 붕괴시키는 간접요인이 되는 것에 대한 거부감. 또한 자사완비주의, 폐쇄적인 기업간 관계, 공동체의식 등 종래의 일본 기업의 강점들이 부정되게 된다.

② 독립성과 자립성의 고취로 인해 부품메이커는 독자적인 성장을 시작하고 지배적 관계에서 벗어나기 시작한다. 하청기업에 대한 우월적 관계를 기반으로 성장하였으며 지금까지 경쟁력의 원천이 되어 온 저스트인타임(Just In Time) 등의 자사 고유의 정책이 약화된다.

③ 모듈&인터페이스 방식을 사용하면 이론적으로는 모듈부분을 일부 교환함으로써 유지관리와 업그레이드가 가능하므로, 최종제품의 수명을 연장시키고 장기적으로는 생산량을 상당부분 감소시킬 수 있다. 또한 소비자들의 소비패턴이 변하고 있는 점도 중요하게 고려되고 있다.

④ ①~③의 요인에 의해 일본의 제조업 전체를 약화시킨다.

컴퓨터메이커의 경우, 부가가치 창출의 기회가 많고 상류(스마일커브의 오른쪽 끝부분)로의 이행이 용이하다. 그러나 자동차메이커를 비롯한 기계메이커의 경우는 기회가 상대적으로 적다(자동차 론 등 금융, 중고차 판매·유통, 폐차, ITS, 환경적응, 제조기술의 컨설팅 등은 제외). 모듈&인터페이스 방식이 보급되면 장기적으로는 완성차메이커를 정점으로 하던 계열의 강점, 즉 지금까지의 강력한 차별화 요인을 약화시킬 가능성이 있다.

인터넷의 폭발적 발전으로 활성화된 정보화사회는 네트워크를 베이스로 하여 전 세계의 사람들과 기업들을 연결·결합시키고 있다. 앞으로의 기업활동은 그것이 전제임과 동시에 목적이 될 것이다. 아무리 부정하고 진전을 저지하려 해도 뒤로 미루는 것에 불과할 뿐, 필요한 구조개혁은 이루어지지 않을 것이다. 모듈&인터페이스 방식은 사회적 구조로서 존재하는 것이어서 전체의 경쟁력을 향상시킨다. 따라서 사회 전체적으로 받아들여 나갈 필요가 있으며 공감대를 형성시켜 이해를 심화할 필요가 있다.

모듈&인터페이스 방식의 도입을 저지하고자 하는 업계에서 벤처기업이 대담하게 시작할 가능성도 있다. 캘리포니아의 벤처기업인 빌드투오더(Build-To-Order; 1999년 설립. 옛 회사명은 Model E였으나, 포드가 자사의 Model T와 이름이 매우 흡사하다는 소송을 제기해 명칭을 변경했다)는, 자동차제조 부문에 PC의 빌드투 오더방식 즉, 완전수주의 발상을 그대로 채용해, 델 컴퓨터가 PC을 조립하는 것처럼 소비자가 모든 부품을 모듈로 선택한 후에 생산을 시작하여 소비자에게 직접 배달하는 방식으로 자동차를 제조 · 판매한다.

출자자인 AK스틸(미국 철강대기업) 등과 함께 자동차부품 하청기업들과 파트너십을 형성하여 2004년에 1호차를 시장에 내놓았으며 출자자 중에는 매킨지(미국 최대의 컨설팅기업)도 포함되어 있다. 동사의 가격정책은 '오픈(모두를 공개)', '정직(정직하게 공개)'으로서 보이지 않게 들어가는 비용은 없다. 이것은 앞서 설명한 온리와 매우 흡사하다.

기업간 관계가 1:1에서 1:N으로, 즉 폐쇄적인 관계에서 개방적인 관계로 이행 중이라는 것에는 이미 의심의 여지가 없어졌을 것이다. 예를 들어, '자본계열에 구애되지 않는 조달정책을 도입해 극적인 비용절감을 노리는 닛산자동차는 중핵 부품메이커의 주식을 잇따라 외부기업에 매각하여 '계열의 해체'를 가속화하고 있다. 한편, 계열의 틀 안에서 생각하는 도요타의 계열부품메이커는 자동차와 부품업계의 구조변화에

어떻게 대항해 갈 것인가 의문이다(《닛케이산업신문》 2000년 9월 13일자).'
문제는 일본 기업이 그에 필요한 노하우를 가지고 있는가라는 점이다.

폐쇄적인 관계에서는 사물을 명시적으로 표현하는 능력이 없어도 긴
시간을 들여 '호흡이 잘 맞는' 관계를 만들어 내는 것으로 충분했다. 그
러나 새로운 거래처, 지구 반대편의 기업과 교류하기 위해서는 모든 것
을 명확히 하고, 합리적인 판단을 통해 상호의 이익을 조정할 수 있는
합의에 도달하지 않으면 안 된다. 따라서 서둘러 스킬을 개발해야 할 것
이다.

한편, 교토식 기업은 그러한 것들을 이미 달성했다는 것을 보여주고
있다. 일본다움을 간직한 교토에서 가능했다면 다른 일본기업들에게도
충분히 가능한 일이다. 글로벌 스탠더드가 아니라 교토 스탠더드를 목
표로 한다면, 그것이 곧 국제적인 성공으로 이어질 수 있다는 이야기가
된다. 예전의 가장 큰 성공 요인을 스스로 부정하고 새로운 가치관으로
전환하는 것은 좀처럼 쉽지 않다. 하지만 교토식 기업은 그것을 재빨리
실현한 결과, 이미 세계로 날아올랐던 것이다.

조직에 대한 응용 ①
네트워크 집적

집적효과의 과제

　이번 절에서는 모듈&인터페이스 방식을 조직에 적용함에 따라 생산성이 비약적으로 향상될 가능성에 대해 살펴보도록 하자. 예전부터 실리콘밸리에서는 생산성의 차이는 '네트워크'라는 조직형태에 의존한다고 생각했는데, 그것이야말로 이 책에서 말하는 모듈&인터페이스 방식이다(『네트워크 벤처 경영론』 스에마쓰 지히로 외). 지금도 미국을 비롯해, 전 세계적으로 그것을 도입하고자 하는 노력이 계속되고 있다.

　이것을 일반적으로는 '클러스터'라고 부르는 경우도 있다. 클러스터란 '무리' 또는 '다발'이라는 의미로 하이테크기업, 개방적 수평분업형의 경영형태를 취하는 기업, 대학이나 벤처캐피탈 등을 일정 지역 내에 집적시킴으로써 시너지 효과를 낳아 보다 향상된 성과물을 만들어 내고자 하는 산업정책이다. 교토를 시작으로 실리콘밸리형의 산업집적을 실현하고자 하는 움직임이 왕성하다. 그러나 기존의 기업군에서 실행하려면 조금 힘들 것으로 보인다.

계열구조를 지향하는 기업이라면, 이미 계열형태가 굳어져 있어 굳이 새로운 집적이 필요 없으며 상하관계를 중시하여 스스로 생각하는 독창성을 추구하지 않고 있다면, 타사나 남으로부터 자극을 받게 된다고 하더라도 그다지 큰 의미는 없다. 무엇보다 폐쇄적이고 내부성이 강한 기업이 모인다고 해도 충돌은 피할 수 있을지 모르지만 남는 것은 상호불간섭뿐이다. 클러스터의 구성요소가 될 수 있는 것은 독창성, 합리성, 개방적 수평지향, 그리고 외부성을 갖는 기업뿐이다.

클러스터에는 일정 수준 이상의 기업수가 필요하다. 충분한 파워를 갖는 구성요소가 일정한 밀도를 가지고 있지 않고서는 상호작용이 불가능하다. 교토에서 클러스터가 아직 충분한 성과로 이어지지 않는 것은, 교토식 기업은 존재하지만 상호작용이 발생할 만큼의 밀도에 도달하지 못한 것도 하나의 원인이라고 생각된다.

따라서 지금보다 훨씬 많은 기업이 필요할 것으로 보인다. 클러스터가 실현되면, 전국 각지에서 '창업을 하고 싶다면 교토에서!', '개방적 수평분업형 비즈니스를 원한다면 교토로 가라!'와 같은 분위기가 만들어져 집중이 진행되는 선순환이 발생한다. 그것을 지원하는 다양한 활동도 활성화될 것이다. 그러한 선순환이 기능하게 되는 수준을 크리티컬매스(critical mass: 임계규모)라고 한다.

교토식 기업의 보다 밝은 미래를 위해서는 교토식 기업의 절대 수를 늘리는 것이 필요하다. 교토식 경영의 개념이 명확해짐에 따라 뒤를 이어 성장하는 기업이 나올 것이다. 그런 구조를 산학관(産學官)차원에서 뒷받침한다면 더욱 효과적일 것이며 확대재생산이 이루어질 것이다.

더욱 중요하다고 할 수 있는 것은 기업들이 조직적으로 연계해서 이루어지는 성과의 확대다. 교토식 기업의 문제 중 하나는 아직 '네트워크 효과가 나타날 징후가 보이지 않는다'는 것에 있다. 상호연계가 적기 때문일 것이다. 함께 모임을 갖거나 기온(祇園)에서 연회를 즐기는 것만으로는 불충분하다.

서로의 힘을 활용함으로써 서로의 힘을 더욱 향상시키는 것, 즉 외부성을 강화해야 한다. 자기자랑을 하는 사람은 많지만 다른 사람을 칭찬하는 목소리는 그다지 들리지 않는다. 또한 합리성이 강한 것치고는 자사완비주의에서 전환하는 움직임도 진행이 더디다.

후타바 교수는 교토사람의 긍지, 품위가 도를 지나쳐 교토중화사상으로 이어지고 있다고 지적한다. 역사적으로 교토는 다른 지방에 관심이 없고 언제나 '상석'에 위치하며 일본의 중심이라고 생각했다. 교토식 기업은 개성적이고 독특하기도 하지만, 교토의 단점도 부분적으로 이어받고 있는 것은 아닐까?

여러 면에서 뛰어나며 다른 지역에게서 무언가를 배운 경험이 없었다는 점이 문제일지도 모른다. 남의 말을 잘 듣지 않는 성향 역시 교토식 기업에서 상당히 공통적으로 받는 인상이다. 이것이 실리콘밸리와의 가장 큰 차이점이라고 보여지며 앞으로의 발전 · 성장에 있어 최대의 장애가 될 가능성이 있다.

　교토식 기업에서는 창업자나 사장이 기술자인 경우가 많은데 사실, 실리콘밸리에서는 드문 케이스다. 경영은 경영전문가가 하는 것이라는 생각이 일반적이며 그런 의미에서 분업체제가 완성되어 있다. 서로의 전문성을 존중하고 의견을 듣는 자세가 기본으로 깔려있기 때문이다.

　개성이란 젊은이들이 흔히 생각하듯이 자기중심적으로 행동하는 것, 자기를 주장하는 것만은 아니다. 남의 개성을 인정하는 것도 포함해야 한다. 남의 의견이나 아이디어를 적극적으로 요구하고 흡수할 때 비로소 스스로의 발전으로 연결시키는 것이 가능하다. 교토식 기업은 이 점에 유의해야 하며, '나는 나, 남은 남', '타사로부터 배워야 할 것은 아무것도 없다'와 같은 자세는 지양해야 할 것이다.

네트워크형 조직 도입의 필요성

　클러스터는 각 요소가 물리적으로 집적되는 것만으로는 불충분하다. 요소들이 협조하고 융합했을 때의 산출물이 각 요소의 부분총합을 크게 넘어서는 메커니즘으로 기능해야 한다.

　각 요소 A, B, C, D가 있으면 A+B+C+D가 아니라 A×B×C×D 또는 거듭제곱의 증가폭을 가지는 집합이 되어야 한다(참고로 A, B, C, D가 모두 2인 경우, A+B+C+D는 8, A×B×C×D는 16, 거듭제곱은 65,536이 된다). 따라서 지적(知的) 클러스터에 대한 논의에 있어서는, 각 요소를 어떻게 하면 크게 만들 것인가라는 논의와 함께 전체산출물을 만들어내기 위한 상호작용(외부성 활용)을 최대화하는 메커니즘, 즉 조직론으로서의 논의도 중요하다.

조직론은 하나의 기업 내부를 대상으로 한 단순한 것에서 시작되었지만, 지금은 크게 발전하여 복수의 기업간, 혹은 개인이나 대학, 행정 등 특수한 조직을 대상에 포함시키는 방향으로 바뀌고 있다. '각 요소를 클러스터링(clustering, 군집표집)하여 네트워크로서 기능시키는 기술'이라고 할 수 있다.

1980년대부터 실리콘밸리의 성공에 주목하여 전 세계, 특히 미국에서 실리콘밸리를 모방한 다양한 인큐베이션 프로젝트가 진행되었다. 당시 IT 버블의 순풍이 없었다면 대부분의 프로젝트가 성공적이었다고 보기는 어려웠고, 결국 인위적인 조작이 없었던 실리콘밸리의 경우만 성공사례로서 인정받고 있다.

이런 역사적 사실은 실패를 되풀이하지 않기 위해서라도 진지하게 받아들여야 한다. 선례의 실패 요인을 분석하여 확실하게 회피할 수 있는 방법을 주도면밀하게 준비해야 할 것이다.

당시의 실패 요인은 무수히 많지만, 그 중에서도 네트워크형 조직을 활용해 결과물을 최대화하려는 노력이 존재하지 않았던 점이 중요한 과실로 꼽힌다. 적어도 각 구성요소(A, B, C, D)가 1을 밑돌지 않는 한, 이론적으로는 네트워크 조직의 산출을 무한대까지 높이는 것이 가능하기 때문이다.

네트워크형 조직론을 실증적으로 뒷받침하는 실리콘밸리에서 자주 듣게 되는 말 중에 '우수한 인재와 함께 일하는 것 자체가 매력이다'라는 표현이 있다(『정보시스템 활용의 관점에서 본 실리콘밸리형 조직과 일본형 조직의 문화 비교』, 스에마쓰 지히로, 경영정보학회지 Vol. 6, No.3). 좋은 환경에서 마음껏 일할 수 있다면 돈은 그 다음이며 돈은 저절로 따라온다는 것이 실리콘밸리의 가치관이다. 공통의 목적을 향해 뜨겁게 매진할 때 그 조직의 아웃풋이 증대되는 것은 여러 곳에서 확인할 수 있다.

눈에 보이는 성장은 강력한 구심력을 낳아 하찮은 문제들을 제거해버리는 힘을 가지고 있다. 기능이 여러 기업에 분산되어 있는 실리콘밸리에서도 공통의 목적을 실현하기 위해 모두가 서로를 격려한다.

물론, 구동력이 되어주는 금전적 인센티브가 존재하기 때문이기도 하다. 모든 사원과 관계기업, 관계자들을 대상으로 한 스톡옵션과 성과별 연봉, 보너스 제도를 잘 갖추고 있다. 그러나 지적·창조적인 확대재생산이라는 활동 그 자체가 대단히 중요한 요소임에는 틀림없다.

유능한 인간과 협조하고 높은 수준의 성과물을 만들어가는 것은 대단한 자극이 된다. 다양한 경험을 통한 자기학습은 어떤 것으로도 대신할 수 없는 향상심을 만족하게 한다. 자신이 가지고 있는 정보를 공개하고 피드백을 받아 성장하는 것에 대한 기쁨을 느끼는, 자기실현 욕구로 발전하게 된다.

MIT가 모든 교육 자료를 2004년도부터 순차적으로 공개하겠다고 표명한 후 스탠퍼드대학도 학교 전체의 논의를 거쳐 함께할 것을 결정했다. 하버드 등 많은 대학도 같은 방향으로 나아가고 있다.

컨텐츠를 공개하여 학습플랫폼을 독점하는 것이 숨겨진 목적이라고 보는 견해도 있다. 그러나 필자가 그들 대학의 관계자와 이야기를 나누어 본 결과, 정보화사회를 선도해야 할 대학이 모든 정보를 공개하는 것이 사회의 도움이 되고 나아가서는 그것이 자신들의 이익에도 연결된다는 판단에서의 결정이라는 인상이 강했다.

고쿠료 교수가 지적한 대로, '정보는 개별적으로 분산·편재해 있을 때보다 결합되는 것에 의해 서로의 가치를 서로 증대시키는 성격을 가지고 있다(『오픈아키텍처 전략』)' 는 시점에서 바라볼 필요도 있을 것이다.

조직 전체의 산출물을 증가시키는 조직관리 기술

네트워크형 조직론을, 공통적인 목적에 집중케 하는 동기부여의 '정신론' 정도로 생각하고 있다면 그것은 오해다. 거기에는 조직 전체의 산출물을 최대화시키기 위한 심도 있고 치밀한 조직관리의 기술이 존재한다. 그 배경에는 확고한 철학이 있으므로 네트워크 조직 형태를 표층적으로 모방하고 인식하는 것은 역시 그리 쉬운 일이 아니다.

그 철학을 한마디로 설명한다면 '끝없는 다양성이 건전하게 경쟁하면서 협조함에 따라 전체의 번영이 이룩된다' 고 할 수 있다. 본서의 특성상 철학보다는 구체적인 현상이나 필요한 시책 쪽에 중점을 두고 논의를 전개하도록 하자.

그 목적은 조직의 외부성을 모듈&인터페이스 방식에 의해 향상시키는 것이며, 네트워크가 추구하는 세 가지 요소인 자원공유, 기능분산, 부하(負荷)분산이 다음과 같이 실현되게 된다.

1) 자원공유: 네트워크에 의해 공유될 수 있는 자원은 사람, 상품, 정보 등을 들 수 있다. 예를 들어, 유능한 기능이나 지식을 소유한 엔지니어, 컨설턴트, 전문가, 제조설비, 네트워크설비, 데이터센터설비, 고액의 분석장비 등의 제품, 기술, 시장에 관한 정보 등을 들 수 있다.

조직이 보유하는 자원은 필요한 곳에서 적절하게 활용될수록 그 가치가 증대된다. 특히 정보는 기본적으로 한계비용이 제로이기 때문에 그 활용 대상을 넓힐수록 효율과 효과는 높아진다. 공유자산으로서의 인프라스트럭처(플랫폼)는 원래 가동률과 활용도를 높임으로써 투자효율이 향상되는데, 정보시스템 인프라스트럭처는 특히 그런 경향이 강하다. 이러한 인식이 정착되면 강력하면서도 거대한 효과를 낳는 인프라스트럭처에 대한 투자와 활용이 서로 선순환으로서 작용하게 된다.

선순환의 전제가 되는 것은 적절한 인프라스트럭처를 설계하는 기술이다. 인프라스트럭처 설계란, 복잡하게 얽혀있는 개별요구를 필요에 따라 취사선택하면서 최대의 효과를 낳는 공통사양을 추출하는 것이라고 할 수 있다. 그러한 설계기술과 전제가 되는 합의 형성을 위한 기술이 반드시 필요하다.

2) 기능분산: 위와 같이 자원을 공유할 수 있다면 각각의 자원은 분화하여 고도로 특화하는 것이 가능해진다. 대단히 한정된 기능이나 지식을 소유한 인재와 지극히 특수한 가공설비도 공유하는 멤버의 수가 늘어날수록 단위비용은 낮아진다.

즉, 특수하고 동시에 고가인 자원의 존재와 그 활용이 가능해진다. 매우 특별한 기능이라고 하더라도 각각의 관리, 동기부여, 진화, 향상, 성장이 가능해지고 보다 많은 경험을 통해 효율과 효과의 학습곡선을 향상시킬 수 있는 것이다. 기능 분산이 진행되면 기능 자체가 고도화되는 현상으로 이어진다.

주의해야 할 점은 위와 같은 방향성은 독점이나 관계의 고정화로 이어지기 쉽다는 것이다. 독점은 자만심, 유착, 정체로 이어지기 때문에 언제나 세컨드소스, 써드소스가 준비되거나 또는, 즉석에서 교체할 수 있는 인터페이스(업무순서, 계약서 등)가 명시적으로 갖추어져 있어야 한다.

그래야 경쟁이 보증·촉진되어 '베스트 프랙티스(best practice: 성과 창출을 위해 가장 최적화된 형태로 사전에 만들어져있는 업무 수행 방식)'라고 하는 해당 시점 최고의 기능이 유연하게 작동하게 된다. 모든 기능이 세계 최고의 베스트 프랙티스로 구성되어 있다면 전체 산출량이 크게 증가하는 것은 분명하다.

네트워크란 집중과 분산이 필요에 따라 유연하고 자유롭게 선택될 수 있는 상태를 말한다. 예를 들어, 인터페이스의 설계와 결정은 가능한 집중시키는 것이 바람직하며 실제의 모듈 개발이나 운용은 가능한 분산시키는 것이 바람직하다. 리눅스가 그 전형적인 예라고 할 수 있겠다.

3) 부하분산: 신제품 개발 등 신규성을 갖는 활동에는 언제나 리스크가 따른다. 이러한 투자리스크(금전, 시간, 인재 등)를 참가한 다수의 전체 멤버가 부담하면 리스크가 분산되며 각 프로젝트당 리스크 부담은 감소한다.

따라서 리스크가 큰 프로젝트와 작은 프로젝트를 섞어서 포트폴리오를 작성하여 실행하면 전체적인 리스크 절감, 리턴 증가 등의 리스크 관리가 가능하다. 대학이나 행정기관이 참가하는 경우에는 하이리스크 · 하이리턴형의 프로젝트에 대한 공헌을 기대할 수 있다. 위와 같은 인프라스트럭처 자원의 공유도 넓은 의미에서는 구축비용과 리스크를 분산시킨다는 의미에서는 부하분산으로 생각할 수 있다.

'플랫폼과 모듈' 의 활용에 의한 구체적 전개

지금까지 자원공유, 기능분산, 부하분산을 구체적으로 실현하기 위해 모듈&인터페이스 방식을 적용할 수 있다는 점을 확인해 보았다. 이제는 조직이라는 문맥에서 살펴보도록 하자. 조직의 기본적인 플랫폼에는 조직의 책임 · 역할분담, 각종 제도 등이 있다는 것은 앞서 살펴보았다.

기업을 초월한 네트워크형 조직에서 가장 기본적이고 공통된 니즈인 인프라스트럭처 기능으로서의 플랫폼 모듈의 예는 다음과 같다. 기업을 초월한 커뮤니케이션이나 정보교환의 툴, 아이디어나 제안을 제공할 때의 룰, 그것들을 실행시킬 때의 방식, 기업 간의 보수나 리스크분산방법, 각종 정보의 입력 · 축적 · 전달의 룰, 제품개발의 진행프로세스, 신규 거래의 개시프로세스, 신규기업간 관계의 구축프로세스 등이다. 1부에서 살펴 본 XML의 세계적 표준화 활동 역시 전형적인 예로 들 수 있다.

모듈이란 다양한 기능을 제공하는 개별요소이다. 필요에 따라 기능모듈을 선택할 수 있으며 동시에 동일기능을 제공하는 모듈 사이에서도 교환은 가능하다.

예를 들어 컴퓨터의 하드웨어를 주로 제공하는 데이터센터, 서비스로서 소프트웨어를 제공하는 ASP(Application Service Provider), 경리ㆍ인사ㆍ총무 등의 간접업무기능을 제공하는 아웃소싱기업, 특수한 기능을 제공하는 프로페셔널(컨설턴트, 엔지니어, 변호사, 변리사 등), 제조기능을 제공하는 EMS(Electronic Manufacturing Services)가 있다. 이들 모듈이 프로젝트별로 선택되고 조합되어 하나의 유기체로서 기능을 한다(이것을 '버추얼 컴퍼니' 라고 부른 적도 있다. *The Virtual Corporation: Structuring and Revitalizing the Corporation for the 21st Century* William H. Davidow, Michael S. Malone).

발생하는 프로젝트마다 일일이 진행순서를 교섭ㆍ결정한다면 지나친 시간낭비이며 하이테크산업의 도그 이어(dog year: 정보화 사회의 변화가 빠름을 개의 삶에 비유한 말) 속에서 살아남기는 힘들다. 플랫폼 모듈로 사전에 마련되어 있는 구축순서에 따라 유연하게 구축하고 신속하게 가동시키는 것이 효과적이다.

플랫폼 모듈로 범용성ㆍ공통성이 큰 부분을 공유하면 상호 신속하고 효율적인 연계 동작이 보증되며 각 모듈은 고도의 기능으로 특화할 수 있다. 개별상황에 따라 정확하고 유연하게 선택되어 모든 특수한 케이스에 낮은 비용으로 신속하게 대응할 수 있다. 단, 이것은 플랫폼이 정확하게 설계되어 있다는 것을 전제로 한다.

물론, 플랫폼 모듈뿐만 아니라 플랫폼상에서 사용빈도가 다소 낮은 것을 모듈화하여 제2층, 제3층을 형성시켜 제공하는 노력을 계속함으로써 A+B+C+D를 단순 합에서 곱으로, 또는 기하급수적으로 진화시켜 간다.

네트워크 형태를 최대의 강점으로 발전해 온 실리콘밸리의 사고를 지탱하고 있는 것은 실리콘이라는 이름에서도 알 수 있듯 컴퓨터이며 무한하게 펼쳐지는 정보시스템의 세계에서 '구조를 단순화하여 전체의 발전으로 연결시키고자 하는 모듈&인터페이스 사고' 역시 함께 발전해 왔다.

그 배경에는 '플러그&플레이'라 불리는 각각의 모듈(시스템이나 기기)을 플러그하면 번거로운 중간과정 없이 바로 작동시킬 수 있는 구조를 목표로 하는 것도 있다. 이것은 제품의 네트워크에서 시작되어 조직의 네트워크로 확대·응용되어 간 경우다.

이러한 기술은 정보처리가 중요한 하이테크산업뿐만 아니라 복잡화되는 사회에서도 널리 응용되고 있으며, 기본적인 경쟁력에 대한 근본적인 강화와 격차로 이어지고 있다. 부가가치가 높은 영역, 복잡한 정보처리를 필요로 하는 영역에서 특히 우위에 있지만, 그것이 정보화시대의 경쟁력의 원천이 되고 있다는 사실은 자명하다.

이러한 모듈&인터페이스 방식의 발상을 도입하면 대학과 행정기관 등의 역할도 추출이 가능하다. 기본적인 인프라스트럭처로서의 플랫폼 모듈이며, 또 하나는 대단히 고가인 동시에 사용빈도가 낮은 모듈(고가의 측정기 등)의 제공이 바로 그것이다.

일반기업에 이러한 발상이 확산되면 보다 원활히 아웃소싱을 활용할 수 있게 된다. 수탁개발, 수탁제조, 전략·마케팅을 비롯한 다양한 컨설팅업무 또는 간접업무를 수행하는 기업이 교토에서 폭넓게 발전하고 노하우를 축적하여 언젠가 교토식 기업의 한 멤버로서 세계로 비상하는 것이 꿈만은 아닐 것이다.

네트워크 조직 형성

교토시험제작네트워크는 교토다움을 컨셉으로 하여 장기적으로는 교토를 세계의 시험제작 집적지역, 세계개발센터로 성장시키기 위해 2001년 7월 17일에 웹사이트가 공개되었다. 인터넷으로 수주활동을 시작한지 얼마 되지 않아 그에 대한 평가는 시기상조일지 모르지만, 이미 순수한 네트워크 조직의 형태로 움직이고 있다고 하겠다.

교토시험제작네트워크는 20여 년 전부터 교류하던 기업 10개사가 모여 만든 기업으로서 뛰어난 물건이나 사람, 미세가공, 수치데이터 해석, 담금질, 정밀절삭, 표면처리, 박판금속가공, 전자데이터 처리 등 전혀 다른 열 가지의 기능을 각각의 기업이 제공하고 있다. 현재는 웹사이트를 통해 공동으로 시험제작을 수주하고 있으며 웹사이트 공개 이래 9개월간 약 240여 건의 문의가 있었고 50건에 가까운 주문이 있었다. 마케팅 활동(웹사이트 구축, 각종 판촉물 개발, 전시회 출품, 브랜드 개발 등)에 드는 비용 역시 공동으로 부담하고 있다. 이들은 기술이나 아이디어, 정보를 공유 및 교환함으로써 실리콘밸리가 소프트웨어로 대표된다면 교토를 하드웨어의 대명사가 되게 하겠다는 목표를 가지고 있다.

중국으로부터 추격이 극심한 시험제작품 가공업계에서 살아남기 위한 노력이 직접적인 설립 동기지만, 이 정도로 분명한 이념을 기초로 한다면 벤처기업이라고 해도 틀린 표현이 아니다. 하청이 떨어지기만을 기다리는 자세로는 죽음을 맞을 뿐이라며 '하청으로부터의 발신'이 필요하다는 판단 하에 비즈니스 모델을 재구축하여 비즈니스 플랜을 세웠다. 대량 생산 주문이 급속하게 중국으로 쏠리는 와중에 시험제작에 특화하여 시험제작에 관한 모든 니즈에 2시간 이내의 섬세한 대응을 하는 것을 사명으로 생각하며, 높은 가격을 받을 수 있는 사업 형태를 목표로 하고 있다.

교토 브랜드의 확립을 목표

교토시험제작네트워크는 제품 생산 분야에서 교토브랜드의 확립을 목표로 하고 있다. 그 기반이 되는 것은 다음과 같다.

· 1천 년 이상 역사를 선도해 온 지역의 장인기술(표층기술은 변화해 왔어도 심층에 존재하는 감성은 불변)

· 니시진으로 대표되는 '네트워크 분업'의 역사(교토의 전통산업 중에는 각 공정을 복수의 기업이 분담하여 네트워크적으로 분업하는 형태를 채용하는 경우가 있다. 니시진의 비단직물은 그 대표적인 예다)

· 기업 규모 확대보다도 영속성을 선택한 교토 기업의 신뢰성

· 교토식 기업에 부수적으로 따라오는 하이테크기업의 이미지

이 외에도 교토의 지역적 특성을 잘 살리는 다양한 아이디어를 풍부하게 갖

추고 있다.

시험제작 기능의 아웃소싱

EMS의 발전과 성장으로 인해 미국의 제조업은 많은 제조기능을 아웃소싱하고 있는데, 앞으로는 시험제작기능도 전면적으로 아웃소싱하게 될 것이라는 시장의 변화를 미리 예측하고 교토시험제작네트워크는 해외 진출 가능성도 모색 중이다. 브랜드마케팅뿐만 아니라 톱 레벨의 시험제작기술을 통해 세계 각지의 시험제작 니즈를 흡수하여 모든 기술이나 정보가 집적될 수 있는 지역 형성을 목표로 한다.

궁극적으로는 '개별 제작'을 목표로 하지만 기본적으로는 철저한 모듈&인터페이스 방식에 따라 짧은 납기에도 섬세한 대응이 가능하게끔 하고 있다. 멤버 중 하나인 박판금속 가공업체에서는 금형을 철저히 표준화시키는 중이며 충분한 양이 축적되면 그것을 카탈로그로 만들어 판매할 계획이다. 1부에서 소개한 하드웨어에서의 전형적인 플랫폼 전략이다. 이러한 컨셉이 철저히 관철되었기 때문에 제품 제작현장은 디지털화가 완성되었고 모든 사원은 IT에 정통한 20대의 젊은이들이다. 회사에서는 그들을 '디지털 마이스터'라고 부르고 있다.

이미 교토시험제작네트워크의 네트워크에 참가하고자 하는 기업이 줄을 잇고 있으나, 기업체질을 서로 잘 아는 10개사만으로 회원사를 한정하여 이념과 비전을 공유하고 있다. 지금은 발생할 수 있는 모든 문제에 대한 해결방법을 축적하는 데 전념하고 있다. 자세한 비즈니스 룰이 설정된 단계에서 순차적으로 기업의 수를 늘려 최종 목표인 '세계개발센터'에 접근시켜갈 계획이다. 모듈화에 의한 개별적이고 복잡한 니즈에 대응하는 것을 포함하여 룰의 책정과 같은 모호한 문제를 해결해가는 노력을 계속하고 있다는 점은 높게 평가해야 할 것이다. 그들의 노력은 개별적인 니즈에도 섬세하게 대응할 수 있으며 규모가 확대되어도 비용, 납기, 품질에 확실하게 대응할 수 있는 능력을 가진 우수한 비즈니스 모델을 만들 것이라 예상할 수 있다. 참고로 모듈 대응이 아닌 개별품 대응일 경우, 소량생산이나 대량생산에 대응할 수밖에 없어 중간 영역에서는 경쟁력을 갖지 못하게 된다.

조직에 대한 응용 ②
신속한 협조와 창조 활동

리눅스 성공의 조직적 배경

　앞서 살펴본 대로, 리눅스의 성공을 두드러지게 하고 규모 역시 거대하게 만든 것은 (개발자가 특히 유능했던 것을 별도로 생각한다면) 전 세계 4만 명 이상의 우수한 프로그래머들의 협조가 있었기 때문이다.

　혼란이 일어나지 않았던 이유 중 가장 중요한 것은, 개발자 그룹을 모듈별로 관리하여 관리를 최소한으로 하는 수법을 취했기 때문이다. 리누스 토르발스가 직접 개발상의 책임을 진 것은 리눅스 커널* 이지만,

──────────　＊ 리눅스 소프트웨어의 핵심이 되는 부분으로, 주로 하드웨어나 통신을 제어한다. 커널에 라이브러리와 어플리케이션 소프트웨어를 추가하는 것으로 전체가 구성된다. 리눅스는 주로 커널 대상의 개발을 진행했으나 라이브러리나 어플리케이션의 개발도 실시했다. 하지만 일부 라이브러리나 어플리케이션은 다른 오픈소스를 채용하고 있다.

리눅스 커널은 특히 버전 2.0 이후에 모듈화를 위한 명확한 구조가 채용되었다.

모듈화에 의해 몇 개의 작업을 동시병행적으로 진행할 수 있었고 개발작업은 독립 모듈로 분할되어 프로그래머 그룹이 담당 모듈의 개발에 착수하거나 복수의 그룹이 서로 경합하기도 했다. 어떤 모듈을 개발하는데 있어 복수의 기술적 어프로치를 취해 서로 경합하는 형식을 취한 것은 불가능한 일이라고 여겨졌던 개발 작업 그 자체의 성공과 기술 진화에 크게 공헌했다. 어느 버전을 공개버전으로 할 것인가는 토르발스씨 중심의 주요 개발자 그룹이 조정하고 결정한다.

리눅스에서 모듈&인터페이스 방식이 성공한 것은 1) 소프트웨어 개발에서 모듈&인터페이스 지향과 2) 리누스 토르발스를 비롯한 리더그룹이 취한 정확한 인터페이스의 설계에 기인한다고 할 수 있다.

1) 소프트웨어 개발에서의 원래의 모듈&인터페이스 지향

최신 컴퓨터프로그램은 그 자체가 이미 모듈&인터페이스 방식을 내재하고 있다고 할 수 있다. 그것은 '좋은 프로그램'과 '유능한 프로그래머'의 조건을 생각해 보면 알 수 있다.

초일류 프로그래머의 작품을 보면 의미불명의 문자의 연속이 아니라 전체가 예술작품이라고 해도 좋을 만큼의 기능적인 아름다움을 갖고 정리되어 있다. 그러한 작업이 결코 자기만족을 위한 것이 아니라 '어떻게 하면 다른 사람들이 보다 이해하기 쉽고, 사용하기 쉽도록 할 것인가'가 요구되기 때문이다.

리눅스로 대표되는 최신 컴퓨터언어를 사용할 때의 중요 요소는,

· 읽고 이해하기 용이한가(Readability)

· 사용하기 쉬운가, 이식하기 쉬운가(Portability)

· 개조 · 확장이 쉬운가(Expandability)

등의 세 가지다. 위의 세 요소를 갖춘 프로그램은 수준이 높다고 인정받으며 해당 프로그래머는 동료로부터 존경받는다. 무엇보다도 그 프로그램은 다른 프로그래머에게 활용되며 확장되어 여러 곳에 보급된다.

그러한 과정에서 프로그래머의 명성은 점점 높아진다. 즉, 리눅스에서 사용된 컴퓨터언어는 그 자체가 이미 지극히 잘 만들어진 인터페이스라고 할 수 있다. 리눅스의 개발자 그룹이 모듈&인터페이스 방식의 가치관을 갖는 것은 자연스러운 일이다.

오픈소스에 있어서는 다수의 서로 모르는 프로그래머들의 공동작업이 필요한데, 리누스 토르발스 등 소수의 리더가 몇몇 인터페이스만을 규정할 뿐 나머지는 자연스럽게 활동하면서 조화되는 특질을 원래 가지고 있었던 것이다. 이러한 수많은 특질이 세계적 규모의 초대형 협조활동을 성공시킨 것이다.

2) 리누스 토르발스를 비롯한 리더들의 정확한 인터페이스 설계

이에 대해서는 리눅스의 개발에 관한 책의 일부를 인용하며 설명하겠다.

· 리눅스는 이식성과 편리성을 전제로 해서 성공한 것은 아니다. 리눅스는 뛰어난 설계이념과 개발모델에 기초해서 개발되었기 때문에 성공한 것이다. 이 두 가지를 기반으로 했기 때문에 이식성이 뛰어나 편리한 시스템을 구축할 수 있었다. (『오픈소스 소프트웨어』 크리스 디보나, 샘 오크만, 마크 스톤 편저, p.200)

· 리눅스의 커널을 가능한 한 모듈화된 시스템으로 만들어야 한다는 것이 개발 초기단계에서 밝혀졌다. 오픈소스 방식으로 개발되는 시스템은 반드시 모듈화되어야 한다. 그렇지 않으면 몇 개의 작업을 동시에 추진하는 것이 대단히 어려워진다. 여러 사람이 커널의 개발에 참여해 의견이 충돌하는 상황을 보는 것은 나에게 있어서 고통이기만 했다. (같은 책 p.212)

· 리눅스는 2.0 커널 덕분에 매우 크게 성장했다. 그 시점에서 우리들은 동적으로 로드가 가능한 커널 모듈의 틀을 추가했다. 모듈을 작성하기 위한 명확한 구조가 확립되어 리눅스는 더욱 모듈화된 시스템이 되었다. 프로그래머들은 서로에게 방해가 되는 실수를 범하는 일 없이 각자 담당 모듈의 개발에 집중할 수 있게 되었다. 또한, 나 역시 커널의 변경점을 빈틈없이 관리할 수 있게 되었다. (같은 책 p.213)

· 토르발스는 핵심 커널을 작성했을 뿐이지만 사람들은 그의 이름을 따 수천의 프로그래머들이 제작한 소프트웨어를 리눅스라고 부르고 있

다. 엄밀히 말하자면 옳지 않지만 이 명칭이 정착되었다. 공식적으로는 리누스 토르발스가 커널에 관한 최종조정자이며 신기능에 관한 최종판단을 내린다. 실제로는 토르발스를 포함하는 리더그룹은 완만하게 연계된 특별위원회와 같은 형태로 기능한다. (『어째서 리눅스인가』 피터 웨이나, p.15)

· 개발작업은 독립적인 모듈로 분할되고, 복수의 해커그룹이 각각의 모듈에 대해 경합하는 버전을 만들어냈다. 여러 버전 중에서 어느 것을 리눅스의 개량버전에 넣을 것인가를 결정하는 것은 토르발스를 포함한 몇몇의 주요개발자 그룹이다(그리고 물론, 모듈구조 역시 서서히 성장하고 있다).

그러나 토르발스를 중심으로 하는 리더그룹이 앞으로도 계속 권위를 가지리라는 보장은 없다. 그들이 권위자로 있을 수 있는 것은 해커공동체가 그들의 권위에 동의하기 때문이다. 그 선택이 현명한 것이 아니라고 판단되면 해커공동체는 그때까지 전체를 거느려 온 리더 대신 독자적인 방향으로 프로젝트를 진행시켜 나가게 될 것이다. (『리눅스의 혁명 해커윤리와 네트워크사회의 정신』 베커 히마넨, p.85-86)

이와 같은 서술에서 리누스 토르발스라는 슈퍼스타와 그의 동료가 실적과 능력을 바탕으로 권위를 가지게 되었고, 모듈의 인터페이스를 설계하며, 개발된 여러 모듈 중에서 베스트인 것을 선택하고 있다는 것을 알 수 있다. 리눅스의 성공에 어느 정도의 우연성은 있었다고는 할 수 있지만 보다 근본적으로는 성공에 이어지도록 설계되어 있었던 것을 알수 있는 대목이다.

조직(개발체제)과 제품(설계사상)의 일치

6장 6절 '모듈&인터페이스 방식 성공의 열쇠'에서 모듈&인터페이스 방식을 경영의 기본사상으로 도입함에 따라 효과가 배증된다는 것을 지적했다. 리눅스의 경우, 어떤 의미에서 우연히 그러한 결정이 내려지게 되었는데 자연스럽게 효과가 그 뒤를 따른 형식으로 전개되었다. 이에 대해서는 『오픈소스 소프트웨어』에 소개된 리누스 토르발스의 표현을 인용해서 소개하기로 하자.

· 결국, 리눅스의 개발관리와 설계방침은 같은 지점을 목표로 삼고 있다. 그 실무의 엄청난 하중을 상상해보니 솔직히 나는 도저히 리눅스 커널 시스템의 시스템 콜을 개발·설계하고 있는 수많은 개발자를 관리할수 없을 것 같았다. 설령 관리할 수 있다 하더라도, 커널 자체를 컨트롤할 수 없을 것 같았다. 그래서 리눅스의 커널은 작다. 그러나 설계적인 측면에서 보면, 리눅스의 커널이 작은 것이 타당하다. 커널을 작게 해 두는 것으로, 시스템 콜의 수를 최소한으로 억제할 수 있으며, 앞으로의 개발에 부과되는 제한을 최소한으로 할 수 있다.

· 이에 따라 모듈을 작성하기 위한 명확한 구조가 만들어져 리눅스는

더욱 모듈화된 시스템이 되었다. 프로그래머들은 서로를 방해하는 일 없이 각자가 담당하는 모듈의 개발에 열중할 수 있게 되었다. 나도 커널 본체의 변경점을 빈틈없이 관리할 수 있게 되었다. 그런 이유로, 여기에서도 개발자의 관리라는 측면을 고려해 내린 결정과 코드 관리를 어떻게 할지를 생각해서 내린 결정이 기이하게도 일치하고 있다. 리눅스 개발에 종사하는 많은 사람들의 작업의 정합성을 보장하기 위해서는 이러한 커널 모듈과 같은 소프트웨어적 메커니즘이 필요하게 되었다. 설계상의 관점에서 봤을 때 그 결정은 타당했던 것이다.

모듈&인터페이스 방식을 경영과 조직의 기본사상으로 계획적이며 상세하게 도입하면 그 효과가 대단히 커진다는 사실이 여기에서 입증되었다.

끝없이 발전하는 오픈소스 활동

리눅스의 성공은 업계에 오픈소스의 잠재적 위력을 과시하는 결과로 이어져 그 후 많은 기업이 오픈소스를 채용하게 되었다(IBM은 리눅스 도입을 위해서 2000년에 2억 달러, 2001년에는 10억 달러를 사용했다).

중요한 것은 리눅스가 표층적인 레벨에서의 붐이 아니라 오픈소스 활동의 일부이며, 오픈소스는 50년 가까운 역사의 깊이와 다양한 영역에 이르는 넓이를 가지고 있다는 것이다. AT&T에서는 유닉스를 무상배포했고, 그에 앞서 1960년대 MIT에는 소프트웨어는 무상으로 공개 · 교환되어야 한다는 철학이 존재했다.

모든 오픈소스 활동의 정신적 기반이 되고 있는 프리소프트웨어 파운데이션(FSF)은 이 시대의 철학으로 뿌리내려 1984년부터 활동하고 있으며, 이미 개발된 것들 중에는 OS(FreeBSD), 프로그램언어(Perl), 텍스트 에디터(Emacs), 웹서버(Apache), 전자메일(SMTP, POP), 서버소프트웨어(DNS), 웹브라우저(넷스케이프 네비게이터 : Mozilla), 데이터베이스(MySQL)와 각종 액세서리와 툴 등 다양한 소프트웨어가 존재한다.

사실 인터넷 기술의 대부분은 이미 오픈소스로 개발되어 제공되고 있다. 그러한 흐름이 리눅스의 성공 덕분에 가속화되고 있는 것에 지나지 않는다. OS(리눅스) 이후에 나타난 또 다른 거대한 흐름으로 데이터베이스 소프트웨어(PostgreSQL, MySQL)를 꼽을 수 있다는 것이 업계의 공통된 인식이다. JAVA도 오픈소스하겠다는 방침이 2002년 3월 JAVA개발자들의 컨퍼런스인 JavaOne에서 분명히 드러났다. HP사 역시 오픈소스의 개념과 활동을 사내의 소프트웨어 개발에 적용해 좋은 효과를 거두고 있다.

오픈소스의 비즈니스상의 이점은 다음과 같이 정리해 볼 수 있다.

· 승자독식현상이 현저한 시장에서 승자가 되기 위해 치열한 가격경쟁이 진행되는데, 가격이 제로로 수렴되고 있어(이것은 인터넷비즈니스의 광고모델에도 나타나고 있는데, 무료서비스에 익숙해진 유저에게서 돈을 받는 것은 전반적으로 어려워지고 있다), 오픈소스모델은 '가격제로'의 세계에서 매우 경쟁력이 있는 모델이다. 플랫폼을 조속히 획득함으로써 다양한 전략적인 발전성이 열리게 된다.

· 승자독식의 플랫폼 획득에 필요한 시장점유율을 달성하기 위해 오 픈소스의 커뮤니티는 가장 영향력이 있고 중요한 유저세그먼트의 하나 이다.

· 제품 자체가 한계비용이 제로이기 때문에 가격경쟁에 돌입하기 쉬 운 데 비해 지원이나 컨설팅, 업무통합 등의 서비스 업무는 거의 모든 단 계에서 비용이 발생하기 때문에 유료서비스라는데 커다란 거부감이 없 다. 따라서 오픈소스도 새로운 비즈니스모델로 성립할 수 있다(리눅스와 관련해 발전한 비즈니스는 모두 이러한 형태를 가진다. 무료소프트웨어를 수집 하여 거기에 어느 정도의 품질보증과 지원을 덧붙여 유료로 판매하는 사업으로 '디스트리뷰션(distribution)'이라고 불린다).

이상의 점들에 의해 오픈소스활동은 단순한 이데올로기가 아니라 일 반사회에 대한 침투력을 가지게 된다.

각국 정부, 특히 멕시코, 아르헨티나, 프랑스, 독일 등이 국가의 정보 시스템에서 오픈소스 소프트웨어를 의무화하는 법안을 잇따라 가결, 또 는 제출하고 있다. 중국정부가 MS에 의존하는 체제를 꺼려 리눅스를 지 지하기 때문에 중국 국내 보급은 리눅스가 윈도우즈를 넘어섰을 것이라 는 조사도 있다(중국 국영 소프트웨어 판매점 연방연건공사(連邦軟件公司)의 1998년 8월 중순~12월 중순 판매 실적). 이러한 것들은 각국의 자국산업지 원정책과 국가안전보장정책에 의한 것이다. 대만정부도 도입을 위해 조 사프로젝트를 개시했다.

대학교수들이 보유하는 지적자산을 모두 공개하자는 움직임 역시 오픈소스의 흐름을 탄 것이라고 할 수 있다. MIT, 스탠퍼드대학의 결정을 세계의 많은 대학교가 추종할 움직임을 보이고 있다. 소프트웨어를 공개하는가, 강의내용을 공개하는가의 차이는 있지만 지적자산을 공개하고 그것에 일정한 질서를 만들어 무수한 참가자가 보다 나은 방향으로 나아간다는 기본사상에는 변함이 없다. 물론 이러한 사상은 앞으로 더욱 중요한 의미를 가지게 될 것으로 생각된다.

오픈소스의 중요한 조건인 공개의 의무, 재배포 및 변경의 자유, 협조활동의 용이성을 만족하는 가치관이 기업이나 제품에 널리 확산되기 시작하면 타인과의 접점을 만들 수 있는 것들만이 살아남는 환경이 도래한다. 실제로 리눅스는 이렇게 해서 급속하게 전체를 석권하게 되었다.

이것은 사실, '자기자신을 살아남게 하는 힘이 강한 DNA나 밈(meme, 유전자처럼 재현·모방을 되풀이하며 전승되는 집단적인 언어, 노래, 신앙 등의 관습이나 문화)이 살아남는다' 는 네오다위니즘의 주장과 같은 메커니즘이다. 주변과의 연계가 뛰어난 것만이 살아남는다면 그것은 '유전자 폭발' (공작의 깃털이나 인간의 두뇌처럼 '좋은 것' 이라는 가치관이 DNA에 인식되면 크고 아름다운 날개, 높은 지능을 가지는 DNA가 재생산되어 급속하게 전파된다고 네오다위니즘은 주장하고 있다)처럼 급속하게 상황을 바꿀 수 있는 오픈소스적인 가치관을 매우 빠른 시간 내에 모든 영역에 침투시킬 수 있다는 것이다.

P2P 기술의 경우, 저작권이 보호되는 음악을 무분별하게 배포하는 소프트웨어라는 부정적인 측면만이 부각되지만 그 근저에 깔려있는 사상은 '자발적인 자원공유' 이며 이미 많은 젊은 기술자들이 참가하고 있

다. 넓게는 IT나 경제활동 자체를 바꿀 가능성도 시사되고 있다. 그러한 때가 도래한다면 사회에서의 이익이라는 개념 자체가 변해버릴지도 모르는 일이다.

조직에서의 응용 ③
정보시스템에 있어서의 일반론

　　　　정보시스템은 최근의 네트워크인지 예전의 호스트컴퓨터
인지에 관계없이 '연결' 시키는 효과를 가져왔다. 네트워크는 그러한 연
결이라는 특질의 일환으로 발전한 기능이다.

　　정보시스템에는 원래 외부성이 강하게 작용하고 그것을 잘 응용하는
것이 과거에서 현재, 그리고 미래에 걸쳐 중요한 성공의 열쇠다. 그 때문
에 정보시스템에서는 앞서 기술한대로 모듈&인터페이스 방식이 적극
적으로 채용되고 있으며, 특히 네트워크가 대단히 중요한 위치를 차지
하게 된 현재, 그런 경향은 강해지고 있다. 이것을 전문용어로는 '오브
젝트 지향' 이라고 부르지만 여기에서의 오브젝트란 이번 장에서 말하
는 모듈과 완전하게 동일한 단어라고 생각해도 좋다.

　　현재의 정보시스템의 본질은 '네트워크 기능' 과 '데이터베이스 기

능'으로 집약된다고 할 수 있다. 그러한 기본기능을 기반으로 '어플리케이션'이라고 부르는 논리처리 부분이 부가되어 일반유저들이 사용하기 쉬운 시스템이 완성된다. 기본 기능인 '네트워크'는 규모와 범위에서 외부성을 향상시키는 역할을 하며 '데이터베이스'는 그와 더불어 과거에서 미래로의 외부성을 향상시키는 역할(즉, 장래의 참가자가 외부성을 향상시키는 것)을 담당한다. 이러한 네트워크와 데이터베이스의 조합에 의해 정보시스템의 외부성은 비약적으로 향상된다.

정보시스템에는 모듈적인 발상이 필수적이다. 인터페이스의 구조가 명시화 · 표준화 · 단순화되어 있지 않고 애매하고 개별적이며 복잡한 기업 환경을 가지고 있으면 정보시스템화는 매우 어려울 것이다. 그럼에도 불구하고 일본 기업은 가장 기본적인 데이터를 데이터베이스에 축적하는 즉, 플랫폼으로 분리하는 일조차 서투르다.

최근 정보시스템기술이 날로 복잡해지고 있지만 단순하게 세분화된 모듈과 그 조합의 기술이 복잡한 것에 대응할 수 있게 된 것을 의미하는 것으로, 모듈 자체는 단순한 것이 필수적이다. 비경쟁적인 환경에 있는 현재의 일본 기업의 방식으로는 정보시스템이 충분히 기능하기에는 상당한 시간이 걸릴 지도 모른다.

모듈이 제대로 기능하기 위해서는 모듈 간의 인터페이스를 정확하게 설계해야 한다. 리눅스는 인터페이스가 잘 기능해 큰 규모의 개발 작업이 성공으로 이어졌다. 그것은 규모나 복잡성 정도에 관계없이 모든 시스템 개발에서도 해당되는 요인이다.

'인터페이스를 설계하는 능력'이란 복잡한 현상을 정리, 분류, 세분화, 체계화하는 것을 의미한다. 특히, 모듈간의 조정을 최소한으로 끝내기 위해서는 MECE(Mutually Exclusive Exhaustive Collective ; 상호배반, 전체망라)라고 불리는 시스템적 사고의 테크닉이 필수적이다. 정보의 정리, 교환, 공유, 활용을 위해 서로 간섭이나 중복이 없는 단순한 모듈로 정보를 분해하여 처리하는 수법인데, 모듈&인터페이스 설계의 최소한의 필요조건이다. 조직이나 전략이 모듈베이스로 진행되고 있어야 한다는 점, 앞으로도 그렇게 진행되어야 한다는 것을 앞서 강조했는데, 그러한 환경에서 MECE 사고는 경영이나 조직관리에 있어 매우 중요한 역할을 하게 된다.

일본은 그러한 사고가 대단히 서투르지만, 필자의 경험상 교육이 이루어지지 않았기 때문인 것으로 보인다. 교육을 실시할 경우의 효과는 대단히 높을 것으로 생각되며 모듈화의 도입에 앞서 서둘러 개발해야 할 기본적인 사고 능력이기도 하다.

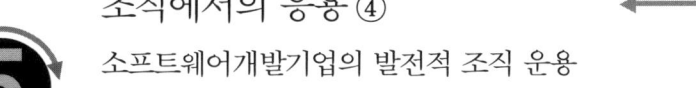

조직에서의 응용 ④
소프트웨어개발기업의 발전적 조직 운용

5

소프트웨어 개발에서 모듈&인터페이스 방식의 유효성을 절감한 하이테크기업들은 그 응용범위를 조직운영 전반으로 급속히 확대시켰다. 1998년 전후부터 주목을 받아 온 크로스펑셔널팀(Cross Functional Team)은 기업의 문제해결능력을 근본적으로 향상시키는 역할을 한다.

크로스펑셔널팀은 전 세계적 규모의 기업 내부의 특정 문제에 조직의 구분을 넘어 자유롭게 팀을 형성하여 문제해결을 위해 노력한다. 대상은 안건의 대소나 영역에 관계없이 모두 포함된다. 한 부문 내에서는 해결이 불가능한 문제에 대해 다양한 부문에서 멤버를 모은다. 대부분의 경우 팀원은 세계 각처에서 모이고 활동 역시 세계적으로 전개된다. 한번도 만난 적이 없는 멤버들끼리 구성되는 경우도 많다.

이런 팀이 생기게 된 것은 많은 문제들이 하나의 부문 내에서 대응할 수 없게 되었기 때문이었지만, 활동이 가능하게 된 것은 치밀하게 설계된 인터페이스가 존재하기 때문이다. 구체적으로는 해결해야 할 문제와 해결책(고객의 불평건수의 감소, 납품시간의 단축 등)에 대해 다음과 같은 프로세스가 사전에 명확히 준비되어 있다.

· 해결해야 할 문제의 지표
· 해결해야 할 문제에 대한 팀 형성의 제안
· 해당인재 모집과 팀 형성의 프로세스
· 팀 운영방법
· 팀 구성의 제안을 실행 · 구현하는 방법
· 팀의 성과 평가와 보수

세계 각국에서 모인 대부분 면식이 없는 팀 멤버들은 다음과 같은 공통지표와 균형성과표, 그리고 각 프로세스 상에서 업무를 수행하고 있다.

· 공통의 부품코드
· 공통의 업무프로세스
· 공통의 고객데이터베이스
· 공통의 제품정보(생산, 재고, 설계 등에 관한 데이터)
· 공통의 IT표준(정보시스템을 구축할 때의 규격, 가이드라인의 두께는 몇

미터나 된다)

- 소속 부문의 활동 내용을 통지할 수 있는 수단(통상은 웹상의 프레젠
  테이션)

   이러한 것들이 존재하는 덕분에 처음 만난 팀원들 사이에서도 공통의 이해와 공통의 판단기준이 생성되어 팀이 꾸려지며 곧바로 활동을 시작할 수 있다.

   각 팀이 해결해야 할 과제는 말 그대로 무한에 가깝다. '가이젠(改善, 개선)'으로 대표되는 부문 내의 문제해결과 부문을 초월한 문제해결의 대상은 지극히 광범위하게 분포한다. 따라서, 만약 그것들이 차례로 해결된다면 기업경쟁력은 그야말로 끝없이 향상되게 된다.

   동일 기업의 멤버라고는 해도 전혀 다른 배경을 가진 사람들이 금세 서로 이해하며 협력하고 일정 수준 이상의 결과를 내놓을 수 있는 것은, 공통의 인터페이스를 가지고 있기 때문에 가능하다. 당초에는 이익만을 위한 단순한 것이었던 인터페이스도 몇 백 개의 지표를 가질 만큼 끝없이 복잡해지게 되었다. 또한 다른 기업과의 활동에서도 영향을 미치고 있다.

   이처럼 하이테크기업은 복잡하고 고도로 발전된 인터페이스를 바탕으로 모듈간 협조 작업을 대단히 높은 수준으로 끌어올렸다. 앞으로는 그것이 개별 기업을 초월하여 더욱더 복잡하고 발전된 형태로 성장해 갈 것이다. 또한, 그러한 작업에 성공한 기업이 살아남을 것이다.

   인터넷이 활용되기 시작한 것이 그리 오래되지 않은 점을 고려하면

본격적인 발전은 이제부터라고 볼 수 있으므로 늦게 진출한 일본 기업에도 아직 기회는 있다. 실제로 교토식 기업이 그러한 기회와 성공의 가능성을 보여주고 있다.

세계적 흐름 속의 일본의 포지셔닝

교토식 기업은 최종제품을 제조하지 않을뿐더러 적극적인 홍보도 하지 않아 지명도가 낮았기 때문에 우수한 신입사원이 대기업에 비해 결코 많이 입사하지 않는다는 약점이 있었다. 그렇지만 경쟁을 이해하고 인재가 육성될 수 있는 교육과 환경을 정비해서 훌륭한 실적을 남기고 있다. 지명도가 높아진 그들 기업의 활약이 앞으로는 더욱 크고 활발할 것으로 기대되는 동시에 일반 기업에서도 작은 시책의 변화로 크게 변화할 수 있다는 시사가 될 것이다.

세계화의 파도

일본의 동질성 추구의 사회를 넘어서

세계의 첨단기업들은 조직과 IT의 연계를 더욱 강화하고 있으며, 이 둘은 거의 동일한 관계에 있다고 해도 좋을 정도다. 본래 IT와 조직은 공통의 원리를 가지고 동일한 방식으로 발전되어 동일하게 취급되어 왔다. 네트워크라는 외부성 강화를 위한 도구의 비약적인 발전으로 인해 조직과 IT에 대해서 동일한 시책이 동일한 방식으로 취해지게 되었다.

조직, 업무, 정보시스템 모두에 공통적으로 적용되는 원리를 살펴보면 다음 세 가지로 정리할 수 있다.

1) MI: 모듈&인터페이스

조직과 업무, 시스템 모두 인터페이스가 명시된 모듈의 연계동작으로서, 복잡한 업무에 대응하며 자원공유, 기능분산, 부하분산이 가능하다. 또한 모듈간 교환이 가능하기 때문에, 멤버교환에 의한 아웃소싱, 인재 유동화, 경쟁촉진 등이 이루어져 최적화가 진행된다.

2) FO: 공정함&개방적(Fair and Open)

조직과 업무, 시스템 모두 개방적(오픈)이다. 즉, 외부적으로 명시적이며 공평하게 운용된다. 공평하지 않으면 인정에 끌리는 등, 담당자에 따라 처리방식에 많은 차이가 발생하여, 프로세스자체가 매우 복잡해지고 자의적 결정이 내려지게 된다. 또한, 인터페이스로서의 기능을 상실하게 되며 정보시스템으로는 대응할 수 없게 된다. 이를 통해 참가요소를 늘리고, 유동성, 외부성을 증대시킬 수 있다.

3) S: 심플

조직과 업무, 정보시스템은 모두 단순한 것이 기본이다. 심플이야말로 신규진입, 멤버교환을 가능케 해주는 조건임과 동시에 정확한 인터페이스의 설계를 가능토록 해주는 조건(복잡한 사항 전체를 구조화시키는 데 있어 심플하게 분류화, 계층화하도록 노력함으로써 인터페이스의 정확성이 보장된다)이며, 정보시스템이 기능을 발휘할 수 있는 조건이기도 하다(모듈은 플랫폼화를 염두에 두고 가장 단순한 부분에서 추출하여 보다 높은 부가가치로의 성장을 촉진한다. 또한 나머지 부분에서도 계속적으로 단순한 부분을 추출한다).

이러한 일련의 작업을 각 내용의 첫 글자를 따서 MIFOS라 부르며, 이들 모두는 경쟁 도입을 위해 당연히 충족되어야 하는 조건이다. 일본에서의 경쟁 도입은 (대부분 논의가 진행되지 않은 채 미국을 추종하는 형태로) '구조개혁(규제완화, 민영화, 재정지출 삭감, 작은 정부 등)'이라는 이름 하에 국가 최대의 목표가 되었다. 구조개혁을 받아들이고 있는 일본 사회에서 MIFOS는 필연적으로 충족되어야 할 전제조건인 것이다.

유감스럽게도 현재의 상황은 여전히 역구조에 머무르고 있다(그림 3-7). 일본의 동질성 추구 사회가 내부자에 대해서는 관대하며 외부의 참여자에게는 냉정한, 즉 내부자에게만 '의리와 인정'을 중시하고 새로운 사람의 참가를 차별적으로 배제해 왔기 때문이다. 그 때문에 인터페이스를 명시화하지 않았다기보다는 의도적으로 복잡하게 만들어 이해하기 어렵게 했다고 할 수 있다. 책임과 역할 등 업무를 명확하게 하면 유동화를 촉진시켜 경쟁을 받아들이게 되고 자신의 기득권을 손상시키게 되므로 기피되어 왔으며, 모듈화 역시 그러한 대우를 받아 왔다.

고정적인 인간관계에서는 유착구조가 생기기 쉽다는 것은 최근의 일본 경영자들에 의한 불미스러운 사건들에서도 충분히 검증되었다. 거기에는 불건전한 현상 유지의 힘이 작용하고 있을 뿐 건전한 개혁의지는 찾아보기 어렵다.

또한 비공개적이고 불공평하며 명시화되지 않은 복잡한 관계는 상대에 따라 절차를 바꾸는 등, 임의적 판단이 발생하기 쉬워진다. 그런 상태를 정보시스템화하는 일은 거의 불가능하다.

그것을 실현할 수 있는 '일본형' 정보시스템은 필자를 포함하여 이

문제의 해결에 도전하는 일본인이라면 누구나 갖는 꿈이지만 유감스럽게도 개발계획이 구체화된 적이 없다. 게다가 타인을 부정함으로써 자기를 정당화시키거나 본질을 회피하려는 이들을 자주 보게 된다.

담합행위는 일본의 국익에 아무런 도움이 되지 않으며 그것이 독점금지법을 위반하는 것이라는 것을 우리들 대부분이 잘 인식하지 못하는 것은(알고 있어도, 주차금지에 걸린 정도로밖에 느끼지 않는다) 일본의 근본원리로는 이해하기 어렵기 때문이다.

즉, 친목단체처럼 내부자에게 관대하며 경쟁은 되도록 배제하고 내부자에게 한정된 의리와 인정과 외부자에 대한 배타적 조치가 현재 일본의 근본원리로 뿌리 깊게 남아있다. 이것은 사실상 불건전한 경쟁환경이며 엄중하게 경고를 받아야 할 사고방식이다. 이에 대한 선호가 남아있는 한, 일본 사회의 구조개혁이 실현될 가능성은 매우 낮다.

그림 3-7 사회 근본원리의 차이

모듈&인터페이스

정보화 시대의 근본원리

예전 일본의 근본원리

모듈&인터페이스
공정함
오픈
심플

주문, 맞춤형 생산(단품종 대응)
차별(내부자 우대)
클로즈
복잡, 비명시적

일본적인 경영변혁을 둘러싼 논의

미국과 유럽 등지에서 개발되어 온(그리고 일본에 수입되어 온) 경영이나 IT방식은 예외 없이 건전한 경쟁환경을 전제로 한 것이다. 그런 의미에서 일본의 구시대적 근본원리 하에서는 최첨단조직도, 최첨단 IT도 그 유효성을 살리기 힘들다.

이러한 논의에 대해 예상되는 반론에 대해서도 다음과 같이 간단하게 대답해 두고자 한다.

Q: 약육강식의 시장원리를 강요할 생각인가?

A: 경쟁원리를 약육강식이라고도 표현할 수 있겠지만, 일반적으로는 다양성 추구, 패자부활, 약자구제가 세트로 이루어지며 또한 그래야만 한다고 생각한다. 다양성의 사고방식을 가지고 있으면 한 사람이 전부를 독점하는 것을 피할 수 있으며, 1부에서 확인했듯 1억 명 각자에 의한 승자독식이 일어난다. 즉, 모든 이에게 승리할 수 있는 찬스가 공평하게 주어지게 되는 것이다.

다양성의 가치관이 널리 확산되면 그 가치관과 함께 승리의 기회가 무한히 확대되어 갈 것이다. 즉, 경쟁에 실패한 사람에게 패배자라는 딱지가 붙는 것이 아니라 재도전의 기회를 주고, 그래도 또 경쟁에서 배제된 사람에게는 구제조치가 취해질 것이다. 정부의 지원은 물론 부유층들로부터의 기부, 자원봉사 등도 포함된다.

이런 사회 분위기는 성장의욕을 가진 사람에게는 좋은 환경이라고 할 수 있다. 하지만 현재의 일본은 성장의욕을 가진 사람들이 살기 힘든 환경이다. 이치로나 노모 히데오 같은 야구선수뿐만 아니라 거의 모든 분야에서 인재의 해외유출이 일어나고 있는 사실에서도 확인할 수 있다. 일반적인 기업의 인사제도는 일하지 않는 사람에게 오히려 유리하다고 할 수 있다. 이는 단순히 어느 쪽이 좋은가라는 문제를 초월하여 성장의욕을 가진 사람을 중시하는 환경을 만들 것인가, 성장의욕이 없는 사람에게 쾌적한 환경을 만들 것인가에 관한 중요한 문제다.

우리는 이미 반시장원리주의 시대에 살고 있다. 이 책을 통해 여러 번 언급했듯 리눅스는 거의 완전한 자원봉사적 활동을 기초로 발전하였다. 물론 그들 중에는 MS와 같은 방식의 비즈니스 방식에 강한 반발을 가진 사람도 있다. 부분적으로 비즈니스를 도입함으로써 보급이 더욱 활성화되고 있는데, 어디까지나 리눅스와 그 새로운 가치관을 널리 전파하기 위한 방편이라고 할 수 있을 것이다.

실제로 소프트웨어 업계에서는 오픈소스, 자원봉사자 베이스의 사업이 급속하게 일반화되고 있다. 업계는 시장원리주의에서 '무언가 새로운 것'으로 전환되고 있다.

여기서 경계해야 할 것은 '경쟁＝비윤리적'이라는 사고방식이다. 일본에서는 수단을 가리지 않는 경쟁을 종종 발견하게 된다. 윤리적으로 용납되지 않는 일을 해서라도 경쟁에서 이기는 것이 당연하게 인식되고 있는 경우도 많다. 일반적인 정치가의 이미지가 그러하며, 기업 내 유치한 출세경쟁 역시 부도덕한 수법으로 상대를 넘어뜨리는 행동을 서슴지 않는다. 그런 식의 잘못된 경쟁은 당연히 개선해야 할 것이다.

경쟁은 스포츠처럼 공평하고 공정한 규칙 아래서 이루어질 때 비로소 의미가 있다. 지금처럼 정직한 인간이 손해를 보는 경쟁환경은 이 책에서 말하는 경쟁환경이 아니다. 잘못된 경쟁의 이미지를 불식시키는 것과 개방적이고 공정한 경쟁환경을 조성하는 것을 동시에 병행해야 할 것이다. 말할 필요도 없이, 이것이 바로 실력주의 인사관리의 기본이고 교토식 기업은 이미 이것을 충분히 이해하며 실행하고 있다는 사실이 무척 놀라웠다.

만약 '그런 건 모두 이상론이며 현실적으로는 그렇게 쉬운 일이 아니다'라고 생각하는 독자가 있다면 그 분은 일본 정부가 진행하고 있는 구조개혁에 강하게 반대해야 할 것이다. 물론, 대안을 가지고 그것에 반대하는 것이어야 하고 또한 그 대안이 일본 국민 대다수로부터 합의를 얻어낼 수 있는 것이어야만 할 것이다.

앞으로도 일본에서는 '구조개혁'에 대한 논의가 활발하게 이루어질 것이다. 이런 논의의 목표는 규제를 완화하여 경쟁이 없던 일본사회에 경쟁을 도입하는 것으로 설정될 것이다. 그러나 경쟁이 없는 독점이 지배하는 현재의 구조에서는 규제완화만으로는 불충분할 것이며 독점·담합기업의 불공평, 불공정한 행위를 방지하는 수단이 없다면 탁상공론식으로 끝나고 말 것이다.

독점기업이 제멋대로 하는 사회나 관습적으로 사회악을 인정하고 자신도 악행을 삼을 수 있어야 비로소 제 몫을 할 수 있는 어른이 되었다고 보는 사회야말로, 약육강식의 비윤리적 사회라고 생각한다.

Q : 햄버거식 매뉴얼 문화를 강요할 생각인가?

A : '미국시스템=햄버거식의 매뉴얼'이라는 도식은 아주 구시대적인 발상이라고 본다. 현재의 하이테크기업들이 취하고 있는 모듈&인터페이스 방식의 시스템과 표준은 모듈 간의 연계 부분만을 규정한 것으로, 각자의 자주성에 입각한 독자적인 개성이나 개혁이 쉽게 이루어지도록 하는 것이 목적이다. 세계에서 가장 유능한 인재들에게 가장 일하기 편한 환경을 제공하겠다는 생각이 바탕에 깔려있기 때문이다.

매뉴얼에 의한 강제적 관리로는 치열한 부가가치 경쟁에서 이기는 것이 불가능해졌다. 경쟁상황에서는 오히려 창조성이 더욱 중시되며 창조성=인간성이라는 측면을 고려해 볼 때 비인간적이라는 지적이 잘못되었다는 것을 알 수 있다.

일본에서는 '표준화=햄버거 같은 매뉴얼'로 부정적으로 파악하는 경우가 많지만 일상적으로 우리는 수많은 표준화의 혜택을 누리고 있다. 예를 들어, 무게나 길이 등의 단위와 도량형이 표준화된 덕분에 공장의 작업과정에서 다양한 모듈과 인터페이스를 바탕으로 상호 연계 · 협력이 가능한 것이다.

마찬가지로 ISO 9000이 있어 타사의 활동상황을 손쉽게 이해할 수 있으며 편하게 거래관계를 맺을 수 있다. 모든 규정이나 제도는 타 부문의 활동구조를 손쉽게 알리기 위한 것이며, 매뉴얼도 마찬가지다.

일각에서 우려하고 있는 '인간의 로봇화'를 피하기 위해 매뉴얼은 몇 가지 조건을 충족시켜야 한다. 앞서 밝힌 대로, 기본부분을 추출해 매뉴얼화하고 활동의 자유와 자주성은 보증되어야 한다. 그런 인간다운 동기부여에 의해 업무수준을 발전시키고자 하는 향상심이 작용해야 한다.

지금까지는 매뉴얼의 사용법이 서툴렀던 것만 문제로 크게 부각시켜, 마치 그것이 매뉴얼의 본질적 문제인 것처럼 오해를 받았다. 원래 모든 전략은 필요한 요건을 모두 충족시키지 않으면 제대로 기능하지 않는 법이다. 필요한 사항들을 미리 갖추지 못한 자기 스스로를 돌아보지 못하고 도구만의 문제로 치부해서는 안 될 것이다.

하이테크기업에는 전 세계로부터 우수한 인재가 모여 있다는 사실 그 자체가 최대의 성공요인이며, 실리콘밸리에 인도인과 중국인이 상당 부분을 차지하고 있다는 사실은 잘 알려져 있다. 실리콘밸리에서의 평가기준은 미국인인가 아닌가의 여부가 아니라 유능한가 아닌가다. 리눅스의 성공으로 일약 슈퍼스타가 되었고 이 책에서도 많이 등장한 리누스 토르발스는 핀란드인이다.

이것은 MIFOS의 가치관이 세계적인 보편성을 가지고 있다는 것을 대변해 주고 있다. 그것이 미국적 발상이든 핀란드적 발상이든, 보편성이 존재한다면 인정해야 할 것이다. 우주개발(우주정거장 건설) 프로젝트에서도 모듈&인터페이스 방식에 의해 각 국이 협조활동을 실시함으로써 신속성과 비용리스크 분산을 추구하고 있으며 협조활동 자체의 목적마저 달성되고 있다.

Q : 앵글로색슨 식의 방식이 보편적으로 통용될 것으로 보는가?

A : 미국과 유럽을 단순히 모방하는 것이라면 문제가 되겠지만 교토

식 경영은 단순한 모방이 아니라 심사숙고 끝에 답을 얻은 것이다. 이 책에서도, 그러한 진리를 간파하는 힘을 양성해야 한다고 계속 주장해 왔다. MIFOS와 경쟁원리는 전 세계적으로 확대될 수 있는 보편성과 우위성을 가지고 있다는 것을 간과해서는 안 될 것이다.

그런 특징을 가지고 있기에 인터넷이 전 세계적으로 보급된 것이므로 그 사실에 부정·반발하는 것은 건설적인 비판이라고 보기 힘들다. 전 세계가 국가와 민족, 기업의 울타리를 뛰어넘어 인터넷이라는 공통의 무대에서 서로 협조하며 공통의 목적을 위해 매진하는 시대. 그곳에서는 경쟁 이상으로 협조가 중시될 것이다.

지금까지의 반목과 질시의 역사가 획기적으로 바뀔 가능성 역시 존재한다(제2차 대전 후에도 내분을 포함하면 150건 이상의 전쟁이 있었으며 해마다 평균 약 50만 명이 희생되었다. 희생자의 약 80퍼센트는 민간인이었으며 대부분이 여성과 아이들이다—유니세프 세계어린이백서). 그러한 시대가 도래하면 내부자 사이에서만 통용되던 '의리와 인정'을 전 세계의 모든 사람들과 공감하게 되는 것이다.

지구가 안고 있는 환경이라는 긴급과제에 대응하는 가치관으로서도 매우 현실적이며 유효할 것이다. 개인적으로는 종교적인 것에도 흥미를 가지고 있어 전 지구적으로는 종교적 구원이 큰 힘을 발휘하게 될 것으로 생각한다. 하지만 바로 지금 보편적인 가치관으로 작동할 수 있을지의 여부를 묻는다면, 아직 상당한 시간이 필요하다고 보는 것이 맞을 것이다.

게다가 '협조'의 개념이 종교나 정신세계에서 추구하는 개념과 매우 가깝다는 사실을 고려하면 '협조'의 연장선상에 종교가 추구해 온 인류애가 존재할 가능성조차 있다. 현재 많은 종교단체가 교세 확대와 이익 추구를 위해 교리를 마케팅 수단으로 악용하는 조직으로 변질되고 있는 것을 보자면 종교에 대한 비판도 어느 정도 이해가 간다. 하지만 모든 종교가 공통적으로 내세우고 있는 이념은 충분히 귀 기울여 들을 만한 가치가 있다. 단, 필자는 종교를 갖지 않았고 특정 단체를 옹호하고자 하는 것이 결코 아니다.

EU는 조금 다른 접근법을 취하고 있다. 그들은 역사적으로 공통의 기반을 가진 국가를 모아 협조관계를 구축하고 있다. MIFOS나 경쟁원리에 가까우나 그것이 한정된 지역 내에서만 이루어지고 있다는 것이 크게 다른 점이다. EU처럼 영역을 한정하고 인터넷을 중심으로 하는 가치관에 대항해 가고자 하는 방식도 성립한다. 그렇게 하는 것이 새로운 가치관을 실현하는데 용이하다고 볼 수 있으며 대(對)국가, 대(對)민족이라는 국가주의적인 의식을 고양시켜 목적을 달성하기 쉬운 측면도 있다.

미국에 대한 저항이라는 지역주의를 바탕으로 일본이 취할 수 있는 것이 경제블록으로서의 '아시아 공영권 구상'이다. 이것의 실현은 매우 어려울 것으로 보인다. EU는 수십 년간 준비한 결과 이제 겨우 그 입구에 들어선 단계다. 게다가 그 과정에서 경험한 두 번의 세계대전이라는 쓴 경험이 통합에 대한 학습효과로 강하게 작용하고 있다(1차와 2차 세계대전에 의해 유럽에서는 각각 약 1,000만 명, 약 4,000만 명 이상이 사망했다).

이에 비해 아시아는 과거사의 공유, 이념적인 이해, 강한 리더십 등 중요한 요소가 상당히 결여되어 있다. 국가를 초월해서 구성돼야 할 지역주의가 아시아에서는 각국 내부의 내셔널리즘에 그치게 될 공산이 지극히 높다. 따라서 아시아 국가들의 연합이라는 의미에서의 아시아 공영권 구상이 실현될 가능성은 지극히 낮은 것으로 보인다.

물론 소시민이 거기까지 생각할 필요가 있을까 라는 문제를 지적할 수 있다. 엄청난 국가규모, 세계규모의 거대담론에 빠져 있는 동안 경쟁력이 떨어지고 자사의 주가가 하락하여 도산으로 이어진다면 혹은, 자기자신이 정리해고를 당한다면 각 주체의 입장에서는 끝장인 것이다. 기업은 이미 전 지구적으로 활동하고 있으며 '국가를 위해' 라는 생각은 매우 희미해졌다.

교토식 기업처럼 그렇게 큰 규모가 아닌 기업들(온리, 삼코, 도세 등)도 적극적으로 글로벌 규모의 활동을 하여 좋은 실적을 올리고 있다. 민족·국가의식을 만족시키기 위해 불가능해 보이는 싸움에 도전하는 것보다는 교토식 기업처럼 타인에게서 무슨 소리를 듣더라도 개의치 않고 좋은 실적을 올리고 세금을 내고 고용을 늘리는 것이 오히려 국가에게 더 큰 도움이 된다고 할 수 있다.

한편, 내셔널리즘이 일본인만의 특징은 아니다. 올림픽에서는 도가 지나친 내셔널리즘이 만연하고 비판 또한 폭넓게 이루어지는데 그것 역시 결국은 내셔널리즘 대항전에 지나지 않는다. 내셔널리즘은 기존의 기득권층이나 매스미디어의 권력 유지에 절호의 재료가 되기 쉽다. 세계로 확대되는 오픈화, 글로벌화의 흐름은 내셔널리즘, 지역주의를 초월하기 위한 기존 권력과의 한판 대결이 되기도 한다.

예를 들어, 미국 동부에서는 실리콘밸리에 대해 '거기는 미국이 아니라 아시아다' 라며 싫어하는 이들도 많다. 그러한 의미에서 오픈화, 글로벌화는 미국 정부의 권익에도 반대된다. 실제로 교토의정서에 반대하고 있는 것은 미국정부지 미국시민이 아니다. 인터넷은 세금제도를 근본적으로 뒤흔드는 커다란 충격효과를 가지고 있어 세금으로 운영되는 각국 정부는 기반이 흔들릴 수도 있다.

일본을 포함한 세계 각국의 역사는 부족→마을→지역→국가라는 작은 단위의 내셔널리즘을 차례로 뛰어넘어 20세기에 들어 국가로서의 내셔널리즘에 도착한 역사라고도 할 수 있다. 그러므로 국가로서의 내셔널리즘을 뛰어넘어 세계라는 내셔널리즘, 즉 글로벌리즘으로 성장하지 못할 이유는 어디에도 없다. 이 책의 주장이 일본인 대 앵글로색슨, 일본 대 미국의 구도가 아닌 글로벌리즘(개방적) 대 내셔널리즘(폐쇄적)의 관계에 있다는 것을 이해해 주시면 감사하겠다.

Q : 자아가 확립되지 않은 일본인에게 실력주의 인사제도를 도입하는 것은 어렵지 않을까?

A : 사실, 기독교를 바탕으로 발전하여 '신과의 계약'을 통해 절대적인 자아를 확립한 개인 중심의 서양문화가 시스템적인 사고와 잘 맞는 면이 많다고 생각할 수도 있다. 많은 일본 기업에서 실력주의 인사가 실패한 이유 중 하나는, 평가자와 피평가자 간의 대화가 잘 마무리되지 않고 감정적인 파탄을 몰고 왔다는 것을 들 수 있다. 그렇게 될 바에는 평가를 하지 않는 것이 좋을 수도 있다. 이러한 현상의 배후에는 다른 사람

에 대한 평가와 자신에 대한 평가라는, 쌍방향적인 판단기준이 마련돼 있지 않은 것이 크게 영향을 끼치고 있다.

그래도 일본인에게는 어려울 것이라고 생각하시는 독자께서는 교토식 기업을 실제로 봐 주시기 바란다. 호리바제작소는 교토식 기업의 전형적인 예로 사람, 물건, 돈, 정보 등의 경영자원의 활용 효율이 매우 높은데 특히, 인재 활성화에 대해서는 놀라울 정도이다. 그것은 호리바제작소의 '가산점주의 인사제도'(실력주의 인사제도)가 적절하게 기능하고 있기 때문인데, 동사에서는 평가에 있어 시간과 비용을 충분하게 투입하여 360도 인사(한 사원이 상사뿐만이 아니라 부하나 동료 등 전방위로부터 평가받는 시스템)와 평가훈련 등의 미국기업에서 일반적으로 채용하고 있는 인사제도를 효율적으로 활용하고 있다. 그것은 일본에서는 지금까지 거의 이루어지지 않았지만 아주 간단한 테크닉이다(호리바 아쓰시 사장의 교토대학 강연, 2002년 6월 6일).

가장 기본적인 인사제도에 있어서도 '여기는 일본이니까', '우리는 일본사람이니까'가 아니라, 인간개발이라는 본연의 모습을 추구하여 당연한 일을 당연하고도 정확하게 실행함으로써 세계적 경쟁 환경에서 다양한 국적의 사원들이 창조적인 활동을 실행하는 기업풍토를 창조해 가고 있는 것이다.

교토식 기업은 최종제품을 제조하지 않을뿐더러 적극적으로 홍보하지도 않아 지명도가 낮았기 때문에 우수한 대졸신입사원이 대기업에 비해 결코 많이 입사하지 않는다는 약점이 있었다. 그렇지만 경쟁을 이해하고 인재가 육성될 수 있는 교육과 환경을 정비한 결과 훌륭한 실적을 보이고 있다. 지명도가 높아진 그들 기업의 활약이 앞으로는 더욱 크고 활발할 것으로 기대되는 동시에 일반 일본 기업에서도 작은 시책의 변화로 크게 변화할 수 있다는 시사가 될 것이다.

미국 기업에서는 제 몫을 할 수 있는 사원 한 사람을 육성하기 위해 지금도 막대한 에너지를 쏟고 있다. 미국에서 붐인 '멘토링(mentoring)'은 일방적인 지시에 의한 문제해결이 아니라 시간을 들여 지도자(멘토)와 피지도자(멘티)가 문제해결을 위해 함께 고민하며 스킬을 전수하는 것이다. 이것은 지도하는 사원들의 성장을 더욱 촉진시키곤 한다. 계속되는 개인, 기업, 사회의 일상적인 노력이 한사람의 독립적인 사원을 길러내는 것이다. 지금부터 일본기업도 이런 분야에 코스트를 부담할 필요가 있다.

필자의 개인적 체험을 바탕으로 이야기하자면, 시스템사고에 관한 교육은 그것을 하나의 '환경'으로 인식하고 시행할 필요가 있기 때문에 대학에서의 교육만으로는 한계가 있지만, 최근에는 많은 변화를 느끼고 있다. 또한, 논리적 사고, 셀프헬프 등이 많은 관심을 받고 있으며 자아확립을 돕는 책이 서점에서 인기를 얻는 것에서도 그러한 변화를 확인할 수 있다.

원래부터 개인에게 큰 능력의 차이가 있다고는 생각하지 않는다. 교토식 기업은 후발주자라도 훌륭하게 여러 문제들을 극복할 수 있다는 점과 글로벌, 모듈, 오픈지향의 풍토를 잘 가꾸어가고 있다. '동양과 서양은 풍토가 다르니까 안돼'라고 말하기 전에 당연한 일을 당연하게, 그리고 확실하게 실행해 보는 것은 어떻겠는가?

**Q : 시스템이나 모듈과 같은 표준들이 개인의 창조성을
죽이는 것은 아닌가?**

A : 창조성과는 거의 관계가 없는 단순화가 가능한 영역을 선택하여 규정을 설립하는 것이 표준이며, 그 도입에 의해 절감된 시간과 에너지를 보다 창조적이고 인간적인 일에 배분하는 것이 표준 설정의 목적이다. 따라서 창조성은 표준화의 전제임과 동시에 목적이기도 하다.

Q : 표준이 다양성을 배제하지는 않는가?

A : 전압을 예로 들자면 분명 130V나 90V는 현행제도에서는 배제되고 있다. 하지만 110V로의 표준화는 사회 전체의 효용을 높이는데 매우 큰 공헌을 한다. 비근한 예로 EU의 표준설정작업에 있어서도 많은 반대가 있었다. 맥주 품질에 대한 독일의 반대, 와인에 대한 프랑스의 반대, 파스타에 대한 이탈리아의 반대 등이다.

그럼에도 표준화가 실행된 것은 큰 목적(EU 역내의 경제활성화)을 위해 작은 부분을 포기할 필요가 있었기 때문이다. 표준은 수없이 많은 타협들이 겹겹이 쌓여 비로소 실현된다. 이 과정에는 '하나를 받는 대신에 다른 하나를 양보하여 모두가 셋을 얻는' 과정을 이해할 수 있는 논리력이 요구된다.

**Q: 이 책을 읽고 있으면 기존의 일본식 경영이 부정되는 것
같아 불쾌한 부분도 있다.**

A: 자존심이 센 사람 중에는 '우리 방식이 부정되었다' 고 민감하게

반응할 수도 있고, 일본인 독자라면 이 책에 대해 일정 정도 불쾌함을 느꼈을 수도 있다. 그런 점에 대해 사과를 드리고 싶지만 그런 반응을 예상하지 않고 이 책을 쓴 것은 아니다.

커다란 변혁의 방향성을 제시하기 위해서는 명시적이든 암묵적이든 무언가를 부정하지 않을 수 없다. 물론 이 책의 목적은 부정이 아니라 새로운 방향성을 제기하는 것에 있다. 누구도 상처입지 않고, 조화를 어지럽히지 않은 채 대변혁을 성공시킬 수 있다면 그것만큼 좋은 일은 없지만 현실적으로 변혁에는 창조를 위한 파괴가 필요하다.

어느 정도의 자부심을 가지는 것은 중요하지만 그런 프라이드가 변혁의 장해가 되는 것은 아닐까? 자신을 부정하는 것들을 부정하지 않는다고 자신 있게 말할 수 있을까? 지금까지 일본인의 동질화를 유지해 온 정신적 배경에 외부자에 대한 부정이 없었다고 단언할 수 있을까? 만일 있었다면 그것이 변화를 저지하는 큰 저항력이 되었을 것이다. 그것을 벗어 던지는 것만으로도 변화는 달성되었다고 해도 좋지 않을까?

타인을 부정함으로써 자신을 긍정하는 것은 단기적으로는 쉬울지 몰라도 장기적으로는 결코 자신의 이익이 되지 않는다. 차별이나 위험한 사상의 온상이 될 수도 있으며 사회나 개인의 성장을 저해하는 요소가 될 수도 있다.

Q: 이렇게까지 지적을 하면 잘난 체한다는 비아냥을 들을 것 같다.

A: 일반적으로 지위가 높아지거나 경력이 쌓이면 그만큼 기득권이나

여러 굴레가 오히려 방해가 되어 큰 방향성의 변화에 대한 문제제기를 하기 힘들다고 생각한다.

　나 자신이 대단한 인간이라고는 결코 생각하지 않는다. 그저 현재 일본 기업에게는 이 책에서 제기한 방향성이 앞으로 반드시 필요하며 일시적으로 고통을 받는 사람이 생길 수 있어도 장기적으로는 반드시 모든 사람을 위하는 일이 된다고 보기에 이 책을 쓴 것이다. 또한 이런 문제제기가 내용이 아닌, 선입관과 이미지만으로 부정돼서는 안 된다고 생각한다. 국가 차원에서 교토식 기업이 이미 실행하고 있는 전략과 능력을 배울 필요가 있다는 것이 이 책의 주요한 주장이기도 하다.

 일본다움의 추구

정신적 리더십

앞으로는 일본다운 것들이 점점 더 필요할 것이며 더욱 중요해질 것이다. 개방적 수평형 모델과 공통플랫폼의 발전에 따라 일본다움이 사라질 것이며 각각의 특색을 지워버릴 것이라는 지적이 있지만 오히려 반대가 될 것이다. 공통플랫폼 상에서는 특수성과 차별성이 없으면 살아남을 수 없다.

커뮤니케이션을 단절하고 각자의 개성을 추구하는 것이 아니라 공통의 플랫폼 상에서 일본다움을 더욱 갈고 닦아 적극적으로 어필해서 경쟁에서 승리를 거둔다. '어설픈 일본다움' 으로는 살아남기 힘들다. 경쟁 속에서 계속적으로 개성을 갈고 닦아 참된 실력을 갖출 필요가 있다.

그런 면에서 교토는 유리하다. 세계가 공감한 훌륭한 '일본다움'이 넘치고 있기 때문이다.

교토 시내에 있는 니시키코지(錦小路)의 식품재료는 예전부터 일본 각지에서 모여든 명산품들로 품질이 매우 높다. 돌담길 골목에 늘어선 요리집들은 너무도 깨끗하게 정렬되어 있어 가게에 들어가기 위해서는 옷매무새를 바로잡아야 할 것 같은 느낌이 들 정도다. 교토의 전통요리집과 레스토랑은 경쟁이 매우 치열하여 다양한 아이디어가 끊이지 않고 새롭게 시도되고 있는데, 일본 요리뿐만 아니라 모든 요리의 수준이 매우 높아 식욕을 끊임없이 자극한다.

또한 각 신사(神社)와 불각은 그 자체로 예술성이 대단히 높다. 불상은 나무의 따뜻함과 잘 어울려 살아있는 것 같은 생생함을 준다. 미술관이나 박물관이 생활과 밀착되어 있어 시민들의 예술 수준도 매우 높다. 차경(借景, 멀리 있는 산과 숲과 계곡 등의 자연을 있는 그대로 빌려온다는 뜻의 조경법)을 이용한 정원들은 주위의 풍경과 잘 조화되어 시대를 초월하는 자연의 아름다움을 느끼게 한다.

시내와 교외에 있는 벚나무와 단풍나무는 도쿄에서는 상상할 수 없을 정도로 많다. 지역사람들이 오랜 세월 나무를 가꾸어 온 결과 얻어진 산자수명의 아름다움으로, 그러한 마음씀씀이는 도처에서 발견할 수 있다. 교토의 중심을 흐르는 가모가와(鴨川)는 이름처럼 많은 오리들의 거처이며 시민과 관광객들의 휴식공간이기도 하다. 기요미즈식 도자기나 니시진 비단, 일본 전통과자로 대표되는 전통공예도 손꼽을 수 없을 정도로 많은데, 그 완성도 역시 모두 상당히 높다.

이들은 모두 앞으로 중요성이 높게 평가될 제품이나 서비스들이다. 일본이라는 치열한 경쟁사회 속에서 치유(healing)를 주제로 한 상품과 서비스 또한 중요시될 것으로 예상된다. 이들 역시 일본 전통의 아름다움과 아늑함, 자연을 기초로 하면서도 세계 최고 수준의 품질을 유지하고 있다. 여기에 서양적인 분위기를 가미시켜 변하지 않는 것과 진화하는 것의 공존을 꾀하는 것도 흥미로운 일일 것이다

교토에서 아니, 일본에서 또 하나 잊어서는 안 될 것으로 종교와 철학이 있다. 특히 불교의 반야심경(색즉시공으로 유명한 대승불교의 진수. 일본인에게 친숙하며 일본 불교 대부분의 종파에서 연구, 암송되는 경전)의 내용은 흥미롭게도 양자역학과 우주발생의 진리와도 관계가 있다고 여겨지며 세계적으로도 주목을 받고 있다. 무아(無我), 즉 '모두가 서로 관계하며 살아가고 있다' 는 점과 '대립적 구도를 거부' 하는 반야심경의 철학은 세계 협조의 정신 즉, 개방적 수평분업, 플랫폼 사상과 매우 깊은 연관성이 있다는 것을 알 수 있다.

필자도 반야심경을 공부한 덕분에 하이테크의 최전선에서 일어나고 있는 네트워킹이나 오픈화 등의 변화를 더욱 깊이 이해할 수 있었다. 반야심경은 지구 규모의 협조, 나아가 우주협조의 정신까지 포함하고 있어 그 폭과 깊이가 실로 엄청나다고 할 수 있다. 인터넷이라는 도구의 보급으로 반야심경의 정신을 전 세계적으로 구현할 수 있게 되었다. 이렇게 훌륭한 철학이 일반인에게까지 보급되어 있는 교토. 이곳에서 시작된 새로운 기업형태가 일본에 변화의 바람을 불러오고 있다.

단, 본질적인 것과 변해가는 것을 구별하여 원래 변하기 쉬운 것들에

대해서는 지나치게 집착하지 않는 것이 필요하다. 심층부에 존재하는 일본의 아름다움을 가꾸고 지켜가되 표면적인 변화에 지나치게 고식적으로 반응해서는 안 된다.

교토식 기업 중에서 불교적 가치관을 전면에 내세우고 있는 것은 교세라 밖에 없지만 타사들도 그 배경에는 반야심경적인 측면을 가지고 있는 것으로 보인다. 개인의 프라이버시에 관련된 사항이므로 이곳에 공개할 수는 없지만 교토식 기업의 창업자 중에 불문에 뜻을 두고 있는 사람은 이나모리 회장만이 아니다.

인터넷이라는 글로벌 플랫폼의 완성은 전 세계 사람들이 가지고 있던 '연결' 되고 싶다는 희망을 실현시켜, 세계가 서로 관련을 맺으며 살아갈 수 있게 해 주었다. 플랫폼의 발전과 플랫폼에 대한 참가를 거부하는 것은 고립과 도피라고 할 수 있으며 축소와 수축의 방향성을 가지므로, 반야심경의 가르침과는 대비된다고 할 수 있다. 장기적으로는 타자부정, 자포자기 등으로 연결될 가능성이 있다. 플랫폼에 참가함으로써 자신의 장점을 적극적으로 주장하는 동시에 다른 사람들의 훌륭함을 깨닫는 것, 나아가서는 그 모두를 융합하여 세계와 서로 관계를 맺으며 살아갈 수 있는 길이 넓게 열려 있음을 잊지 말아야 할 것이다.

미국이 인터넷 보급으로 1990년대 후반부터 시작된 오픈화에서 현재 한발 앞서가고 있다는 것은 부정할 수 없는 사실이다. 미국이 한발 앞서 표준화를 진행시킬 때 공평·공정을 중시하면서도 다른 한편으로는 '새로운 맛(flavor)' 을 가미시켜 이익을 창출하려고 하는 유혹에 빠지게 되는 메커니즘은 앞서 살펴보았듯, 독점조직으로서는 어쩌면 당연한 움직임이라고도 할 수 있다.

거기에 대항하기 위해 중요한 것은 글로벌화가 단순히 미국의 이익만을 추구하는 것이 아니라 참된 의미에서의 전 세계적 이익을 추구하도록 감시·감독하는 것이다. 만약 오픈화의 과정에서 미국이 독점을 추구하려는 동향이 감지된다면 미국 이외의 국가가 단결하거나 세계적인 조직을 구축하여 전 세계적으로 통용되는 개방적인 규격 만들기를 위해 노력해야 할 것이다.

세계와 서로 관계를 맺는데 있어서는 일본인의 특질인 겸허함과 학습능력이 큰 힘을 발휘할 것이다. 남과 교제할 때 그 사람의 장점을 겸손하게 배우는 자세가 있다면 상호발전성은 더욱 커질 것이다. 반대로, 남을 부정하는 자세로는 플랫폼은 서로의 알력을 더욱 심화시키는 흉기밖에 되지 않을 것이다.

일본인은 메이지유신을 계기로 겸손하게 계속해서 공부하여 기적과도 같은 근대화를 이룩했지만 한때의 불손함으로 인해 아픈 경험을 겪어야 했다. 전쟁 후에도 다시 노력하여 1980년대는 경제적으로 세계 최고 수준에 근접하였지만, 또다시 불손한 자세를 보여 버블 붕괴라는 쓰디쓴 경험을 하게 되었다. 겸허함을 잃고 건방짐과 자만심에 빠지게 되면 그것이 개인이든 조직이든 성장이 멈추고 축소되어 버리는 것은 자명한 이치다.

1980년대에 미국은 겸손하게 일본으로부터 배웠으며 중화사상으로 무장했던 중국이 지금은 일본보다 훨씬 겸손하게 학습을 계속하고 있다. 이런 상태가 지속된다면 중국과 일본의 입장 역전은 시간문제일 수도 있다. 꽃꽂이나 다도에서 찾아볼 수 있는 일본문화의 최대 미덕인 겸허함을 지금 다시 한번 떠올려야 할 것이다. 바로 이 겸허함이야말로 외부성의 본질이라 할 수 있다.

전 세계가 하나로 이어질 수 있는 멋진 시대가 도래했다. 글로벌시대 속에 걸맞은 일본다움을 세계에 어필하고 그것을 더욱 높여갈 수 있다. 커다란 인류의 목표를 향해 지구 전체가 전진하기 시작했으며 새로운 시대는 교토, 그리고 일본에서 시작될 수도 있는 것이다.

환경 문제와의 친화성

1997년 지구온난화방지를 위한 교토회의에서 교토의정서가 채택되었다. 이것은 환경문제에 있어 획기적인 진전이었다고도 할 수 있는데 환경문제를 논의하는 장소로 교토가 선택된 것은 우연이 아니다.

현재 우리 앞에는 다이옥신, 환경호르몬, 배기가스, 농지 · 수질 · 식품 · 모유의 오염, 알레르기 증상의 악화와 증가, CO_2 증가에 의한 지구온난화, 오존층 파괴, 자원고갈, 삼림파괴, 생태계의 파괴, 산성비, 쓰레기 처분능력의 한계 등, 해결해야 할 과제가 산처럼 쌓여 있다. 이러한 상황에 대해 지구환경이 이미 괴멸상태에 들어서 있다고 지적하는 이들도 상당수다.

유일한 해결책으로 논의되고 있는 것이 '대량생산 · 대량소비 · 대량폐기의 직선형 사회에서 순환사회로의 전환'이다. 각종 제품을 계속해서 대량으로 제조하여 대량으로 폐기하는 방식으로는 현대 문명을 오래 유지하기 힘들 것으로 보인다.

환경문제와 관련해 자원재활용을 고려할 때 모듈방식 채용을 고려해 볼 필요가 있을 것이다. 제품 전체를 폐기하는 것이 아니라 고장 난 부분, 유지관리가 필요한 부분, 갱신하고 싶은 부분만을 모듈로 교환하면 자원재활용의 관점에서 극적인 개선이 이루어질 수 있다는 것은 의심할 여지가 없다. 예를 들어, 자동차를 5년마다 교체하는 것이 아니라 낡은 시트만 새 것으로 교환하거나 전기식 엔진으로 바꿀 수 있다면 자원효율은 극히 높아질 것이다. 물론 사용이 끝난 모듈은 재활용에 투입된다.

이러한 움직임이 현실화되면 각 지역의 생산량을 격감시켜 정치적인 문제로까지 발전될 가능성 또한 상당히 크다. 그러나 환경문제는 매우 절실한 단계에 와 있으므로 이러한 흐름으로의 진전은 필연적일 것으로 본다.

일본의 디플레이션과 관련해 다음과 같은 두 가지 논의가 충돌한 적이 있다.

①필요 이상의 생산을 되도록 줄여 생산성을 높여야 한다.

②필요 이상의 생산이 있더라도 사회적 수요가 그것을 해결해주고 있으므로 문제없다.

이 중에서 일본사회는 전반적으로 ②와 같은 사고방식을 취해 왔다. 과잉생산이 발생하더라도 계속해서 새로운 수요를 창출하고 있기 때문에 괜찮다는 사고방식이었던 것이다. 이것은 성장을 계속하는 덜 개방된 경제구조에 있어서는 성립될 수 있는 방식이지만 규제완화와 인터넷 등을 통한 글로벌경제시대에는 특히, 사회 인프라스트럭처 부문의 낮은

생산성은 국제경쟁력 저하의 커다란 요인이 되었다

정부는 디플레이션 구조 개선을 위해 갖은 노력을 다하고 있지만 그간 축적된 과잉생산 부문의 수축 압력은 개별기업뿐만 아니라 각 채널, 은행에까지 엄청난 압박을 가하고 있다. 따라서 유니클로와 같은 저가 물품의 대량공급이 계속적으로 다른 업계에서도 발생할 가능성이 있다.

비효율적인 유통구조를 우회하는 것을 통해 저가격이 실현된 100엔숍, 300엔숍, 1000엔숍의 확대는 그 기세가 꺾이지 않고 있다. 신규진입 또한 잇따르고 있어 앞으로는 발주관리, 판매상품 관리 등의 관리체계 도입과 시장확장(예를 들어 젊은 여성에게 특화하는 등의), 즉, 모듈&인터페이스 방식을 도입하는 것을 통해 성장업종의 하나로 더욱 세련되게 발전해갈 가능성을 간직하고 있다. 이러한 움직임들은 모두 사회전체적으로는 디플레이션 압력으로 작용하게 된다.

역설적이지만 이렇게 생산량이 급격히 늘어나는 물질문명의 첨단 속에서 정신성이나 자연과의 조화를 강조한 새로운 가치관의 창출이 요청될 것이다.

자연지향, 물질문명으로부터의 탈피 등의 움직임들은 도쿄집중현상을 바로잡고, 지방의 시대를 가져올 것이다. 유럽은 새로운 가치관 창출에 아시아지역에 많은 기대를 하고 있다고 한다. 고래로 일본, 특히 교토에는 만물에 신이 깃들어 있다는 애니미즘이 깊이 뿌리를 내리고 있다. 현재로서는 애니미즘이 미래의 새로운 가치관과 어떻게 결합될 것인가 명확하지 않지만 새로운 가치관을 구성하는데 필요한 많은 요소들이 이미 교토에 존재한다는 것은 부정할 수 없는 사실이다.

다른 교토식 경영 기업과의 연계

이 책은 일본 경제·산업의 재생을 주도하며 확고한 경쟁력과 계속적인 실적 향상을 보이고 있는 기업군을 교토라는 범주를 설정하여 추출했다. 이 책에 소개된 기업 이외에도 교토식 경영을 전개하는 기업은 얼마든지 있다. 보다 많은 사례를 들지 못한 것은 필자의 조사 작업의 물리적인 제약에 따른 것이다.

또한 해당 기업이 '외부성 지향이 강한가, 내부성 지향이 강한가'라는 점에서 판단이 쉽지 않은 경우가 많아 이 책에는 그 사항이 확실하게 증명될 수 있는 기업만을 실었다. 현재 많은 교토식 기업들이 리스트에 추가되고 있으며 조사 역시 진행 중이다. 또한 '교토'라는 범주가 아닌 다른 기준을 설정하여도 이 책에서 소개된 것과 같은 효율적이고 선진적인 기업군들이 발견될 가능성은 높다고 본다.

예를 들어, '부품제조업'이라는 범주를 생각할 수 있다. 특히 전자부품업계는 계열에 소속되지 않은 독립된 기업이 많기 때문에 교토식 기업의 환경에 가깝다. 앞으로 조사를 진행하면서 교토지역 외에서 상당수의 '교토식 기업'을 발견할 수 있을 것으로 예상한다. 실제로 많은 기업들이 그 후보로 오르고 있다.

나가노 현에 있는 스와(諏訪)시 오카야(岡谷)의 공업집적지대에도 고유한 지역적 특성을 배경으로, 독특한 경영자를 가진 기업들이 많다. 이곳의 공장들은 세이코시계, 산쿄(三協)정밀기계, 올림푸스카메라, 교세라 등에 대한 하청작업을 통해 고도의 정밀가공기술을 제공해 왔다. 최근에는 중국이 맹렬히 추격하고 있어 고도의 기술개발과 타지역과 다른 계열에서도 통용될 수 있는 사업과 방향성을 모색 중이다.

이미 충분히 세계에 통하는 기술력을 마케팅 강화로 어떻게 실적으로 이어갈 것인가가 하청에서 벗어나기 위한 향후의 과제이다. 이러한 조사연구는 도쿄공업대학의 데구치 히로시 교수를 중심으로 이루어지고 있으며 교토대학 팀도 함께 연구를 진행하고 있다.

반권력지향에 뿌리를 둔 독립정신이라는 면에서는 아예 오사카 또는 간사이 지방으로 분류하는 방법이 가능할 수도 있다. 여성이나 재일외국인들 역시 기득권에 얽매이지 않는 자유로운 발상이 가능할 것이다.

반복하여 이야기해 왔지만 외부성 지향이 강한 이들 기업을 물리적으로 연계시켜 외부성을 지금까지 이상으로 높임으로써 각 회사의 실적을 더욱 향상시킬 수 있는 방향으로 나아갈 수 있을 것이다. 특히, 영역을 초월한 지식교환과 협조에 의해 새로운 부가가치가 실현되고 있는 지금 그 중요성은 더욱 높아질 것이다.

필자가 소속되어 있는 교토대학 경제학대학원의 '사업창성' 프로그램은 2001년도에 시작되어 지금까지 이 책에서 제시된 방향성을 가지고 실천적 연구와 교육을 진행해 왔다. 그러한 활동이 일본의 산업구조를 개방적인 수평분업의 형태로 전환시키는데 있어 미력하나마 보탬이 되었기를 하는 바람이다.

부록

네트워크 외부성 활용에 관한 체계적 고찰

네트워크 외부성의 내부화

인터넷으로 전 세계가 이어져 외부와 전략적으로 제휴하는 것이 매우 중요해졌다는 것은 본문을 통해 계속 주장한 바이다. 특히 중점적으로 활용해야 할 것들로는 외부의 정보, 외부 기업이 제공하는 서비스, 외부에 존재하는 소프트웨어 등인데 이것들은 상호연결을 통한 무한한 확대가능성을 가지고 있으며 이미 엄청난 수가 존재한다. 물론 그렇게 무한한 다양성을 지닌 것 중에는 천재일우의 기회를 가져다주는 것도 있을 것이고, 화려하고 유창한 설득력을 자랑하는 일류 사기꾼도 있을 수 있다. 양지와 음지의 어느 한쪽만을 부각시키기보다는 적절하게 관리 · 활용하면 큰 도약의 기회를 얻을 수 있게 되었다는 점에 의미를 두고 싶다. 기회는 외부로부터 자원을 조달하는 경우는 물론, 외부에 제공하는 경우도 해당되는 내용이기도 하다.

부록에서는 네트워크 외부성의 효과와 활용수단에 대해 체계적으로 정리해보고자 한다. 또한 네트워크를 활용하기 위해서는 필연적으로 '모듈&인터페이스 방식'의 채용이 필수적이라는 결론을 이끌어낼 것이다.

네트워크 외부성이란 특정 네트워크에 참가함으로써 외부에서는 관측하기 힘든 효용이 발생하는 특징을 가리킨다. 즉, 내가 네트워크에 새롭게 참가하면 내가 모르는 곳에서 다른 사람이 그 효용을 누린다는 것이다. 현실적으로 관측이 힘들고 관리 또한 불가능한 현상을 아무리 논의한다 한들 경제학적인 의미를 도출하기 힘들므로 시점을 조금 바꾸어 '외부성의 내부화'에 대해 생각해 보기로 하자. 타인이 새롭게 네트워크에 참가해서 발생되는 효용을 어떻게 나와 연결시킬 것인가로 논점을 역전시킴으로써 네트워크의 효율적인 활용에 대한 고찰을 진행해보자.

- '네트워크 외부성'을 '네트워크에 의한 외부 자원의 증대'라고 정의한다(외부 자원이란 양과 음의 효용을 미치는 자원을 말한다).

그림 1 네트워크 외부성의 정의

- '네트워크 외부성'을 '네트워크에 의한 외부 자원의 증대'라고 정의한다
  (외부 자원이란 양과 음의 효용을 미치는 자원을 말한다).
- '네트워크 외부성의 활용'이란 네트워크 외부성을 내부화하기 위해 외부 자원의 이해 선별과 내부 자원에 대한 결합을 실시하는 행위이다.
- 네트워크 외부성 활용의 요건은 자원의 제공과 활용에 필요한 한계비용을 낮추는 것이다.

- '네트워크 외부성의 활용'이란 네트워크 외부성을 내부화하기 위해 외부 자원의 이해 선별과 내부 자원에 대한 결합을 실시하는 것이다.
- 네트워크 외부성 활용의 요건은 자원의 제공과 활용에 필요한 한계비용을 낮추는 것이다.

'네트워크 외부성의 내재화'를 위해 네트워크 외부성을 '네트워크에 의한 외부자원의 증가'라고 정의하자. 이 시점에서는 외부성이 양과 음, 어느 방향의 효용을 가져올 것인가 아직 정해지지 않는다. 물론 양의 외부성을 얼마나 높이고, 음의 외부성을 얼마나 줄일 것인가가 핵심 논점이다. '외부자원'에는 제품소프트웨어, 정보, 정보처리능력, 서비스, 경제활동, 고객 등이 해당된다. 상당히 다양한 잠재적 자원이라고 할 수 있겠다.

외부성의 효과가 양이 되려면, 제공자가 제공되는 자원에 의미가 있게끔 노력할 것, 활용자는 유효한 자원을 선별하여 이용할 것, 즉 공급자와 수요자 쌍방의 노력에 의한 자원의 유효화가 필수적이며 자원을 의미 있게 하는 능력에는 차이가 있는 것으로 본다.

외부성이 높아지면서 발생하는 비용, 즉 한계비용을 줄이려는 노력이 중요하다. 자원제공자 측에게 새로운 참가자(활용자)에 대해 발생하는 한계비용, 자신들의 자원을 설명하는데 필요한 한계비용, 활용을 위한 조정에 필요한 한계비용, 재생산에 필요한 한계비용, 자원이동에 필요한 한계비용 등이 최저한, 가능하면 제로에 가까워지는 것이 필요한 조건이다.

한편 자원 활용자에게는 자원제공자에 대해 발생하는 한계비용, 즉 새로운 타인 자원을 이해하는데 필요한 한계비용, 활용을 위한 조정에 필요한 한계비용을 최대한 낮게 유지하는 것이 필요한 조건이다.

자원제공자와 활용자 모두 자원의 이동이 일어날 때 발생하는 한계비용은 절감될수록 좋다. 주로 수속에 관한 비용으로 접속, 탐색, 교섭, 여신(與信), 결제, 이동 등에 관계되는 한계비용이 존재한다.

 ## 네트워크 외부성 활용을 위한 요건

이와 같은 한계비용의 대부분이 모듈&인터페이스 방식으로 절감된다. 모듈&인터페이스 방식에서는 초기비용은 발생하지만 추가적인 한계비용은 거의 발생하지 않는데, 이는 계속 늘어나는 외부성의 증가에 대한 대응력이 강하기 때문이다. 거꾸로 말하자면 모듈&인터페이스 방식이란 자원제공자, 자원활용자, 제3자적 중개자(매칭플랫폼; matching platform) 모두가 한계비용을 줄이기 위해 계속해서 노력하는 것이어야 한다. 초기비용에 한없이 투자해도 된다는 것은 아니지만 그보다는 외부성의 증대가 더욱 큰 영향력을 가지게 된다. 그렇다면 외부성을 활용하기 위한 요건을 자원제공자, 자원활용자 및 매칭플랫폼에 대해 차례로 살펴보도록 하자.

그림 2 외부성(외부자원) 활용의 조건

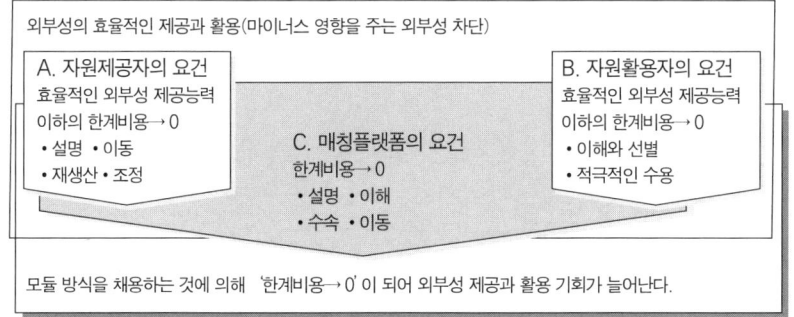

	도구의 발전	의식의 진전
참가수 증가	인터넷	개방적인 관계
활동종류 증가	본문에서 다루는 내용	오픈 사양
양, 횟수 증가	초고속인터넷	오픈 소유권
빈도 증가	상시 접속	외부성 활용 지향

외부성 증대를 위한 환경
네트워크에 의한 자원(제품, 정보, 정보처리능력,서비스, 경제활동 등)의 증대

외부성의 효율적인 제공과 활용(마이너스 영향을 주는 외부성 차단)

A. 자원제공자의 요건
효율적인 외부성 제공능력
이하의 한계비용→0
• 설명 • 이동
• 재생산 • 조정

C. 매칭플랫폼의 요건
한계비용→0
• 설명 • 이해
• 수속 • 이동

B. 자원활용자의 요건
효율적인 외부성 제공능력
이하의 한계비용→0
• 이해와 선별
• 적극적인 수용

모듈 방식을 채용하는 것에 의해 '한계비용→0' 이 되어 외부성 제공과 활용 기회가 늘어난다.

1) 자원제공자(공급자)에 있어서의 요건

자원제공자에 있어서의 요건은 다음과 같다(그림 2의 A 및 그림 3 참조).

① 설명의 한계비용→0(0에 한없이 가까워질 때) : 모듈을 작성하고 그것에 관한 설명도 동시에 축적해 둔다. 따라서 이후 추가될 새로운 자원활용자에 대한 설명의 한계비용을 무한히 절감하는 것이 가능하다. 자원 자체를 심플하고 알기 쉽게 작성하면 가시성이 높아져 설명에 드는 비용을 한층 절감할 수 있다. 설명에 드는 한계비용의 삭감은 모듈 이외의 수법(예를 들면, 시스템적 어프로치에 의해 표준화된 설명방법의 채용), 혹은, 그것을 모듈화와 동시에 이용하는 것으로도 실현이 가능하다.

② 재생산의 한계비용→0 : 재생산 코스트는 모듈로 분해함으로써
필요한 부분만을 재생산하는 것으로 대응이 가능해진다. 특히 소프트웨
어와 하드웨어의 분리에 의해 소프트웨어의 재생산에 필요한 한계비용
이 0인 것을 효과적으로 이용할 수 있게 된다.

③ 조정의 한계비용→0 : 복잡한 요구에 대해서도 모듈의 조합으로
대응함으로써 조정할 부분을 최소화하는 것이 가능하다. 모듈이 효율적
이고 범용적으로 설계되어 있다면 한계비용을 들이지 않고도 대응할 수

그림 3 자원제공자의 요건

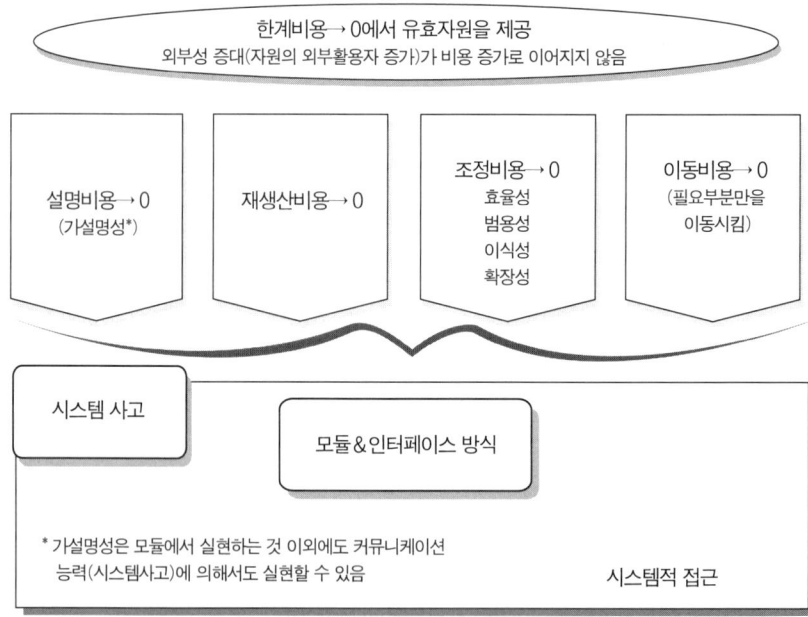

표에서의 비용은 모두 제공시 발생한다. 즉, 제공을 위한 설명, 제공을 위한 재생산, 제공을 위한 이동(운송),
제공을 위한 조정 등.

있다. 게다가 쌍방이 공통의 모듈 인터페이스를 채용하면 이식성, 확장성이 높아져 조정비용은 더욱 줄어든다.

④ 이동의 한계비용→0 : 재생산에 관한 논의를 이동에 대해서도 적용할 수 있다. 소프트웨어와 하드웨어를 분리했을 때 소프트웨어의 이동코스트가 거의 0인 것이 이용된다. 이동에 필요한 비용은 자원활용자에게도 적용되는 것과 동시에, 제삼자(플랫폼 제공자)가 제공하는 것에 의한 규모의 경제가 작용하게 된다.

2) 자원활용자(수요자)에게 있어서의 요건

한편, 자원활용자에 있어 외부성 활용의 요건은 다음과 같다(그림 2의 B 및 그림 4 참조).

① 이해의 한계비용→0 : 외부로부터 제공되는 자원을 추가비용 없이 이해함으로써 외부성의 증대에 대응할 수 있다. 표준화된 기술방식이 효과적이며 이것은 모듈 등에 의해 실현된다. 시스템사고를 적용해 신속하고 정확하게 정보를 이해하는 능력도 유용하다.

② 조정의 한계비용→0 : 외부로부터 도입되는 자원을 조정 없이 활용한다. 이를 위해 자원제공자와 공통의 인터페이스를 가진 모듈을 채용하는 것이 효율적이다.

③ 이동의 한계비용→0 : 자원제공자와 동일하다.

그림 4 자원활용자의 요건

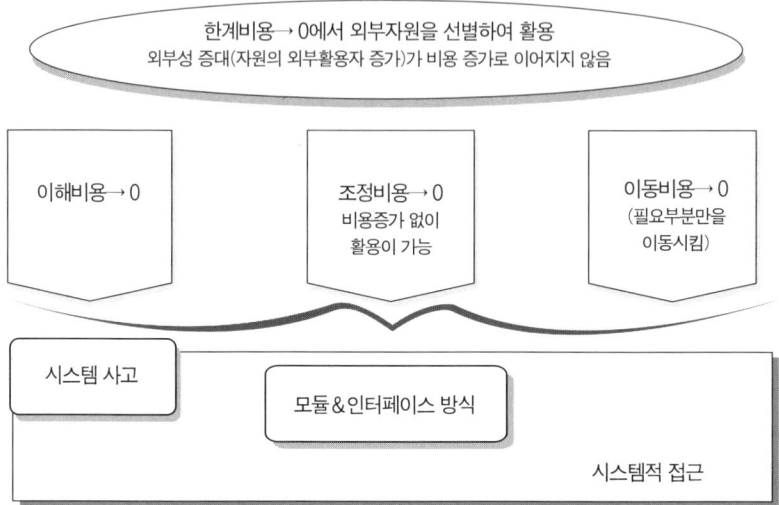

표에서의 비용은 모두 '활용'을 실행할 때 발생한다(활용을 위한 이해, 활용을 위한 조정).

3) 매칭플랫폼의 요건

자원제공자와 자원활용자 사이의 거래를 일괄적으로 지원하는 플랫폼 기능을 제3자가 제공하는 것이 한계비용의 삭감에 있어 효과적이다(그림 2의 C 및 그림 5 참조).

① 접속비용 : 접속규약(시스템간 접속과 조직간 접속)을 사전에 결정하는 것으로, 자원제공자와 자원활용자 사이의 접속에서 발생하는 한계비용을 최소화시킨다. 시스템간 접속에서는 세션관리, 루팅 등을 포함한다. 조직간 접속에서는 EC 사이트, 마켓플레이스 등에 참가할 때의 인

증, 액세스 제어와 자원을 사용할 때의 사용허락관리 등을 포함한다.

②상호이해(탐색·설명·이해) 비용 : 자원제공자와 자원활용자 사이의 연결에 필요한 자원 및 정보 제시시 탐색 등, 이해에 이르는 프로세스를 규정하는 것으로 표준화, 자동화를 통한 한계비용의 절감을 위해 노력한다.

③교섭비용 : 자원제공자와 자원활용자의 매칭이 성립했을 때 발생하는 가격이나 조건(결제수단, 신용보증을 포함한다)의 부대(附帶) 교섭수속을 규정해 표준화, 자동화한다. 비정형 수속도 이루어지지만 그것의 효율화 또한 필요하다. 신규관계 구축처리와 신규거래처리의 두 가지가 있으며 합의, 계약을 포함한다.

④수주 및 발주, 결제비용 : 자원의 교환과 함께 발생하는 수주 및 발주와 결제의 수속을 규정해, 표준화, 자동화한다.

⑤교환비용(이동, 조합, 조정, 결합 등) : 자원이 이동할 때 발생하는 다양한 행위에 관해 표준화 한다. 많은 경우, 규모의 경제에 의해 비용의 근본적인 절감이 가능해진다.

구체적으로는 아래와 같은 시스템기술의 발전을 찾아볼 수 있다.

e마켓 플레이스

인터넷상에서 복수의 기업이 개방적인 B2B 거래(제품, 서비스 등의 자원교환)를 하기 위한 매칭의 장소로서 거래에 부수적으로 필요한 정보를 교환하는 역할을 한다. 기존의 거래관계에 한정되지 않고 최적의 수급 매칭을 실현하는 거래처와의 접속, 상호이해, 탐색을 원활히 실시할 수 있다. EDI(Electronic Data Interchange ; 전자식 자료교환)에 의한 기존의 B2B 거래에서는 특수단말기기 구입, 전용선 사용 등과 같은 거액의 접속비용이 발생했다. 이에 비해 e마켓 플레이스는 이미 인프라로서 기능하고 있는 인터넷을 이용하므로 자원제공자와의 접속비용이 낮다.

　제공자는 사이트가 규정하는 표준에 따라 제공하는 자원을 설명하므

그림 5 매칭플랫폼의 요건 Ⅰ　(매칭의 한계비용→ 0)

조직간(기업간, 개인간)과 시스템 간의 거래를 지원하는 기능의 기술혁신 및 표준화활동이 세계적으로 급속히 진전되고 있다. 그에 따라 아래 항목의 비용절감, 퍼포먼스 향상을 위한 시책과 사양 또한 정비되고 있다.

접속	네트워크의 시스템적, 조직적 접속의 규약: 접속규약(시스템간접속과 조직간접속)을 사전에 결정하는 것을 통해, 자원제공자와 자원활용자 간의 접속에서 발생하는 한계비용을 최소화한다. 시스템 간의 접속에는, 세션관리, 메시징, 루팅을 포함한다. 조직간 접속에는, EC사이트, 마켓플레이스 등에 참가할 때의 인증과 자원을 사용할 때의 사용허락서 관리를 포함함
상호이해	자원의 내용을 이해: 자원제공자와 자원활용자 간의 매칭에 필요한 자원 및 자신에 관한 정보제시에서 탐색, 설명, 이해 등에 이르는 프로세스를 규정하는 것에 의해, 표준화 나아가 자동화, 한계코스트의 절감을 도모한다. 보증, 재고확인, 가격견적 등을 포함한다. 관계구축처리와 신규거래처리의 두 가지가 있음
교섭	가격과 납품조건을 포함한 교환조건에 관한 교섭: 자원제공자와 자원활용자의 매칭이 성립할 때 발생하는 가격과 조건(결제수단과 신용보증을 포함)의 교섭수속을 규정하여, 표준화, 자동화한다. 비정형의 수속이 여기에서 이루어지는데 그것의 효율화도 필요하다. 관계구축처리와 신규거래처리의 두 가지가 있다. 합의와 계약을 포함함
수주와 발주, 결제	양자의 의사결정 후의 수속: 자원의 교환에 더불어 발생하는 수주와 발주, 결제의 수속을 규정하여 표준화, 자동화함
교환	자원의 물리적인 이동: 자원교환과 그것에 동반되는 이동, 조합, 조정, 결합 등의 작업에 관해 규정한다. 많은 경우, 규모의 경제에 의해 발본적인 비용의 절감이 가능해짐
그외	그외: 익스플로러처럼 위와 같은 여러 기능이 융합되어 이루어지는 서비스 등

그림 6 매칭플랫폼의 요건 Ⅱ (매칭의 한계비용→ 0)

사양* 결정과정의 오픈화	사양의 오픈화	공정한 운용*
사양결정과정이 개방적이 되는 것에 의해 사양을 자의적으로 결정하는 일을 방지 (즉, 자사에 불리한 비용이 발생하지 않는다)	사양이 오픈되는 것에 의해 경쟁원리가 작용하여 비용이 절감됨	운용이 공정하지 않으면 수속이 복잡하여 비용이 증가 자사에 불리한 코스트가 발생
초기비용 절감	전체 서비스 비용의 절감	특정 서비스 비용 절감

* '사양' 이란, 요건 I 에서 서술한 플랫품 기능의 사양을 말함
* '운용이 공정하지 않으면' 이란 대상자에 따라 납기와 비용, 품질 등에 차이를 두는 것을 말함

로 활용자는 다수의 거래상대들 중에서 최적의 상대를 검색하는 데도 용이하다. 또한 e마켓플레이스에서는 사이트 운영자 자신, 혹은 제3자에 의해 인증, 보증, 물류, 결제 등의 부가기능도 제공된다. 다만, 특정 사이트의 참가자로 한정되는 것, 사이트의 운영자에 의한 규약이 다른 경우 사이트 운영자의 이윤이 비용으로서 발생하는 것, 승자독식에 의한 독점이윤이 발생하기 쉬운 점 등이 결점이다.

XML

데이터 포맷을 정의하기 위해서, W3C(World Wide Web Consortium)에서 책정된 규격이다. HTML의 확장판으로 문서와 레이아웃의 데이터만을 취급하는 HTML과 달리, 이용자가 데이터 기술(記述)에 관한 독자적

이고 다양한 데이터포맷을 유연하게 정의할 수 있어 데이터의 재이용성이 매우 높다. HTML는 인간이 서술 · 열람할 수 있는 것을 목적으로 하고 있는데 비해 XML은 기계적인 처리도 포함하고 있다. 다양한 데이터를 유연하게 표현할 수 있으며 기계적인 처리에도 뛰어나므로 OS나 어플리케이션 등에 보관하던 데이터를 그 이외의 시스템에 접속이 가능하도록 한 플랫폼으로서의 역할을 완수한다.

데이터구조가 명료하고 인간이 읽기 쉬우며 검색을 위한 표준도 풍부하게 갖추어져 있다. 현재 발전성이 큰 데이터 포맷을 활용할 수 있도록 데이터의 의미의 차이와 그것의 원인이 되는 비즈니스 프로세스의 표준화를 목표로, 각 업계 및 많은 표준화단체가 활동하고 있다(아래의 로제타넷을 참조). XML이 보급되면 데이터는 집중관리할 필요가 없어져 각자의 데이터는 분산된 채로 소프트웨어 에이전트가 탐색해 처리하는 형태를 가진다. 즉, 영리기업에 의한 매칭사이트의 운영이 필요없어져 여러 가지 수속에 드는 비용이 큰 폭으로 삭감된다. 이 형태로는 XML이 매칭 플랫폼의 주요한 부분을 담당하게 된다.

로제타넷

로제타넷은 1998년 6월 미국 컴퓨터도매업계 최대기업인 인그램마이크로의 제안으로 설립된 표준화단체다. XML에 근거하여 공급망에서의 각종 거래를 규약화하여 자동화하기 위해 불특정 공급자와 메이커유통망 간에 다이나믹한 네트워크를 구축하려 하고 있다. XML 표준에 준거한 비즈니스 프로세스를 채용하고 있어 업계 내의 어떤 기업과의 신규

접속도 가능하다. 또한 거래에 관한 표준과 용어의 정의, 비즈니스 프로세스도 규정하고 있어 제공되는 자원에 관한 탐색, 설명, 이해를 위한 비용을 비약적으로 줄일 수 있게 된다.

ebXML

ebXML(e-business XML)은 XML을 베이스로 하는 전자상거래의 국제 표준규격이다. 업계, 업종을 초월해, 모든 전자상거래에서의 프로세스를 공통화해, 각 표준화단체와 상호접속성을 목표로 하여, 메타표준으로서의 역할을 담당한다. 데이터포맷에 유연하며, 기계적 처리에도 대응이 가능한 XML를 이용하는 것을 통해, 업계의 모든 영역을 초월해 전자상거래를 위한 표준의 확립을 목표로 한다.

모든 메시지를 안전하게 접속 · 교환할 수 있게 하는 전달방법 등이 정비되어 있다. 탐색 · 설명 · 이해에 관해서도 거래자 간의 정보공유를 서포트하는 리포지토리(저장소)&레지스트리라는 서비스가 제공된다. 모든 형태의 비즈니스 프로세스는 콤포넌트화되어 기업간 활동 전반에 이르는 상호의존과 자동처리를 목표로 하고 있다. 로제타넷 등 기존의 사양을 참조하면서 작업이 진행되고 있어 미래형 비즈니스간 거래의 이상적 형태를 시사하고 있지만, 범위가 너무나 넓고 작업이 방대하기 때문에 완전한 합의 형성에 이르는 데는 상당한 시간이 필요할 것으로 보인다.

웹서비스

기존의 개별 웹서버에 의해 무질서하게 제공되어 온 서비스를 콤포넌트화하여 그 위에 표준화가 진행되는 다양한 기술을 적용·연동시켜 마치 하나의 어플리케이션이 작동되는 것처럼 네트워크상에서 유저에게 제공되는 서비스가 급속히 주목받게 되었다. 웹서비스라는 플랫폼(표준의 집합)을 거침으로써 인터넷상의 모든 웹사이트가 가지는 데이터와 어플리케이션이라는 자원에 접속, 탐색, 이해하는 코스트가 비약적으로 낮아지며 실시간으로 밀접한 연계 조합을 제공한다.

현재 표준화가 진행되고 있는 기술은 기본적으로 XML을 베이스로 하고 있다. 구체적으로는 서비스 콤포넌트끼리의 유연하고 안전한 접속을 약속하는 SOAP(Simple Object Access Protocol), 즉석으로 접속해 사용하기 위해 서비스 콤포넌트를 등록해 두는 UDDI(Universal Description, Discovery and Integration)와 프로그램 언어인 WDSL(Web Service Description Language)등이 넓게 채용되어 웹 서비스의 플랫폼으로서 보급되고 있다.

오픈소스

OS, 데이터베이스 등의 소프트웨어 프로그램을 모듈로 자유롭게 교환·공유하며 활용해가면서 개발 작업을 축적하여 대규모 프로그래밍 개발을 달성하는데 채용된다. 저작권의 일반 공개를 의무화하는 규정(GPL, General Public License)을 대전제로 활동하고 있기 때문에 접속이나 수속에 관한 비용이 전혀 발생되지 않고 자원의 교환이 낮은 비용으로 이루어진다.

  명시적, 관습적 규정에 의해 자원(소프트웨어)의 설명방법, 구축방법
(인터페이스)이 제한되어 있기 때문에 모듈의 상호교환, 상호접속, 상호
사용이 원활히 이루어진다. 새로운 가치관이나 기존의 독점기업에 대한
저항 등의 연대감에서 발생한 이타적 행동규범(자원봉사 등)으로 주목을
받기도 한다.

P2P(Peer to Peer)

  서버에 자원을 배치하지 않고 네트워크 단말에 위치하는 개별 PC 등
유저의 자원을 직접적으로 공유하고자 하는 네트워크기술이다. 클라이
언트 서버시스템에서는 자원이 서버에 집중되어 서버의 관리·운영비
용이 발생하지만 P2P에서는 자원을 개별 이용자가 가지며 관리코스트
도 부담하고 있다.

  오픈소스와 유사하며 이타적 행동규범을 전제로 발전하고 있는 기술
이지만, 타인의 지적재산을 무료로 공유해 유죄판결을 받은 냅스터가
널리 알려져 있어 언더그라운드적인 이미지가 강하다. 공유하는 자원의
이해·설명·탐색·교환의 각 작업에 관한 규정이 통일되지 않은 채로
다수 존재하여 아직 표준화에는 도달하지 못했지만 앞으로 통일화가 진
행될 것으로 보인다.

  이들 플랫폼서비스의 사양에는 사양이 공개되어 있을 것, 사양결정의
프로세스가 개방적(오픈)일 것, 운용이 공정할 것 등의 개방적인 세 가지
요소가 필요하다(그림 6 참조).

· 사양이 공개되어 있을 것: 사양의 공개에 의해 플랫폼 제공에서 경쟁이 일어나 서비스와 비용이 개선되며 전체의 한계비용 저하가 진행되게 된다.

· 사양 결정 프로세스가 개방적일 것: 프로세스가 개방적이 아니면 자의적인 사양 결정에 의해 추가적인 초기비용이 필요할 가능성이 있다.

· 운용이 공정할 것: 사양이 공정해도 운용을 자의적으로 실시하면 비경쟁적인 환경이 생겨나 플랫폼의 건전한 발전, 즉 한계비용의 개선이 저해되게 된다.

3 네트워크 외부성 증대를 위한 환경요건

또 다른 배경으로 잊어서는 안 될 것으로 네트워크 외부성이 증대되는 환경의 정비가 있다(그림 2 참조). 외부성을 증대시키기 위해서는 제공자·활용자 수의 증가, 자원 종류의 증가, 거래의 빈도와 단위량의 증가 등이 필요하다. 최근의 정보통신산업의 발달에 따라 극적으로 향상된 요소들이다. 인터넷의 보급에 따라 모든 조직이 서로 연결되고 초고속인터넷의 정액제 상시접속(즉, 빈도의 무한화)에 의해 취급할 수 있는 정보량이 빠른 속도로 증가하고 있다. 앞서 밝힌 것과 같은 다양한 IT 기술의 진전 및 표준화의 진전에 의해 가능한 거래의 종류가 비약적으로 증가되고 있다. 또한 이들의 실현을 위한 배경요건으로 웹서비스가 주목받고 있으며 거의 모든 IT 벤더가 웹서비스의 보급을 추진하고 있다.

한편, 도구의 발달뿐만 아니라 도구를 사용하는 인간에게도 의식의 진전이 필요하다. 사양을 오픈하는 것은 외부성의 증대(참가자의 증대)를 위해 필수적이지만 이익을 독점하려는 생각, 혹은 독점을 허락하는 토양에서는 실현이 불가능하다. 관계성을 보다 높이기 위해 고정적인 상대하고만 맺는 폐쇄적 관계를 모든 낯선 상대와의 개방적인 관계로 전환·발전시키는 의식을 가질 필요가 있다.

소유권을 오픈하는, 종래의 이익개념을 근본적으로 뒤집는 것에 의해 외부성은 무한히 높아지게 된다. 이것은 실현이 불가능할 것으로도 여겨졌지만 최근의 오픈소스, 무료소프트웨어의 활동은 계속적인 확대일로에 있다.

그림 7 오픈소스의 형태에서의 외부성과 자원진화의 가속적 증대

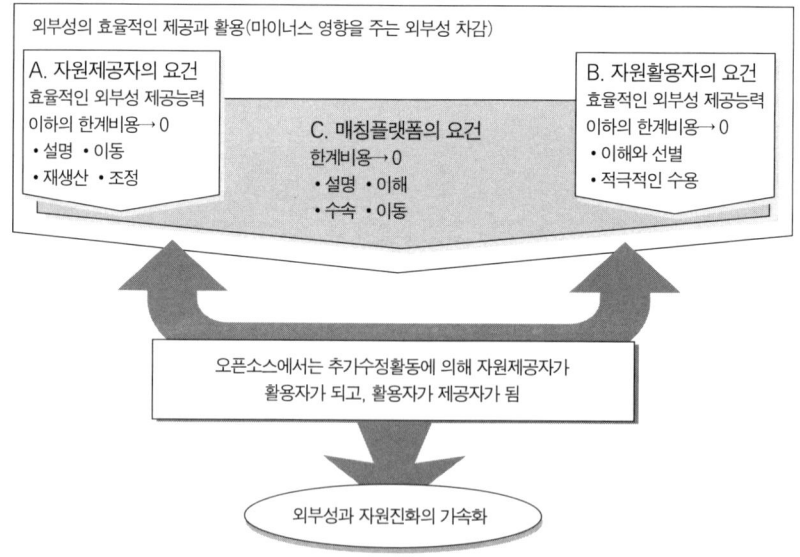

오픈소스에 따른 외부성과
자원의 진화

오픈소스에는 '프로그램 재배포의 자유', '소스코드 공개의 의무', '소프트웨어 변경의 자유', '재배포 소프트웨어 라이센스 계승의 의무' 등의 내용이 있다. 소프트웨어가 어떤 네트워크에 넘어가서 무한히 개선이 반복되어도 언제나 일관성을 잃지 않으며 진화하기 위해 정해놓은 룰이다.

오픈소스로 자원을 활용하는 측이 추가·수정을 손쉽게 실시할 수 있게 되면 자원을 제공하는 측에 효용을 가져온다. 즉, 활용하는 측이 제공하는 측이 되고, 제공하는 측이 활용하는 측으로 자리를 바꾸게 된다(그림 7 참조). 자원제공자와 활용자 사이에 자원이 무한히 왕래하고 개선이 진행되는 동안 자원의 제공자와 활용자의 구별이 없어지게 된다. 이 과정에서 네트워크 외부성이 더욱 증가하는 승수효과가 발생한다.

이상 네트워크 외부성을 활용하는 수단에 대해 자원제공자, 자원활용자, 매칭플랫폼의 관점에서 살펴보았다. 그 결과, 시스템적 어프로치, 특히 모듈&인터페이스 방식을 채용함으로써 소프트웨어를 중심으로 하는 제품과 서비스의 처리가 가능하다는 것을 알게 되었다. 따라서 네트워크 외부성의 활용능력이 기업경쟁력을 높이는데 매우 중요한 요인으로 자리를 잡아가고 있음을 알 수 있다.

승자독식의 시대에서 협조의 시대로

인터넷 보급은 정보화시대를 가져왔다. 전 세계의 모든 것을 연결하고, 국경을 초월한 개별적인 활동을 아주 자연스러운 것으로 바꾸어 놓았다. 그로 인해 다른 사람들과의 관계를 얼마나 효율적으로 활용할 지가 경쟁력의 원천이 되었다. 그것을 이해한 기업은 타사와의 연계작업을 전제로 한 제품을 모듈로서 개발하며, 자사의 사업을 모듈 방식으로 포지셔닝한다. 이때 인터페이스가 성패의 향방을 가른다는 것을 간파해 핵심적인 전략관리의 대상으로 인식해야 한다. 또한 이러한 상황에서 모든 기업은 경쟁과 협조를 통해 인터페이스의 구축을 진척시키게 된다.

정치적 · 전략적 노하우는 앞으로 더욱 중요해진다. 리눅스 같은 소프트웨어 개발 과정의 오픈소스화에서 알 수 있듯, 다른 사람과의 연계를 진척시키는 움직임이 모든 영역에서 가속화되고 있고 그것이 개별제품과 사업영역에서 경쟁력이 된다. 즉, 경쟁보다 협조가 세계 공통의 이념이 된다. 오픈소스가 일부 괴짜들만의 활동이 아니라 전 세계적 규범이 될 가능성마저 있다. 그런 상황에서는 다수의 시민들이 자발적으로 참가하여 대규모 프로젝트를 완수하게 될 것이다. 이것은 초장기적으로는 기업의 이익이라는 개념 자체를 바꾸어버릴 가능성마저 가지고 있다.

이 이야기가 현실성이 떨어진다고 생각할 지도 모르겠다. 그러나 한 가지 확실한 것은 그렇게 생각하는 사람들의 대다수가 네트워크 외부성에는 유전자폭발적인 확대의 메커니즘을 간과하고 있다는 점이다. 1995년 이래 인터넷의 보급속도는 그 어떤 전문가의 예상보다도 훨씬 빠르게 진행되었다. 그러므로 '맨땅'에 네트워크가 보급된 것보다 이미 존재하는 네트워크상에 새로운 개념이 확산되는 것이 훨씬 더 빠른 속도를 낼 수 있다는 가능성을 쉽게 부정할 수 없을 것이다.

앞으로 기업은 모듈&인터페이스 방식을 통해 외부와의 관계성을 강화함과 동시에, 성공의 열쇠인 오픈화도 지금까지 이상으로 적극적으로 진행할 것이다. 사업추진을 지원하는 최근의 인터넷 소프트웨어는 전혀 면식이 없는 기업끼리 만나 즉각 깊은 협조를 할 수 있게끔 만들어지고 있으며, 그 보급 속도 역시 점차 빨라지고 있다. 게다가 그러한 기능이 다방면에 걸쳐 확충되고 있는 것을 이 책에서 지금까지 살펴보았다.

일본에서는 지금까지 외부성을 부정해왔다고 해도 과언이 아니다. 내부성이 지향되는 사회에서는 공동체 유지를 위한 동질적인 사고방식으로 사회가 수렴된다. 그것이 '일렬횡대', '경쟁기업 모방', '호송선단방식', '마을공동체적 사회', '집단주의 사회'로 이어진 것이다. 일본인이 미덕으로 삼아온 '의리와 인정'은 내부 사람에게는 따뜻하지만 배타성을 포함하고 있어, 기업은 영리단체보다 공동체로서의 의미가 강조되고 기업 안에 모든 것을 받아들이는 확장주의, 자사완비주의를 고집해왔다. 오랜 시간을 걸쳐 만들어 낸 계열 내부, 그룹 내부, 기업 내부, 각 부문 내부, 마을 내부 등에서의 암묵적인 이해와 관습, 그를 통해 길러진 잘 맞는 호흡이 최대의 경쟁력이었다. 하지만 이제 변화가 요구되고 있으며 외부와의 관계성이 무한대로 강해지는 와중에서는 내부에서는 극히 당연한 것들이라 하더라도 명료한 표현이나 룰로 명시화하는 것이 필수적이다. 그러나 여전히 공동체 유지를 위한 어렵고 애매모호한 규범의 존재가 중요시되어 명시화, 형식화가 충분히 이루어지지 않고 있다.

내부성이라는 굴레에서 해방되면 일본 기업도 새로운 시대와 새로운 산업구조, 새로운 산업패러다임에서 훌륭하게 경쟁할 수 있다는 것을 교토식 기업이 보여 주었다. 교토식 기업은 과거부터의 고정관념에 얽매이지 않고 자유롭게 사물을 바라보았기 때문에 성공할 수 있었다. 제각기 개성이 강한 교토식 기업들이지만 다른 사람들로부터 어떤 말을 듣더라도 신경 쓰지 않는 독립심과 강한 정신력은 공통적이다. 전통적으로 일본의 기업들이 약했던 것들을 교토식 기업은 아주 간단히 이룩해냈다. 다른 일본 기업들에게도 외부성 지향과 경쟁주의의 풍토는 어린이의 편식에 가까운 것일 뿐 불가능한 것은 결코 아니라고 본다.

일본 기업에서도 전 세계를 염두에 두고 당연한 일들을 당연하게 실행해가면 세계와의 경쟁에서도 충분히 승리할 수 있다. 교토식 기업은 거의 완벽한 실증이라고 할 수 있다. 가장 큰 성장이 기대되는 하이테크 분야에서도 발전과 성장을 이루는 것이 가능한 새로운 비즈니스모델을 제시해 준 것이다.

매일같이 변혁의 최전선에서 고생하는 분 중에는 '자기 일이 아니라고 참 편하게도 말한다'고 비판하는 분이 계실 지도 모르겠다. 분명 이질성을 부정해 온 일본 기업풍토에 변화를 가져오는 안건에는 지극히 많은 고뇌가 뒤따를 것이다. 커다란 장애물의 연속에 몸도 마음도 완전히 지쳐버린 분도 많을 것이다.

변혁에 지친 분이라면 교토에 한번 모이는 것은 어떨까? 거대한 조직, 거대한 도쿄, 거대한 일본 속에서 외롭게 바꾸려 하는 것보다는, 같은 가치관을 공유하는 사람들끼리 모여 처음부터 다시 만들어가는 편이 더 쉬울 수도 있다. 교토는 혁신의 도시이며 기업가와 대학, 대기업과의 연계를 적극적으로 지원하고 있다. 필자가 소속된 교토대학의 '사업창성' 프로그램은 촉매가 되고 다양한 만남과 융합을 프로듀스하는 역할을 수행하고 싶다. 그러한 움직임 속에서 교토가 새로운 가치관이 넘치는 도시가 되고 네트워크 연계와 클러스터링이 궤도에 올라 실리콘 밸리에 대항할 수 있게 되면(이것은 실리콘밸리와 대등하게 협조할 수 있는 관계가 된다는 의미다) 보다 구체적으로 모습을 드러내게 될 것이다.

끝으로 본서는 한 가지 자기모순을 안고 있다는 것을 고백해야 할 것이다. 외부성이 지향되지 않는 곳에는 외부에 대한 방어막이 만들어져 있어 외부로부터의 비판을 들으려 하지 않고, 언변과 지식, 뒤틀린 궤변, 힘으로 억누르려는 논의에 빠지는 경향이 강해진다. 일본의 정치논쟁 등을 듣고 있노라면 저절로 그런 생각이 떠오르게 된다. 반대로 외부성을 추구하는 환경에서는 의견의 상호교환에 의한 상호이익이 추구되어 다양한 아이디어와 지식이 또 다른 영역에 적용되어 획기적인 창조성으로 연결되거나 협조활동의 구조를 발견하게 된다. 내부성 지향이 강한 일본 사회에서도 그러한 건전한 논의가 진전되기를 진심으로 기대해 본다.

물론 희소식도 있다. 본서에서는 구조전환이 진행함에 따라 발생하는 권력이동의 다양한 구도를 제시했다. 최종완성품메이커 대 부품메이커, 종합기업 대 독립기업, 한품종 대응 대 모듈, 공동체의식 대 경쟁원리, 내셔널리즘 대 글로벌리즘 등이 그것이다. 여기에 한 가지 더 덧붙여야 할 것은 외부성 지향형 대 내부성 지향형이 배경에 존재하는 권력투쟁이다. 외부성 지향형은 외부에 대한 호기심이 강하다(따라서 IT에는 신규 탐색과 외부성이 강한 사람들이 모이는 경향이 있다). 그에 비해 내부성 지향형은 다른 것에 대한 흥미가 적으므로, 그것을 부정하는 성향이 있다. 자기의 이익을 요구하는 행동에서 외부성 지향형은 외부와의 연계를 통해 상생관계를 추구하려는 데 비해, 내부성 지향형은 외부로부터 탈취하는 것마저 염두에 둔다. 외부성 지향형과 내부성 지향형이 개별적으로 경쟁할 경우, 내부성 지향형이 유리하다외부성 지향형은 서로 양보하려 하는 자세를 보이는 것에 비해 내부성 지향형은 그것을 이용해서 착취하는 것에 능하기 때문이다.

그러나 오픈소스 활동에서 살펴본 대로 여기에도 정보화의 물결은 거세게 들이치고 있다. 외부성 지향형 개체들이 네트워크로 서로 연계하는 것이 가능해졌고 또한 용이해진 것이다. 개별적 싸움에서는 압도되었던 외부성 지향형 개체들이 네트워크를 통해 그룹을 구성하여 내부성 지향형 개체에게 승리하는 경우가 생기고 있다. 실로 큰 구조적 전환이라고 할 수 있다. 이러한 권력이동의 완성이 오늘 일어날 것인지 아니면 10년, 100년 후일지 예측하기는 힘들다. 네트워크가 가져온 최대의 변화는 이러한 외부성이 내부성에 승리하고, 또한 그것이 더욱 큰 외부성 지향을 낳고 계속적으로 가속화시키는 연쇄증식작용을 일으키는 구조전환이 시작되었다는 점이다. 어떤 의미에서는 이것이야말로 진정한 소시민혁명이라고 할 수 있지 않을까?

네트워크 외부성 활용 전략이란 쉽게 말해 '남에게서 빼앗는 것이 아니라, 서로 협력하는 것', '남의 말에 귀를 기울이고, 이해하는 것', '다른 사람에게 상냥하게 대하는 것'이다. 굳이 말할 필요도 없겠지만 그것은 환경문제와 세계평화의 기본적인 요소이기도 한다. 외부성 지향형 개체들이 네트워크를 통해 연계하고 이 책을 통해서 호소해 온 외부성의 진전이 더욱 가속화되기를 바라며 이 책을 마무리하기로 하자.

| 참 고 문 헌 |

石川昭, 田中浩二『京都モデル』ピアソン・エデュケーション社, 1999

泉谷裕『˝利益˝が見えれば會社が見える』日本經濟新聞社, 2001

『京都大學生新聞』2001.11.20

國領二郎『オープン・アーキテクチャー戰略』ダイアモンド社, 1999

小林明正『21世紀に羽ばたく京都の企業』京都新聞社, 2001

佐佐木紀行, 土屋晴仁『eMPから見る最新 EC動向』アスキー, 2001

『週刊東洋經濟』1999.11.27

末松千尋『オープンシステム入門』ダイアモンド社, 1991

末松千尋『續・オープンシステム入門』ダイアモンド社, 1993

末松千尋『實踐情報システム革新』日本經濟新聞社, 1994

末松千尋『CALSの世界』ダイアモンド社, 1995

末松千尋『超SEの問題解決技法』日經BP社, 1995

末松千尋, キース・ベネット『JAVA革命』ダイアモンド社, 1996

末松千尋, 千本倖生『ネットワーク型ベンチャ經營論』ダイアモンド社, 1997

末松千尋『インターネットは金融をどう變えるか』ダイアモンド社, 1999

末松千尋 ˝日本の著名ECサイト10社の實態˝『經營情報學會誌』Vol.9 No.2 2000.9, 『Eコマースと經營情報システム』特集號, 2000

『日經ビジネス』2000.10.30

日本經濟新聞社編『京阪バレー』日本經濟新聞社, 1999

根來龍之ˊ小川佐千代『製藥・醫療産業の未來戰略』東洋經濟新聞社, 2001

二場邦彦, 地域研究グループ『京都が甦る』淡交社, 1996, p224～237

堀內博『京都だから成功した』柳原出版社, 2001

松阿彌靖『スーツが100ドルで賣れる理由』藥書館, 2001

アルビン・トフラー『第三の波』鈴木健次譯, 日本放送出版協會, 1980

クリス・デイボナ, サム・オックマン, マーク・ストーン『オープンソースソフトウェア』倉骨彰譯, オライリー社, 1999

ジェイムス・ウオレス『暴走する帝國—インターネットをめぐるマイクロソフトウェアの終わりなき闘い』武舍廣幸 他譯, 翔泳社, 1998

ジャン・サンドレッド『オープンソースプロジェクトの管理と運營』でびあんぐる 譯,

オ-ム社, 2001

ピ-タ-・ウェイナ-『なぜ, Linuxなのか：フリ-ソフトウェアム-ブメントの挑戰』（原題 Free for All, Harper Collins）星譯, アスキ-社, 2001

ペッカ・ヒマネン『リナックスの革命』河出書房新書, 2001

ロス・ペロ-『GM帝國に立ち向かった男』鈴木主税譯, ダイアモンド社, 1991

《Forbes》1999.9, 2000.9

* * *

Aoki, Masahiko. (1999). "An Information Theoretic Approach to Comparative Corporate Governance." Stanford University Working Paper

Arthur, W. Brian. (1996). "Increasing Returns and the New World of Business." Harvard Business Review. Vol.74, No.4

Bakos, J. Y. (1991). "A Strategic Analysis of Electronic Marketplaces." MIS Quarterly, Vol.15, No.3, pp295–310

Baldwin, Carliss Y., and Klim B. Clark. (1997). "Managing in the Age of Modularity." Harvard Business Review. Vol.75, No.5.

Beniger, James R. (1986). "The Control Revolution" Harvard University Press

Brousseau, Eric. (1994). "EDA and Inter-firm relationships: Toward a Standardization of Coordination Processes?" Information Economics and Policy, Vol.6, No.3–4, pp319–347

Christensen, Clayton M. (1997). "The Innovator's Dilemma." Harvard Business School Press

Ciborra, Claudio U. (1993). "Teams, Markets and Systems." Cambridge University Press

Clark, Kim B. and Fujimoto, Takahiro (1991). "Product Development Performance." Harvard Business School Press 田村明比古 譯『製品開發力』ダイアモンド社

Daft, Richard L. and Robert H. Lengel. (1986). "Organizational Information

Requirements. Media Richness and Structural Design." Management Science, Vol.32, No.5.

Davidow, William H., and Micheal S. Malone. (1992). "The Virtual Corporation." Harper Collins

Galbraith, Jay R. (1973). "Designing Complex Organizations." Addison-Wesley.

Hagel Ⅲ, John and Marc Singer. (1999). "Net Worth." Harvard Business School Press

Hagel Ⅲ, John and Arthur G. Armstrong. (1997). "Net Gain." Harvard Business School Press

Heal, Geoffrey (1976). "Do Bad Products Drive Out Goods?" Quarterly journal of Economics, Vol.90, No.3, pp.499-502.

Katz, Michael L. and Shapio, Carl, "Product Compatibility Choice in a Market with Technological Progress", Oxford Economic Papers Special Issue on the New Industrial Economics: 1986 p.146-165.

Leonard-Barton, Dorothy (1995). "Wellspring of knowledge." Harvard Business School Press

March, James G. and Herbert A. Simon. (1958). "Organizations." Wiley

McFarlan, Warren. F. (1984). "Information Technology Changes the Way You Compete." Harvard Business Review, Vol.62, No.3.

Negroponte, Nicholas. (1995). "Being Digital." Alfred A. Knopf.

Norman, Richard and Rafael Ramirez. (1994). "Designing Interactive Strategy." John Wliley&Sons.

Saxenian, Annalee. (1994). "Regional Advantage." Harvard University Press.

Shapiro, Carl and Hal R. Varian. (1999). "Information Rules." Harvard Business School Press 千本倖生 譯『ネットワーク經濟の法則』IDG

Simon, Herbert A. (1997). "Administrative Behavior, 4th edition." Free

《Fortune》 Apr, 27, 1998

교토식
경영 Kyoto Style Management

초판 1쇄 인쇄 2008년 9월 1일
초판 1쇄 발행 2008년 9월 10일

지은이 스에마쓰 지히로
옮긴이 우경봉
펴낸이 김연홍

기획 · 편집 책임 천명애
편 집 김은혜 박애경 김수진
디자인 공경회
영 업 이상만
관 리 오재민

펴낸곳 아라크네
출판등록 1999년 10월 12일 제2-2945호
주소 121-865 서울시 마포구 연남동 224-57
전화 02-334-3887 **팩스** 02-334-2068
주문처 아라크네 02-334-3887

값 19,800원
ISBN 978-89-92449-36-6 03320